Österreicher
entdecken die Welt

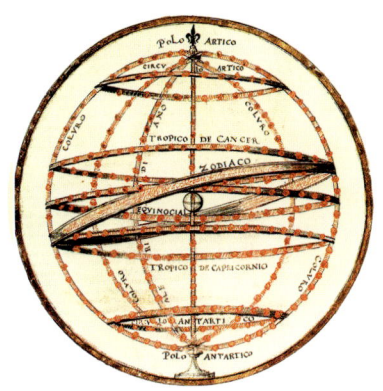

Hanne Egghardt

Österreicher entdecken die Welt

Forscher – Abenteurer – Pioniere

Inhalt

Vorwort   7

Orient & Ferner Osten   8/9

Johannes Grueber *10* · Siegmund Freiherr von Herberstein *21* Andreas Koffler *25* · Martin Martini *28* · Christian Wolfgang Haerdtrich *30* · Georg Joseph Kamel *32* · Gottfried Xaver von Laimbeckhoven *36* · Joseph Tieffenthaler *38* · Alois Musil *40* Karl Hammerschmidt *46* · Theodor Kotschy *48* · Jakob Eduard Polak *50* · Albert Josef Freiherr Gasteiger von Raabensteig und Kobach *52* · Ferdinand Stoliczka *54* · Eduard Glaser *56* Wilhelm Hein *58* · Rudolf Pöch *63* · Alfons Gabriel *65*

Amerika   68/69

Samuel Fritz *70* · Eusebius Franciscus Kühn *80* · Heinrich Wenzel Richter *82* · Martin Dobrizhoffer *85* · Franz Boos *97* Thaddäus Haenke *102* · Johann Baptist Emanuel Pohl *106* Johann Baptist Natterer *112* · Johann Carl Hocheder *120* Emanuel von Friedrichthal *123* · Martin Gusinde *127*

Afrika   130/131

Slatin Pascha *132* · Josef von Russegger *143* · Ignaz Samuel Pallme *145* · Friedrich Welwitsch *149* · Ernst Marno *151* Emil Holub *155* · Philipp Paulitschke *157* · Oskar Lenz *159* Ludwig von Höhnel *162* · Oscar Baumann *171* · Eduard Graf Wickenburg *175* · Friedrich Julius Bieber *178* · Paul Schebesta *183* Hugo Adolf Bernatzik *185*

Neuseeland & Australien   188/189

Andreas Reischek *190* · Ferdinand Lucas Bauer *201* · Ferdinand von Hochstetter *203*

Rund um die Welt   206/207

Christoph Carl Fernberger von Egenberg *208* · Ida Pfeiffer *211* Ludwig Karl Schmarda *220* · Karl von Scherzer *222*

Arktis   234/235

Julius von Payer – Carl Weyprecht *236*

Anhang

Literaturverzeichnis   247
Bild- und Quellennachweis   252
Danksagung   253

Seite 2: Unterwegs auf den Weltmeeren unter rot-weiß-roter Flagge: die Fregatte »Novara«. Gemälde von Alexander Kirchner, Heeresgeschichtliches Museum, Wien.

Linke Seite: Gebiete, die nie zuvor ein Europäer betreten hatte: Indianer auf der Jagd nach einem Panther. Gemälde von Johann Moritz Rugendas, Sammlung Walther Moreira Salles, Rio de Janeiro.

Österreich ist in mancherlei Hinsicht ein privilegiertes Land: im Herzen der alten Mutter Europa gelegen, von der Natur reichlich mit schönen Landschaften und günstigem Klima bedacht und weitgehend verschont von Naturkatastrophen wie Dürre, Erdbeben oder Wirbelstürmen.

Österreichs Image als Land, in dem es sich gut leben lässt und dessen Bewohner sich nur zu gern der Gemütlichkeit hingeben, deckt sich allenfalls zum Teil mit der Wirklichkeit. Denn im Lauf der Geschichte hat dieses Land mutige Forscher und Entdecker hervorgebracht, die Bequemlichkeit, Sicherheit und oft auch eine bürgerliche Karriere zurückließen, um sich in die unbekannten Gegenden der Erde aufzumachen.

Österreich-Ungarn rüstete einige große Expeditionen zur Erforschung der Erde aus. Die Payer-Weyprecht'sche Nordpolarexpedition oder die Weltumsegelung mit der »Novara« galten als nationale Unternehmungen. Die ganze Monarchie verfolgte gespannt ihren Verlauf.

Daneben gab es aber auch Forscher, die völlig auf sich gestellt waren. Die Strapazen, die sie auf sich nahmen, sind heute kaum mehr vorstellbar. Jesuitenmissionare etwa überquerten schon im 17. Jahrhundert die höchsten Gebirge der Welt und kämpften sich durch die Urwälder Südamerikas. Spätere Forscher durchquerten die Wüsten des Orients, ritten in glühender Hitze und schliefen in klirrender Kälte, litten Hunger und Durst. Die Afrika- und Asienreisenden suchten sich ihren Weg durch Gebiete, die nie zuvor ein Europäer betreten hatte, gepeinigt von Fieber und Durchfall und konfrontiert mit wilden Tieren und feindseligen »Eingeborenen«. Trotz allem vernachlässigten diese Forscher nie ihre wissenschaftliche Arbeit. Sie vermaßen die Landschaft, karthographierten, sammelten Pflanzen, Tiere und Steine, studierten die Lebensgewohnheiten der Menschen, beschrieben ihre Sitten und Gebräuche und legten Wörterbücher an.

Einige dieser Reisenden waren mit extrem knappem Budget unterwegs. Oft reichte ihr Geld nicht einmal für genügend Lebensmittel, von guter Ausrüstung ganz zu schweigen. Sie nahmen alle Arten von Entbehrungen auf sich – oft in krassem Gegensatz zu den großen internationalen Expeditionen, die mit Hunderten von Trägern reisten, um auf keinen Luxus verzichten zu müssen.

Vielen österreichischen Forschern gelang es, das Bild der Erde zu verändern. Dieses Buch ist ein Beitrag dazu, die Erinnerung an die großartigen Leistungen österreichischer Entdeckungsreisender wachzuhalten.

Hanne Egghardt

Vorwort

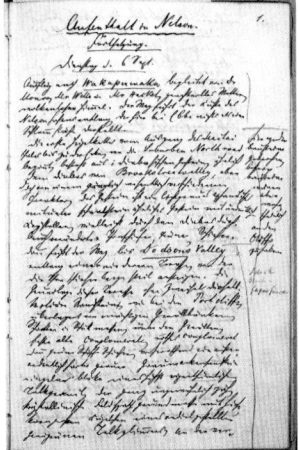

Oben: Der Alltag des Forschers: Tagebucheintragung von Ferdinand von Hochstetter. (Sammlung Dr. Schedl, Wien)

Linke Seite: Strapazen, die heute kaum mehr vorstellbar sind: die Karawane (Detail). Gemälde von Alexandre-Gabriel Decamps (1803–1860), Öl auf Leinwand, Louvre, Paris.

ASIÆ
NOVA DELINEATIO
AUCT: T. DANCKERTS.

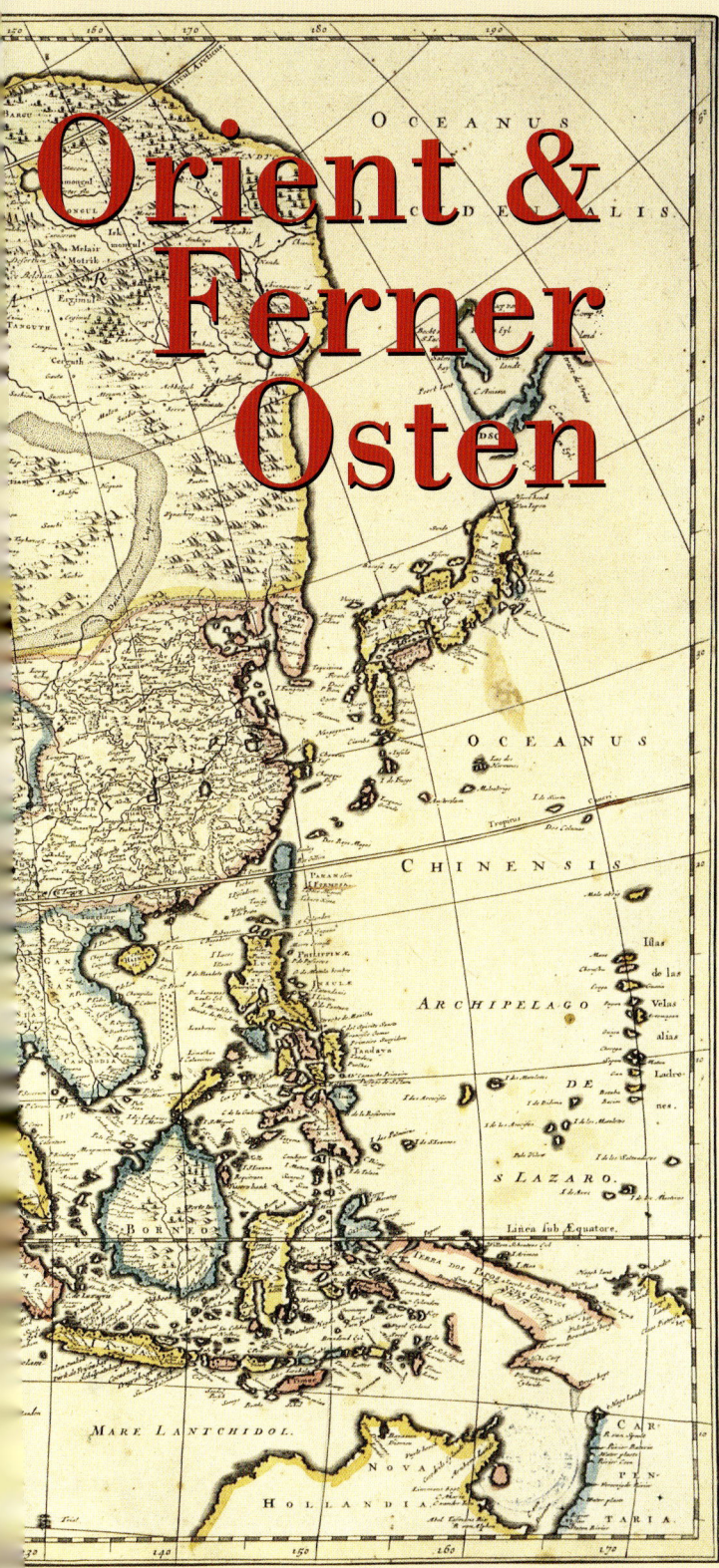

Orient & Ferner Osten

GRUEBER
HERBERSTEIN
KOFFLER
MARTINI
HAERDTRICH
KAMEL
LAIMBECKHOVEN
TIEFFENTHALER
MUSIL
HAMMERSCHMIDT
KOTSCHY
POLAK
GASTEIGER
STOLICZKA
GLASER
HEIN
PÖCH
GABRIEL

Über die höchsten Gebirge der Welt. Auf dem Landweg von China nach Europa. Quer durch Indien. Die ersten Karten von China, Russland und dem Gangesbecken. Auf Kamelen durch die Wüsten Persiens. Die Entdeckung der Omaijadenschlösser. Straßenbau im Reich des Schahs. Die Suche nach Mârib, der Hauptstadt des Sabäerreiches. Österreichische Forscher haben im Orient und im Fernen Osten Großartiges geleistet.

Der Pfadfinder des Papstes

Er reiste durch entlegene Gegenden des Ostens. Er durchquerte als erster Europäer Tibet. Und er legte zu Land und zu Wasser insgesamt 40.000 Kilometer zurück: Johannes Grueber gilt als der kühnste Reisende der Weltgeschichte. Was den Jesuitenpater acht Jahre lang antrieb, war seine *Instructio* – der Auftrag des Papstes, einen Landweg nach China zu finden.

Johannes Grueber besaß Charme, Witz und Humor. Sein Auftreten war höflich und gewinnend. Wie der Mann aber aussah, der acht Jahre lang auf staubigen Karawanenstraßen durch endlose Wüsten und auf halsbrecherischen Pfaden über die höchsten Pässe der Welt zog, um einen Landweg nach China zu finden, ist nicht bekannt. Von Johannes Grueber existiert kein Bild und keine Zeichnung. Nicht einmal einen authentischen Reisebericht gibt es. Denn so unermüdlich dieser Jesuitenpater auch unterwegs war, so gelassen er auch Strapazen, Krankheiten und Mühen auf sich nahm, so wenig war das Schreiben seine Sache. Er führte unter-

Fantasievoller Bildbericht aus einer exotischen Welt: die Ananaspflanze. Kupferstich in »China Monumentis qua Sacris qua Profanis (…) Illustrata« (Amsterdam 1667), dem großartigen Kompendium zur chinesischen Kultur und Topographie von Athanasius Kircher.

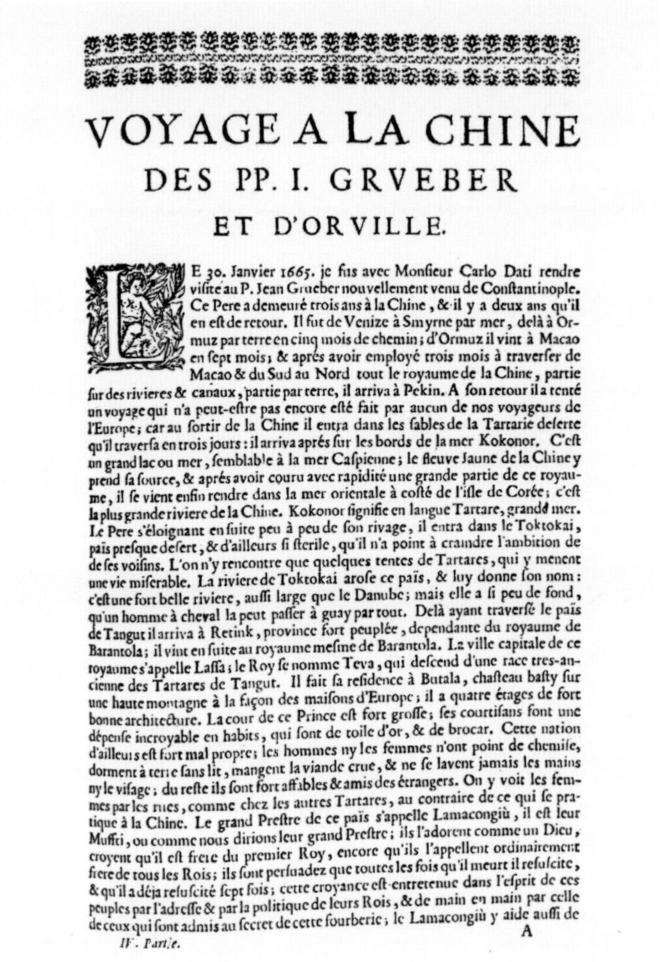

VOYAGE A LA CHINE DES PP. I. GRVEBER ET D'ORVILLE.

LE 30. Janvier 1665. je fus avec Monsieur Carlo Dati rendre visite au P. Jean Grueber nouvellement venu de Constantinople. Ce Pere a demeuré trois ans à la Chine, & il y a deux ans qu'il en est de retour. Il fut de Venize à Smyrne par mer, delà à Ormuz par terre en cinq mois de chemin; d'Ormuz il vint à Macao en sept mois; & aprés avoir employé trois mois à traverser de Macao & du Sud au Nord tout le royaume de la Chine, partie sur des rivieres & canaux, partie par terre, il arriva à Pekin. A son retour il a tenté un voyage qui n'a peut-estre pas encore esté fait par aucun de nos voyageurs de l'Europe; car au sortir de la Chine il entra dans les sables de la Tartarie deserte qu'il traversa en trois jours: il arriva aprés sur les bords de la mer Kokonor. C'est un grand lac ou mer, semblable à la mer Caspienne; le fleuve Jaune de la Chine y prend sa source, & aprés avoir couru avec rapidité une grande partie de ce royaume, il se vient enfin rendre dans la mer orientale à costé de l'isle de Corée; c'est la plus grande riviere de la Chine. Kokonor signifie en langue Tartare, grande mer. Le Pere s'éloignant ensuite peu à peu de son rivage, il entra dans le Toktokai, païs presque desert, & d'ailleurs si sterile, qu'il n'a point à craindre l'ambition de ses voisins. L'on n'y rencontre que quelques tentes de Tartares, qui y menent une vie miserable. La riviere de Toktokai arose ce païs, & luy donne son nom: c'est une fort belle riviere, aussi large que le Danube; mais elle a si peu de fond, qu'un homme à cheval la peut passer à guay par tout. Delà ayant traversé le païs de Tangut il arriva à Retink, province fort peuplée, dependante du royaume de Barantola; il vint ensuite au royaume mesme de Barantola. La ville capitale de ce royaume s'appelle Lassa; le Roy se nomme Teva, qui descend d'une race tres-ancienne des Tartares de Tangut. Il fait sa residence à Butala, chasteau basty sur une haute montagne à la façon des maisons d'Europe; il a quatre étages de fort bonne architecture. La cour de ce Prince est fort grosse; ses courtisans font une dépense incroyable en habits, qui sont de toile d'or, & de brocar. Cette nation d'ailleurs est fort mal propre; les hommes ny les femmes n'ont point de chemise, dorment à terre sans lit, mangent la viande crue, & ne se lavent jamais les mains ny le visage; du reste ils sont fort affables & amis des étrangers. On y voit les femmes par les rues, comme chez les autres Tartares, au contraire de ce qui se pratique à la Chine. Le grand Prestre de ce païs s'appelle Lamacongiù, il est leur Muffti, ou comme nous dirions leur grand Prestre; ils l'adorent comme un Dieu, croyent qu'il est frere du premier Roy, encore qu'ils l'appellent ordinairement frere de tous les Rois; ils sont persuadez que toutes les fois qu'il meurt il resuscite, & qu'il a déja resuscité sept fois; cette croyance est entretenue dans l'esprit de ces peuples par l'adresse & par la politique de leurs Rois, & de main en main par celle de ceux qui sont admis au secret de cette fourberie; le Lamacongiù y aide aussi de

IV. Partie. A

Textseite eines Berichts über Gruebers China- und Tibetreise in den »Relations de divers voyages curieux qui n'ont point esté publiées, ou qui ont esté traduites d'Hacluyt, de Purchas, et d'autres voyageurs« (Paris 1666/72) des französischen »Journalisten« Melchisédech Thévenot, der zu Grueber nach Florenz reiste und sich in langen Gesprächen umfassend über die Unternehmungen des Österreichers informierte.

Stand mit Grueber jahrelang in Verbindung und konnte dessen gesamte Aufzeichnungen für sein Prachtwerk über China auswerten: Athanasius Kircher (1602–1680), Jesuit und international angesehener Polyhistor, Professor für Mathematik, Physik und Orientalistik am Collegium Romanum. Der Porträtstich zeigt Kircher im 62. Lebensjah.

wegs zwar Tagebuch, aber als er von seinen Reisen zurückkehrte, wurde er als Feldkaplan an die türkisch-siebenbürgische Grenze versetzt. Dieser Beruf ließ ihm keine Zeit mehr, sein *Itinerarium* zu Ende zu schreiben und es zusammen mit seinen hervorragenden Zeichnungen zu veröffentlichen.

Dass die Nachwelt dennoch Kenntnis von den Reisen Johannes Gruebers besitzt, ist in erster Linie einem der größten Genies des 17. Jahrhunderts zu verdanken, dem Jesuitenpater Athanasius Kircher. Er war Kartograph und Naturwissenschaftler, ein brillanter Forscher, der seiner Zeit weit voraus war. Kircher verwendete als Erster zum Messen der Temperatur von Wasser und Luft ein Quecksilbersäulchen, er ließ sich 1636 in den Krater des Stromboli abseilen, um geophysikalische Versuche durchzuführen, und er untersuchte das Blut von Pestkranken, in dem er kleinste Wesen als Krankheitserreger ausmachte.

Dieser wache Geist war auch ein leidenschaftlicher Reporter. Alles Außergewöhnliche faszinierte ihn, daher interviewte er mit Vorliebe Forscher und Weltreisende. Er stürzte sich beinahe gierig auf Johannes Grueber, als er hörte, dass dieser von seiner langen Reise zurückgekehrt war. Gewissenhaft notierte er, was ihm sein Ordensbruder in langen Gesprächen erzählte, und veröffentlichte es 1667 in Amsterdam zusammen mit Gruebers Zeichnungen unter dem Titel *China Monumentis qua Sacris qua Profanis (…) Illustrata*.

Kircher war aber nicht der Einzige, der Johannes Grueber interviewte. Auch der französische »Journalist« Melchisédech Thévenot erfuhr von der Rückkehr des berühmten Reisenden aus China und Tibet, eilte nach Florenz, wo Grueber auf dem Weg von Rom

Titelseite und Titelkupfer (rechts) von Kirchers Chinawerk, das dem Generaloberen der Societas Jesu, Johannes Paulus Oliva, gewidmet war und dessen Erscheinen unter der persönlichen Schirmherrschaft von Kaiser Leopold I. stand. Kircher hatte China zwar nicht persönlich bereist, dennoch gewann sein Buch für die Wissenschaftsgeschichte große Bedeutung: Neben ausführlichen Schilderungen von Staatsaufbau und Verfassung Chinas, von Fauna und Flora sowie den geologisch-mineralogischen Verhältnissen des Landes widmete Kircher auch der chinesischen Sprache bzw. Schrift ein eigenes Kapitel.

Auf eindrucksvollen Kupfertafeln präsentierte Athanasius Kircher die Tierwelt Chinas, wie sie ihm von den Missionaren geschildert wurde: »Cobra de Cabelo« und »Serpens Capillatus«.

nach Wien Station machte, und führte dort lange Gespräche mit ihm. Diese veröffentlichte er zusammen mit einigen Briefen, die ihm Grueber übergab, 1666/72 in Paris in dem Sammelband *Relations de divers voyages curieux* (…).

Johannes Grueber wurde am 28. Oktober 1623 in Linz geboren. Er absolvierte im Jesuitengymnasium seiner Heimatstadt die *studia humaniora* und bat mit 18 Jahren im Linzer Jesuitenkolleg um Aufnahme in die Gesellschaft Jesu. Diese wurde ihm gerne gewährt, denn dass Grueber zu den Fähigsten seines Jahrgangs zählte, war offenkundig. Die Jesuiten schickten ihn zu weiteren Studien zuerst nach Wien, dann nach Leoben und schließlich nach Graz. Dort besuchte er den dreijährigen philosophischen Kurs (Logik, Physik und Metaphysik) und studierte anschließend ein Jahr Mathematik. Danach ging er für insgesamt drei Jahre als Gymnasialprofessor nach Graz, Ödenburg und Leoben. Sein Wissensdrang trieb ihn aber dazu, seine Studien fortzusetzen. Er kehrte zurück nach Graz und begann im Herbst 1651 Theologie zu studieren. Am 27. März 1655 wurde er in der bischöflichen Hauskapelle in Graz zum Priester geweiht.

Zu dieser Zeit hielt sich auch der um drei Jahre ältere Bernhard Diestel in Graz auf. Er stammte aus Wippach (Vipava) in Krain, hatte das Jesuitengymnasium in Laibach (Ljubljana) besucht und war im Alter von 15 Jahren schwer erkrankt. Die Ärzte hatten ihn schon aufgegeben, da fasste er den Entschluss, im Fall einer Genesung sein Leben in den Dienst der Heidenmission zu stellen. Er erholte sich von seiner Krankheit und trat im Jesuitenkolleg in Laibach in die Gesellschaft Jesu ein. Auch er wurde für zwei Jahre

Vera Tigridis forma

Noch fehlt in der Tierdarstellung die
Exaktheit und Präzision späterer
Naturforscher: der Tiger, wie ihn sich der
Kupferstecher Kirchers vorstellte.

zum Studium nach Wien geschickt. Schon von dort aus bat er den
Ordensgeneral, ihn in eine Mission zu entsenden. Dieser vertrös-
tete ihn aber: Er solle diesen Wunsch weiter in seinem Herzen
behalten und versuchen, den Willen Gottes durch Gebete zu erforschen.

Daran hielt sich Diestel. Als er 1642 zum Studium der Philosophie nach Graz kam, meldete er dem Ordensgeneral, er habe nun
vier Jahre lang gebetet und ersuche, in eine Mission nach Japan
geschickt zu werden. Aber noch musste er sich gedulden: Man
werde sich seiner erinnern, sobald er ein reiferes Alter erreicht
habe, lautete die Antwort. Also begann Diestel 1647 in Graz mit
dem Studium der Theologie und wurde 1651 zum Priester
geweiht. Zwei Jahre später war seine Zeit endlich gekommen. Er
wurde nach Isfahan geschickt, wo die Jesuiten die Gründung einer
Etappenstation auf dem Weg nach Indien planten.

Als Diestel im März 1655 wieder in Graz eintraf, hielt er im Jesuitenkolleg einen packenden Vortrag über seine Reise. Er schilderte
Isfahan, sprach über den Widerstand armenischer Priester gegen
die Errichtung der Jesuitenmission, erzählte von der Karawane,
mit der er nach Skutari gereist war, von der Schifffahrt bei schwerer See, davon, wie das Schiff vom Kurs abgekommen, wie er von

den Engländern gefangen genommen worden war, und von vielem mehr.

Die Patres hörten interessiert zu. Einen aber packte der Vortrag besonders: Johannes Grueber. Er war zu diesem Zeitpunkt 32 Jahre alt. Mit seinem Wissen und seinen Gaben stand ihm eine glänzende Laufbahn bevor. Er konnte Universitätsprofessor werden oder eine Karriere innerhalb des Ordens anstreben: Superior, Provinzial, vielleicht sogar General der Gesellschaft in Rom – alles war möglich. Irgendwann während Diestels Vortrag aber muss ein Funke der Leidenschaft auf Grueber übergesprungen sein. Brennend vor Reiselust, bat er den General der Gesellschaft Jesu drei Tage später, am 30. März 1655, ihn mit Diestel in den Osten zu entsenden.

Die Zeit war reif für Missionen in China. Während in der Ming-Dynastie Fremde in China im besten Fall geduldet gewesen waren, öffneten die Mandschu-Kaiser im 17. Jahrhundert ihr Reich für gelehrte Europäer. Sie schätzten sie allerdings nicht als Missionare, sondern als Wissenschaftler. So genoss Pater Johann Adam Schall von Bell, ein Mathematiker und Astronom, höchstes Ansehen. Der Pater, der sich rasch der chinesischen Lebensart angepasst und den Namen Tang Jo-Wang angenommen hatte, chinesische Kleidung trug und angeblich sogar chinesische Konkubinen hatte, sagte die Mondfinsternis von 1623 sowie die Sonnenfinsternis von 1644 korrekt voraus und reformierte den jahrhundertealten chinesischen Kalender. Ende 1644 wurde er vom jungen Kaiser Shunzhi zum Direktor des Astronomischen Amtes in Peking ernannt, 1658 sogar zum Mandarin Erster Klasse – eine überaus hohe Auszeichnung.

Mitte des 17. Jahrhunderts gelang es Jesuiten, einen ersten Kontakt zwischen dem Papst und Kaiser Kanghsi, dem Nachfolger Shunzhis, der 1661 im Alter von nur 22 Jahren an den Pocken gestorben war, herzustellen. Nicht zuletzt, weil Pater Schall Kaiser Kanghsi, bevor dieser den Thron bestiegen hat, immer wieder von den Reichtümern Europas, den Herrlichkeiten des Vatikans und der Weisheit von Papst Clemens IX. erzählt hatte. Kanghsi hatten diese Schilderungen so fasziniert, dass er seine Beziehung zum Papst auch gleich mit der Ehelichung einer seiner Töchter zu festigen wünschte. Als er hörte, dass der Papst keine Töchter hatte, hielt er um die Hand einer seiner Nichten an; der Papst schickte dem Kaiser von China jedoch keine seiner Nichten, und auch chinesische Damen wärmten in den folgenden Jahren nicht die Betten europäischer Fürsten. Unter Kaiser Kanghsi waren Missionare am Pekinger Hof aber trotzdem als Astronomen, Mathematiker, Geographen, Baukünstler und Maler willkommen. Zu

Der Jesuitenmissionar Pater Johann Adam Schall von Bell, Mathematiker und Astronom, Direktor des Astronomischen Amtes in Peking, passte sich der chinesischen Lebensart an und führte den Namen »Tang Jo-Wang« – 1658 ernannte ihn der Kaiser zum Mandarin Erster Klasse.

ORIENT & FERNER OSTEN

dieser Zeit lebten 26 Jesuiten in China; im Straßenbild waren sie leicht an ihren weißen Soutanen zu erkennen. Das chinesische Reich galt ihnen als riesiges Hoffnungsgebiet.

Doch das größte Problem war die Anreise. Die Missionare mussten den langen Seeweg rund um Afrika in Kauf nehmen, um nach China zu gelangen. Sie reisten meist auf portugiesischen Schiffen und hatten dadurch unter den kriegerischen Auseinandersetzungen zwischen Portugiesen und Holländern zu leiden. Zudem machten ganze Flotten chinesischer Seeräuber die schmalen Wasserstraßen zwischen den Inseln Hinterindiens unsicher. Der einzige Ausweg schien ein sicherer und rasch zu bewältigender Landweg nach China. Mit der Aufgabe der Erschließung eines solchen Landwegs betraute Rom am 18. Februar 1656 Johannes Grueber und Bernhard Diestel.

In der *Instructio pro Bernardo Diestel et Ioanne Grueber missis in Orientem* heißt es, die beiden Patres hätten sich ohne Verzögerung nach Isfahan in Persien zu begeben, dort die persische und arabische Sprache zu erlernen und dann zu versuchen, auf dem »nördlichen Wege« über Samarkand die erste chinesische Stadt Suchow zu erreichen. Sie sollten Sitten, Religion, Sprache und Staatsverfassung der Völker erkunden, denen sie begegneten, und Informationen etwa über die Beschaffenheit der Wege und die geographische Länge und Breite der Orte sammeln. Außerdem sollten sie die Routen und Reisezeiten der Karawanen beobachten.

Wenige Wochen später befanden sich Grueber und Diestel auf See. 17 Tage dauerte ihre Schiffsreise von Italien nach Smyrna, wo sie drei Monate auf eine geeignete Karawane nach Persien warten mussten. Mitte August brachen sie auf. Kurz vor Weihnachten 1656 erreichten sie Isfahan. Vorerst schien alles planmäßig zu verlaufen. Schah Abbas II. empfing die beiden österreichischen Patres wohlwollend, aber dann stellte sich heraus, dass ein Krieg zwischen Persien und dem Fürsten von Samarkand bevor-

stand. Und damit war an eine Weiterreise wie geplant quer durch Asien nicht mehr zu denken.

Grueber und Diestel reisten also nach Süden, an den Persischen Golf, und segelten von Ormuz nach Surat in Indien. Dort mussten sie zehn Monate auf die Weiterreise warten, denn wegen der besonderen Windverhältnisse verkehrten die Schiffe zwischen Indien und China nur von Anfang März bis Anfang April. Auf einem englischen Segler erreichten sie schließlich im Juli 1658 Macao, den wichtigsten Stützpunkt Portugals und der christlichen Mission im Fernen Osten. Nur wenige Tage vor ihnen waren der Südtiroler Missionar Martin Martini, der Verfasser des berühmten *Novus Atlas Sinensis*, und der belgische Pater Albert d'Orville an jenem Ort eingetroffen.

In Macao erwartete Grueber und Diestel eine neue *Instructio*. Sie enthielt für die beiden Patres den Auftrag, sich nach Peking zu begeben, dort ihre Aufgaben zu erledigen und dann auf dem »nördlichen Weg« über Suchow und Samarkand nach Europa zurückzukehren. Grueber und Martini brüteten tagelang über dem Atlas von China und studierten die Reiseroute. Dass dieser »gangbare Landweg nach Europa« über die höchsten Gebirge der Welt führen würde, ahnte damals noch niemand.

Ende April 1659 verließen Grueber und Diestel Macao und segelten nach Kanton. Pater Schall alias Tang Jo-Wang veranlasste, dass sie von dort mit Ehrengeleit über das Netz von Kanälen in das 2.000 Kilometer weiter nördlich liegende Peking gebracht wurden. Auf dieser dreimonatigen Reise erkrankte Grueber schwer. Er litt an hohem Fieber und nahm rapide ab. Als er in der Kaiserstadt ankam, war er zum Skelett abgemagert. Pater Schall nahm sich seiner an und ließ ihn von seinem Leibarzt behandeln. Wenige Tage später war Grueber vollkommen wiederhergestellt.

In Peking, der Residenz des »Himmelssohnes«, wurde Pater Grueber, nun Pe nai Sin genannt, in das kaiserliche Astronomische Amt berufen, dessen Direktor Pater Schall war. Außerdem war er bei Hof als Maler tätig. Diestel, der den chinesischen Namen Su führte, arbeitete in der Unterabteilung, die für die Erstellung der Ephemeriden und die Herausgabe der Kalender zuständig war. Jede freie Minute nützten die Patres, um ihre Rückkehr nach Europa auf dem Landweg zu planen. Doch dann erkrankte Pater Diestel. Bald zeigte sich, dass er den Strapazen der Reise nicht gewachsen wäre. Also legte er seinen Auftrag schweren Herzens zurück. Da ihm das Klima in Peking nicht bekam, ließ er sich in die Missionsstation Tsinanfu versetzen. Aber auch der Ortswechsel half ihm nicht. Pater Diestel starb am 13. September 1660 nach einem heftigen Blutsturz. Grueber musste sich nach einem neuen Reisebegleiter umsehen. Er fand ihn in dem belgischen Jesuiten Albert d'Orville.

Ausgestattet mit Edelsteinen und Geld brachen Grueber und d'Orville am 13. April 1661 zusammen mit ihrem chinesischen Diener Matthäus von Peking aus zu ihrer berühmten Reise nach dem Westen auf. Nach 30 Tagen erreichten sie Singanfu und nach abermals 30 Tagen, nachdem sie den Gelben Fluss zweimal überquert hatten, Sining, die Stadt an der Großen Mauer. Dieses gewaltige Bauwerk rief bei den Patres höchste Bewunderung hervor. Dass die Mauer breit genug war, dass sechs Mann darauf nebeneinander reiten konnten, war für sie kaum zu fassen, ebenso wenig, dass sie auf einer Länge von 18 Tagesreisen kein einziges Tor besaß. Die sonst sehr realistischen Patres ließen sich aber auch einen »chinesischen Bären« aufbinden: Man erzählte ihnen, dass außerhalb der Mauer wilde Bestien wie Tiger, Löwen, Leoparden, »Waldstiere«, Elefanten, Rhinozerosse, ja sogar »Einhörner« hausten – und sie glaubten es.

In Sining schlossen sich die Patres einer Karawane an, überschritten die Grenze des chinesischen Reiches und gelangten nun in Gebiete, die noch kein Europäer betreten hatte. Sie reisten das Südufer des Kukunor-Sees entlang und dann immer bergauf, ins Hochland von Tibet. Drei Monate lang zogen sie durch eine kahle, steinige Landschaft, in der außer vereinzelten Nomaden und Yaks kein Lebewesen zu sehen war: die Wüste Kalmak. Sie muss Grueber unendlich erschienen sein, denn später vertrat er die Meinung, diese Wüste beginne im Binnenland Indiens und reiche bis zum nördlichen Eismeer – wenn nicht gar bis in die Unterwelt. Die Karawane überquerte im Burkhan-Buddha-Gebirge einen 4.900 Meter hohen Pass und erreichte in der zweiten Augusthälfte das Gebiet des Flusses Toktokai. Von nun an wurde die Reise immer beschwerlicher. Die Karawane zog schweigend dahin, begleitet vom Klacken der Hufe auf dem steinigen Boden und vom Klingeln der Glöckchen der Tragtiere. Die jenseits des Passes erreichte Hochebene stieg zur höchstgelegenen Plateaulandschaft Tibets an, das gewaltige Tangla-Gebirge musste in der dünnen Luft von 5.100 Metern Höhe bezwungen werden. Ende September erreichte die Karawane endlich wieder bewohntes Gebiet. Im Lamakloster Reting-Gompa südöstlich des Sees Tengrinor, auf 4.000 Metern Höhe gelegen, waren den Reisenden einige Tage der Erholung vergönnt.

Doch die Zeit drängte. Schon bliesen eisige Sturmwinde, und die Temperatur sank nachts stark ab. Vor den Augen der Patres ragten die 7.000-Meter-Gipfel des Transhimalaja auf. Dieses Gebirge mussten sie noch vor Wintereinbruch überwinden, wenn sie die sagenhafte Stadt Lhasa je erreichen wollten.

Zwei Tage dauerte der Aufstieg der Yak-Karawane, der sich Grueber und d'Orville angeschlossen hatten, zum Pass Penpo-La in 5.400 Metern Höhe. Dort versanken die Yaks bis zum Bauch im Schnee, von der Südseite des Gebirges her blies ein orkanartiger Eiswind, das Tal lag unter dichten Nebelschwaden verborgen. »Was wir auf dieser Reise erduldet haben, weiß nur Gott allein!«, schrieb Grueber später. Auch diese Nacht verbrachten die Reisenden unter ihrer Jurte, bestehend aus Yakhäuten, die auf leichten Stabgerüsten aufgezogen waren; darüber hatten sie zum Schutz vor Regen und Schnee ein glattes Seidentuch gespannt. Wie jeden Abend hatten sie sich mit Hirsebrei gestärkt, den sie über einem Feuer aus getrocknetem Yakdung zubereitet hatten. Sie waren erschöpft und ohne Hoffnung. Am nächsten Morgen sah alles anders aus. Wolken und Nebel hatten sich verzogen, und im ersten Sonnenlicht sahen die Patres die kaskadenartig nach Süden abfallenden Hänge des Transhimalaja; tief unter ihnen lag ein breites, von kleinen Wasserläufen durchzogenes Tal.

Zwei Tage dauerte der Abstieg über die Serpentinen eines alten Handelspfades an der Südseite des Transhimalaja. Am Abend des zweiten Tages erblickten Grueber und d'Orville die himmelstürmenden Gipfel des Himalaja, die aus dem Dunst der Ebene vor ihnen auftauchten. Am 6. Oktober 1661 schließlich trafen die beiden Jesuiten und ihr Diener Matthäus in der Hauptstadt des Königreiches Barantola und Residenz des Gottkönigs Dalai-Lama ein, der sagenhaften Stadt Lhasa. Sie waren mit ihren Kräften am Ende.

Grueber und d'Orville blieben einen ganzen Monat in Lhasa. Nach einer dringend nötigen Ruhephase begannen sie auftragsgemäß mit ihren geografischen und mathematischen Studien. Besonderes Interesse weckte bei ihnen der Potala-Palast. Grueber fertigte sogleich eine Zeichnung des großartigen Bauwerks an, das damals gerade errichtet wurde. Zweieinhalb Jahrhunderte lang war diese Zeichnung das einzige Dokument über die heilige Stadt und den Palast, das im Westen existierte.

Die beiden Patres wurden vom Vizekönig empfangen, er erlaubte sogar, dass Grueber ihn zeichnete. Doch eine Audienz beim fünften Dalai-Lama, dem weltlichen und geistlichen Oberhaupt Tibets, lehnten sie ab. Sie sahen sich als katholische Priester nicht in der Lage, die heidnischen Anbetungszeremonien mitzumachen. Grueber versäumte es aber nicht, die in der Vorhalle des Thronsaales aufgestellte Büste des Priesterkönigs abzuzeichnen. Auch die Gebetsmühlen und die Steinmale, die überall in Tibet auf Passhöhen zu finden sind, hielt er mit dem Zeichenstift fest.

Gruebers Eindrücke von Lhasa waren nicht nur positiv. »Diese Nation ist sehr schmutzig«, erzählte er Athanasius Kircher später, »weder Männer noch Frauen haben ein Hemd, sie schlafen ohne Bett auf dem Boden, essen rohes Fleisch und waschen sich niemals die Hände oder das Gesicht. Ansonsten sind sie sehr zugänglich und fremdenfreundlich. Der König nennt sich Teva und stammt von einem sehr alten Geschlecht der Tataren ab. Er hat seine Residenz in Butala, einem Schloss auf einem hohen Berg, nach Art der europäischen Häuser gebaut. Es hat vier Stockwerke in sehr schöner Architektur. Der Hof dieses Fürsten ist sehr groß. Seine Kurtisanen machen unglaubliche Ausgaben für Kleider, die aus goldenem Stoff und aus Brokat sind. Der Hohepriester dieses Landes heißt ›Lamacongiù‹ (Dalai-Lama), er ist ihr Mufti, ihr oberster Priester. Sie verehren ihn wie einen Gott und glauben, dass er der Bruder ihres allererstern Königs ist, obgleich sie ihn normalerweise Bruder aller Könige nennen. Sie glauben, dass er immer, wenn er gestorben ist, wieder auferstehe und dass er schon siebenmal auferstanden sei. Dieser Glaube wird im Bewusstsein des Volkes durch die geschickte Politik der Könige aufrechterhalten und auch von denjenigen, die in das Geheimnis dieser Betrügerei eingeweiht sind, von Mund zu Mund weitergegeben. Der Lamacongiù trägt das Seine dazu bei: Er zeigt sich immer mit bedecktem Gesicht und lässt sich nur von denjenigen ansehen, die das Geheimnis kennen. Die Großen des Königreichs sind begierig auf die Exkremente dieser Gottheit, sie tragen sie normalerweise als Reliquien an ihrem Hals.«

Um den 8. November 1661 verließen Grueber, d'Orville und ihr Diener die Stadt mit einer neuen Karawane, überschritten den Himalaja mitten im Winter, durchquerten Nepal und Nordindien und erreichten am 31. März 1662 das Jesuitenkolleg in Agra. Für d'Orville bedeutete dies das Ende seiner Lebensreise. Für ihn waren die Strapazen zu groß gewesen. Er verstarb wenige Tage nach der Ankunft. In Athanasius Kirchers Worten: »Pater Albertus d'Orville ließ in Agra auf halbem Weg zwischen China und Europa, entkräftet durch die Mühsal der Reise, nachdem sie einige Tage mit Geschenken und Lob überhäuft worden waren, die sterbliche Hülle hinter sich und stieg in die himmlische Heimat auf, wie wir fromm glauben ...«

Grueber erholte sich bis Anfang September in Agra, dann trat er die Rückreise an. Außer Matthäus begleiteten ihn Pater Heinrich Roth und dessen indischer Diener Joseph Nasira. Sie durchquerten Indien, Persien und Kleinasien und erreichten am 20. Februar 1664 Rom. Dort aber löste seine Rückkehr nicht die erwartete Begeisterung aus. Das Problem »Landweg nach China« blieb nicht nur aus geographischen, sondern auch aus politischen Gründen ungelöst. Man befürchtete Reaktionen Portugals und ließ das Projekt fallen.

Station auf dem Weg nach Lhasa: Im Lamakloster Reting-Gompa war den Reisenden einige Tage der Erholung vergönnt. Foto: Antoine Taveneaux.

ORIENT & FERNER OSTEN

Die erste in Europa bekannt gewordene Darstellung des Potala in Lhasa, angefertigt für Kirchers »China Monumentis (…) Illustrata« nach einer Skizze von Johannes Grueber. Zweieinhalb Jahrhunderte hindurch war diese Zeichnung das einzige Bild, das der Westen von der heiligen Stadt der Tibeter besaß.

Die Patres Roth und Grueber erhielten die Erlaubnis, auf dem Landweg in ihre Missionen zurückzukehren. Doch nur Pater Roth gelangte wohlbehalten wieder nach Agra. Grueber erkrankte Anfang 1665 in Skutari schwer und wurde nach Europa zurückbeordert. Später wurde er für die ungarische Mission bestimmt und war an der türkisch-siebenbürgischen Grenze als Seelsorger tätig. Er starb am 30. September 1680 in Sárospatak.

Dass Johannes Grueber als erster Europäer die höchsten Gebirgspässe der Welt überwand, Tibet durchquerte und die heilige Stadt Lhasa betrat, ist eine wahrhaft große Leistung. Vollends unglaublich scheint sie, wenn man bedenkt, dass er in den acht Jahren seiner Suche nach dem nördlichen Landweg eine Strecke von rund 40.000 Kilometern zurücklegte, also praktisch die Länge des Erdumfangs.

Siegmund Freiherr von Herberstein

GEBOREN: 23. August 1486 in Wippach (Vipava), Krain

GESTORBEN: 28. März 1566 in Wien

Staatsmann und erster Russlandforscher

Der Staatsmann, Historiker, Geograph und »geistige Erschließer Russlands für das Abendland« fiel schon als Kind durch seine besondere Klugheit und Wissbegierde auf. Die Eltern erkannten seine Begabungen rechtzeitig und schickten ihn schon mit elf Jahren nach Wien in eine Art Gymnasium. Dort erwarb er mit 16 den Grad eines *Baccalaureus Philosophiae* und studierte anschließend die Rechte. Nach dem Studium trat er in das kaiserliche Heer ein, kämpfte gegen Venedig und verteidigte Mitterburg. Kaiser Maximilian schlug ihn zum Ritter. Er schätzte seine diplomatischen Fähigkeiten und schickte ihn 1516 auf eine Gesandtschaftsreise nach Dänemark und anschließend nach Polen und Russland. Auch Kaiser Karl V., der 1516 in Spanien die Herrschaft angetreten hatte, wusste die diplomatischen Fähigkeiten dieses Mannes, der sich durch besondere Kraft und Ausdauer auszeichnete, zu nützen. Er schickte ihn 1526/1527 zum zweiten Mal nach Russland. Herberstein blieb diesmal 16 Monate in Moskau und hatte Gelegenheit, umfassende Forschungen über das moskowitische Reich

BISONS SVM, POLONIS SVBER, GERMANIS BISONT: IGNARI, VRI NOMEN DEDERANT.

COMMENTARII.

Der Wisent, Bewohner der Urwälder Polens und Litauens. Illustration in Siegmund von Herbersteins großem Werk »Rerum Moscoviticarum Commentarii«. Sein Verdienst war es, erstmals exakt zwischen Wisent und Auerochs zu unterscheiden.

und seine Nachbarländer anzustellen. Er durchquerte Russland kreuz und quer, und das im Winter, denn im Sommer waren die Straßen praktisch unpassierbar. Zugute kam ihm dabei, dass er auf Grund seiner Herkunft Slowenisch konnte und dadurch das Russische rasch erlernte. In seiner Autobiografie schreibt er: »Ich habe das Land eifrig und mit offenen Augen durchstreift. Oft konnte ich auch bei Einwohnern der einzelnen Orte Nachfrage halten.« Herberstein verließ sich selten ausschließlich auf eigene Wahrnehmungen, sondern befragte auch Tabakbauern und Händler aus dem Osten.

So gelang es ihm, Details über die Landesgeschichte, über Sitten und Gebräuche, über die Kriegsführung und die Gesetze, über die Siedlungsgebiete der Wogulen, Ugrer und Tataren in Erfahrung zu bringen. Er hielt auch fest, wo das berühmte ostjakische Götzenbild »Slata Baba« aufgestellt war, dessen Bezeichnung er etwas

Rechts: Russische Reiterei, Abbildung in den »Commentarii«, einer kulturgeschichtlichen Quelle ersten Ranges: Über die Ausrüstung dieser Truppe schrieb Herberstein: »Ihre gewöhnlichen Waffen sind Bogen und Pfeil, ferner Speer und Axt (...) Manche von den Vornehmen tragen Panzer, ungefähr wie ein Kürass, kunstvoll aus Schuppen zusammengefügt, und Armschienen. (. . .) Andere wieder haben Kleider von Seide, dick mit Wolle ausgefüttert, die einen gewöhnlichen Pfeil aufhalten.«

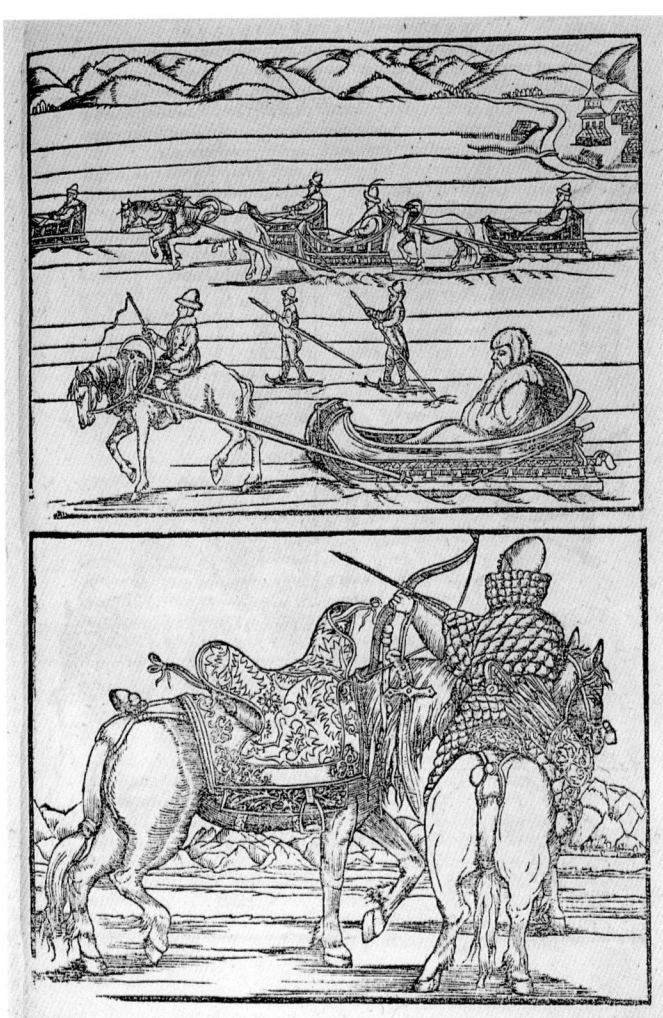

derb als »guldene Vetl« ins Deutsche übertrug. Die gewonnenen
Kenntnisse fasste er in seinem berühmten Werk *Rerum Moscoviticarum Commentarii* zusammen, das 1549 erschien und 1567 in
deutscher Übersetzung herausgebracht wurde.

Herbersteins wichtigste Leistung bestand darin, dass er die erste
Landkarte von Russland von der Ostsee bis zum Schwarzen und
zum Kaspischen Meer und über den Ural hinaus bis zum mittleren Ob zeichnete. Er erkannte als Erster, dass der Ural nicht, wie
bisher angenommen, eine von Osten nach Westen verlaufende
Wasserscheide ist, ein »Gürtel der Welt«, sondern ein von Norden nach Süden verlaufendes Gebirgsmassiv.

Dass es Herberstein gelang, während seiner beiden relativ kurzen
Aufenthalte diese ungeheure Arbeit zu bewältigen, ruft heute noch
Bewunderung hervor. Vermutlich benutzte er zur Messung der

Oben: Berufsdiplomat in Diensten der Habsburger und aufmerksamer Beobachter am Hof des Großfürsten von Moskau: Siegmund Freiherr von Herberstein, Neyperg und Guettenhag. Gemälde von unbekannter Hand (Schloss Herberstein).

Weiten Russlands einen »Tambourwagen«, eine chinesische Erfindung, die zwei Etagen besaß. In der unteren befand sich eine Figur, die nach Zurücklegung einer Meile gegen eine Trommel schlug, in der oberen eine, die nach zehn Meilen eine Glocke ertönen ließ. Möglich ist auch, dass er den Wegmesser des französischen Kosmographen Jean François Fernel benutzte, der als fünftes Rad am Wagen mitlief.

Zurück aus Russland, setzte sich Herberstein noch lange nicht zur Ruhe. Er unternahm noch zahlreiche diplomatische Missionen nach Polen, Ungarn und Böhmen, zog 1532 gegen die Türken in den Krieg und übernahm 1541 die höchst schwierige Aufgabe, mit einer Gesandtschaft in das Lager Sultan Süleimans des Prächtigen in Buda zu reisen und Friedensgespräche einzuleiten. Tatsächlich gelang es ihm, die Türken davon abzuhalten, wieder einmal weiter in »christliches« Gebiet vorzudringen. Entsprechend enthusiastisch wurde er bei seiner Rückkehr nach Wien gefeiert. Er wurde zum Geheimrat und zum Präsidenten des Finanzkollegiums ernannt und erhielt zahlreiche Auszeichnungen.

Seine letzte große Auslandsreise führte Herberstein 1556 wieder nach Polen. Danach zog er sich ins Privatleben zurück und lebte noch zehn Jahre in Wien. Was ihn unsterblich macht, ist, dass er dem Abendland zum ersten Mal sichere Nachricht aus dem unermesslich großen »Reich der Moscowiter« brachte.

Andreas Koffler

GEBOREN: 1603 in Krems
GESTORBEN: 12. Dezember 1651 in der Provinz
Kuangsi, China

Als Mathematiker am Kaiserhof von China

Er stammte zwar aus Krems, die Lieblichkeit der Wachauer Landschaft aber konnte ihn nicht in der Heimat halten: Andreas Koffler träumte von frühester Jugend an von der Ferne, von fremden
Ländern und Abenteuern. Da die Jesuiten zu seiner Zeit aufge-
weckten jungen Männern die Möglichkeit boten, im Missions-
dienst Träume dieser Art wahr zu machen, trat er in den Orden
ein und genoss dort eine hervorragende wissenschaftliche Ausbildung, vor allem auf dem Gebiet der Mathematik.
Die Reise nach China verlief für Koffler äußerst turbulent. Ab
1640 war er drei Jahre lang im Fernen Osten unterwegs, reiste
zuerst nach Goa, ein Jahr später nach Surat und 1642 nach Batavia. Seine Reisebriefe erregten in Europa großes Aufsehen, denn
sie enthielten detaillierte geographische und völkerkundliche
Berichte aus dieser damals weitgehend unerforschten Gegend.
Aus Batavia, dem heutigen Djakarta, kommend, traf er endlich

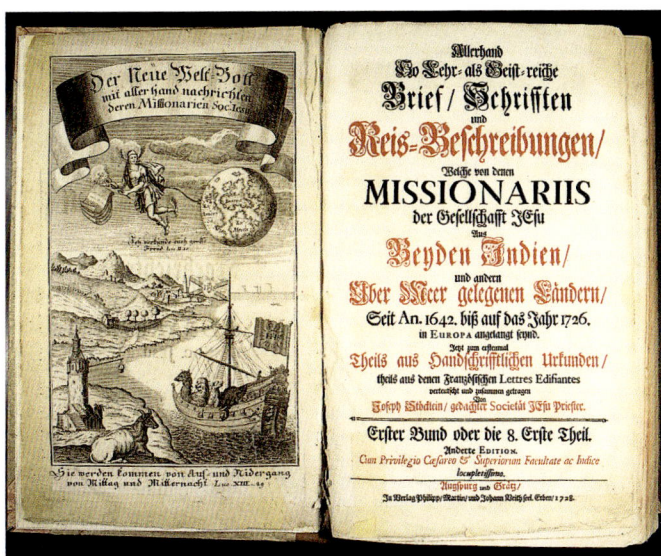

*Das populäre Forum für Berichte
der Jesuitenmissionare und heute eine
wichtige Quelle: der »Neue Welt-Bott«,
herausgegeben von Joseph Stöcklein.
Im Bild Titelkupfer und Haupttitel
von Band 1, erschienen 1728 in
Augsburg und Graz.*

1651 in China ermordet: Pater Andreas Koffler. Ölgemälde von unbekannter Hand, Weinstadtmuseum Krems.

im portugiesischen Stützpunkt Macao ein. Dort herrschten aber gerade turbulente Verhältnisse, denn in China tobte der Kampf zwischen Ming- und Mandschu-Dynastie, und Macao hatte dem letzten Ming-Kaiser zugesagt, eine Hilfstruppe zu schicken. Koffler sah darin eine Gelegenheit, an den Kaiserhof gelangen zu können, und schloss sich dieser Hilfstruppe als Feldgeistlicher an. Ungefährlich war das allerdings nicht, denn die Truppe geriet auf dem Weg immer wieder in arge Bedrängnis, und Koffler entging dem Tod mehrmals nur knapp.

Am Ming-Kaiserhof gelang es dem gebildeten Mann bald, sich großes Ansehen zu verschaffen. Er bekehrte sogar Mitglieder des Kaiserhauses zum Christentum. Seine mathematischen Kenntnisse machten Eindruck – so sehr, dass er zum »Thronassistenten« ernannt und mit der Erstellung des chinesischen Kalenders betraut wurde.

Inzwischen brachen in Macao zwischen den Portugiesen und den mit ihnen rivalisierenden Holländern schwere Kämpfe aus. Macao sah sich gezwungen, seine Hilfstruppe zurückzuziehen. Der Kai-

ser geriet dadurch in schwere Bedrängnis und wurde von den Mandschu in den Südwesten Chinas zurückgedrängt. Am Kaiserhof breiteten sich Unruhe und Empörung aus. Diesen Turbulenzen fiel Koffler zum Opfer: Er wurde 1651 ermordet.

Oben links: Für die gelehrten Jesuitenpatres war das Chinesische eine willkommene Herausforderung: Erklärungen zur chinesischen Schrift in Martin Martinis Werk »De Bello Tartarico« (Amsterdam 1655).

Oben rechts: Ein Brief Kofflers, in dem er von seinen Erlebnissen auf den Philippinen und auf Java berichtet, abgedruckt im »Neuen Welt-Bott«, Bd. 1, Augsburg 1728.

Martin Martini

GEBOREN: 1614 in Trient
GESTORBEN: 6. Juni 1661 in der Provinz Chekiang, China

Der erste Kartograph Chinas

Der aus Südtirol stammende Jesuitenpater hatte schon bei seiner Ausbildung großes Glück: Er studierte in Rom bei dem großen Mathematiker, Forscher und Erfinder Athanasius Kircher. Solcherart gerüstet, brach er 1640 nach China auf. Als er drei Jahre später dort ankam, war er klug genug, in der Auseinandersetzung zwischen Ming- und Mandschu-Kaisern keine Partei zu ergreifen. Diese Taktik erwies sich bald als richtig. Martini kam rasch zu hohem Ansehen und genoss die Freiheit, Forschungsreisen durch weite Teile des riesigen Reiches unternehmen zu können.

Als er 1651 nach Europa zurückkehrte, hatte er sensationelles geographisches und historisches Material gesammelt.

1654 konnte er sein Buch über den Tatareneinfall in China (*De bello Tartarico*) publizieren, das sogleich in zahlreiche europäische Sprachen übersetzt wurde. Martini war auch der Erste, der eine chinesische Grammatik verfasste, dazu ein – unvollendetes – Werk

Erschloss mit seinem grandiosen Kartenwerk das »Reich der Mitte« für die Europäer: ein Detail aus der kartographischen Darstellung Chinas durch Martin Martini im »Novus Atlas Sinensis«: die Provinz Peking

Oben: Titelkupfer aus Martinis Werk »Regni Sinensis a Tartari devastati enarratio«.

Die prachtvolle Titelillustration zu Martin Martinis Hauptwerk, dem »Novus Atlas Sinensis« (1655), mit dem er sich als Kartograph einen bedeutenden Ruf erwarb.

über die Geschichte Chinas, in dem er sich auf einheimische Quellen berief. Sein wichtigstes Werk aber war sein 1655 veröffentlichter *Novus Atlas Sinensis*. Diese erste genaue kartographische Darstellung Chinas machte ihn bald zu einer der wissenschaftlichen Größen seiner Zeit. Die Nachwelt sah in ihm den bedeutendsten Geographen unter allen Missionaren des 17. und 18. Jahrhunderts.

Martin Martini kehrte 1659 nach China zurück. Dort waren ihm aber nur noch zwei Lebensjahre vergönnt. Er starb 1661 in der Provinz Chekiang

Christian Wolfgang Haerdtrich

GEBOREN: 1625 in Graz
GESTORBEN: 1684 in Kiangtscheu, China

Verfasser des ersten chinesisch-lateinischen Wörterbuches

Auch dieser Grazer Jesuit genoss eine solide wissenschaftliche Ausbildung, bevor er als Missionar ins ferne China geschickt wurde. Christian Wolfgang Haerdtrich war bereits Professor der Humaniora und Rhetorik, als er 1656 nach China aufbrach. Er reiste über Celebes, erkrankte dort schwer und brauchte daher vier Jahre, bis er in der chinesischen Provinz Kiangsi ankam. 1669 wurde Haerdtrich gewaltsam nach Kanton verschleppt. So schlimm die Situation auch war, sie hatte ihr Gutes: In Kanton hielten sich andere Missionare auf, und gemeinsam mit ihnen hatte Haerdtrich Gelegenheit, sich eingehend mit Fragen der chinesischen Religion zu beschäftigen. Die Missionare arbeiteten an dem Werk *Confucius Sinarum philosophus*, das 1687 in Paris erschien und Europa zum ersten Mal Kenntnis von Konfuzius und der Gedan-

Detail der Martini-Karte im Atlas »Novus Atlas Sinensis«: das Titelbild zur Provinz Peking, der »ersten Provinz« des Reichs.

PECHELI,
SIVE
P E K I N G.
IMPERII SINARVM
PROVINCIA PRIMA.

kenwelt des Fernen Ostens brachte. Haerdtrich gilt als Hauptver-
fasser.

Zwischen 1671 und 1676 arbeitete der Grazer an der Astronomischen Akademie in Peking als Mathematiker. Zu seinem großen
Ansehen trug ein Geschenk bei, das er von Erzherzog Leopold
erhalten hatte und das er dem Vizekönig überreichte: ein Fern-
rohr.

Nach dem Regierungsantritt Kaiser Kanghsis wurde Haerdtrich an
den Kaiserhof berufen. Er beherrschte inzwischen die chinesische
Sprache perfekt. Das ermöglichte ihm die größte Leistung seines
Lebens: Er erstellte ein chinesisch-lateinisches Wörterbuch, das
erste, das jemals geschrieben wurde.

Haerdtrich starb 1684 in Kiangtscheu. Der Kaiser selbst verfasste
die Grabinschrift: »Ein ausgezeichneter Mann aus Europa«.

Das »Reich der Mitte« in Athanasius Kirchers »China Monumentis (…) Illustrata«. Der Polyhistor in Rom konnte sich in seiner Darstellung des Riesenlandes bereits bequem auf die Arbeiten Martinis stützen.

ORIENT & FERNER OSTEN

Georg Joseph Kamel

GEBOREN: 21. April 1661 in Brünn
GESTORBEN: 2. Mai 1706 in Manila

Er gab der Kamelie den Namen

Der Mann, dem eines der lieblichsten und schönsten Gewächse der Welt, die Kamelie, ihren Namen verdankt, wurde 1661 in Brünn geboren. Über seine Kindheit und Jugend sind kaum Details bekannt, lediglich, dass er in seiner Heimatstadt das Gymnasium und dann eine Apothekerlehre absolvierte. Mit 21 Jahren trat er in den Jesuitenorden ein und legte in Brünn ein ewiges Gelübde als Laienbruder ab. In Neuhaus und Krummau hatte er in den folgenden Jahren Gelegenheit, im Jesuitenkolleg sein Wissen als Gehilfe des Apothekers und als Krankenpfleger zu vertiefen.

Böhmische Apotheker waren zu jener Zeit im Jesuitenorden sehr gefragt. Zum einen galt ihre Ausbildung als sehr fundiert, und

Die älteste Karte der Philippinen von Antonio Herrera y Tordesillas aus seinem Werk »Descripción de las Indias Occidentales«, 1601. Kartensammlung der Universität Princeton.

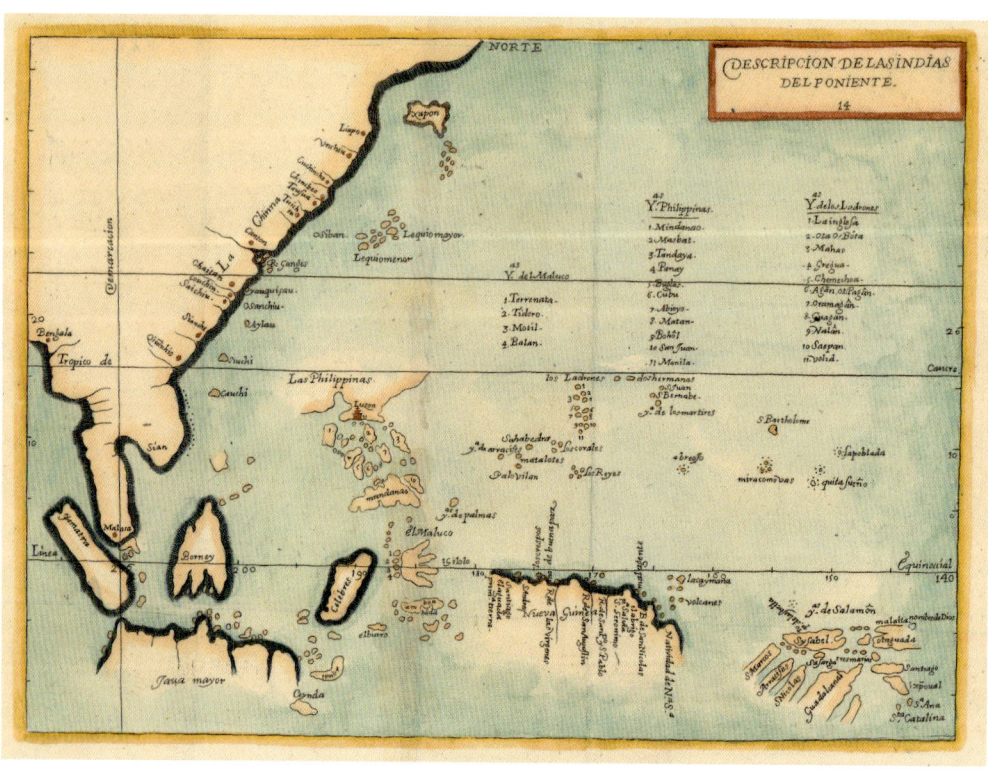

zum anderen wurden sie dringend für den Dienst in Übersee benötigt. Gerade dafür entschied sich Kamel im Alter von 26 Jahren, wohl wissend, dass er sich damit in große Gefahr begab. Schließlich forderten zu jener Zeit Malaria, Typhus und Amöbenruhr in den Tropen unter den Patres immer wieder zahlreiche Opfer.

Kamel wurde gemeinsam mit einem weiteren Laienbruder und sechs Patres für den Dienst auf den Philippinen bestimmt. Schon allein die Reise an dieses Ziel war ein gefährliches Abenteuer und dauerte Monate. Da die Portugiesen die Route um die Südspitze Afrikas blockierten, war die Ostroute nicht befahrbar. Und auch die Westroute war nach den Jahren des Kaperkrieges noch lange nicht sicher. Kamel reiste zuerst über Genua nach Cádiz. Dort wartete er mit 40 Missionaren auf die Überfahrt nach Vera Cruz im Golf von Mexiko. Nach der Überquerung des Atlantiks ging es auf Mauleseln nach Acapulco und dann weiter per Schiff. 1688 schließlich traf Kamel wohlbehalten auf den Philippinen ein.

Das von den Spaniern auf der Insel Luzon begründete Manila war zu jenem Zeitpunkt eine turbulente Hafenstadt, ein Umschlagplatz für viele der in Europa hoch begehrten Waren aus Asien, vor allem aus China. Ein für Europäer angenehmer Ort freilich war es nicht, das geht zumindest aus den Schilderungen hervor, die Pater Josef Kropff aus den Jahren um 1700 hinterlassen hat:

»... Inner der Haubt-Stadt Manila kann man weder essen noch schlaffen ohne zu schwitzen, also daß man allhier gezwungen ist sich der Straff die GOTT unserem ersten Vater aufgetragen hat, genauer zu unterwerfen ...« [1]

Kamel begann bald nach seiner Ankunft, im Jesuitenkolleg eine Apotheke einzurichten und eine intensive karitative und wissenschaftliche Tätigkeit zu entfalten. Sein größtes Interesse galt den heimischen Heilpflanzen. Um sie sammeln und mehr über ihre Wirkstoffe erfahren zu können, machte er sich daran, die Sprache der Eingeborenen zu erlernen. So konnte er auch viel über die volksmedizinischen Methoden der Bevölkerung in Erfahrung bringen.

Dem in seiner Heimat bestens geschulten Apotheker gelang es bald, Rezepturen zu erstellen, um mit den neuen Pflanzen optimale Heilwirkung zu erzielen. Er betätigte sich auch als Arzt. Bedürftige behandelte er oft ohne Honorar, mit seiner Apotheke aber erwirtschaftete er stattliche Gewinne. Bald wurde er als Arzt und Heiler berühmt, nicht nur auf der Hauptinsel Luzon, sondern weithin im asiatischen Raum. In seinem Nekrolog schrieb sein Ordensbruder Pedro Murillo Velarde:

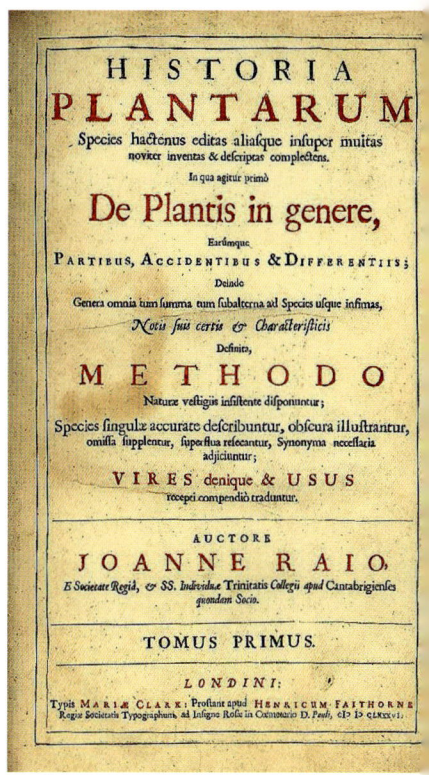

Pater Kamel lieferte unermüdlich botanisches Material: Titelblatt des ersten Bands von John Rays „Historia Plantarum".

»Bald begannen die Stadtbewohner und noch viele andere vertrauensvoll herbeizuströmen, als sie die Tüchtigkeit des Bruders erkannten … Er bemühte sich sehr um die Kenntnis der vielen Heilkräuter, die es auf diesen Inseln gibt, über die er zwei umfangreiche Bände verfaßte, in denen er deren Wurzeln, Blätter und Früchte aufzeichnete, sie mit den Namen versah, die sie in verschiedenen Sprachen tragen, damit sie und ihr Nutzen dadurch der Allgemeinheit zugänglich gemacht würden …« [2]

Nachrichten verbreiteten sich auch in Zeiten, in denen es weder Telefon noch Internet gab, rasch. Als philippinische Händler im indischen Madras von dem Arzt und Heiler erzählten, der in Manila intensiv Pflanzen sammelte, wurde Dr. Samuel Brown, ein Arzt der englischen East India Company, auf ihn aufmerksam. Er stellte eine Verbindung zu den beiden Botanikern John Ray und James Petiver in England her. Zu diesem Zeitpunkt hatte Ray gerade den ersten Band seiner *Historia Plantarum* herausgegeben und arbeitete bereits an einem zweiten Band. Die beiden Engländer ersuchten »Padre Camellus« um botanisches Material von den Philippinen. Und dieser kam ihrer Bitte gerne nach. Er sammelte, zeichnete und beschrieb unermüdlich und verschickte die Ergebnisse seiner Arbeit nach England.

Das allerdings ging nicht immer gut. 1698 kaperten chinesische Seeräuber ein Schiff, das eine seiner Hauptlieferungen nach England bringen sollte. Sie warfen das so mühsam erarbeitete, für sie aber nutzlose »Philippinische Herbar« kurzerhand ins Meer. Kamel hatte zum Glück Kopien seiner Zeichnungen angefertigt. Und andere Lieferungen erreichten ihr Ziel unbeschadet. So kam die Kunde von *Strychnos Ignatii*, der Grundsubstanz von Strychnin, nach Europa. Und auch die Kenntnis über diverse Drogen.

Ray arbeitete, nicht zuletzt dank der Lieferungen von den Philippinen, eifrig an seiner *Historia Plantarum* weiter. Wie dankbar er Pater Kamel war, zeigt ein Brief an Petiver aus dem August 1700:

»Ich kann es nur als eine göttliche Fügung ansehen, daß ich einen Mann ausfindig machen konnte, der so viel von Pflanzen versteht, um sich der Untersuchung, Zeichnung und Beschreibung von Pflanzen zu widmen, die in jenen fernen Weltgegenden wachsen, und mir einen genauen Bericht über deren Wirkung und Gebrauch geben kann …« und später »… er ist sozusagen geschaffen zur Förderung unserer Kenntnis von der Natur …« [3]

Im dritten Band ließ Ray Kamel selbst zu Wort kommen. Jahre später erwarb übrigens Sir Sloane die Sammlungen von Ray und Petiver, dazu ihren Nachlass und die Briefe und Herbarstücke Kamels. Sie bildeten den Grundstock der Sammlungen des Briti-

Tab. 82

CAMELLIA japonica.

Die »Camellia japonica«, aus:
»Flora Japonica« von Siebold /
Zuccarini (1870).

schen Museums. Zahlreiche Pflanzenzeichnungen Kamels gelangten auch nach Löwen (Leuven). Dort und in London werden sie
auch heute noch von Botanikern genützt.

Kamel waren für das Studium der philippinischen Pflanzenwelt
nur 18 Jahre vergönnt. Dann ereilte ihn das Schicksal, das schon
so viele seiner Laienbrüder hinweggerafft hatte. Er erkrankte 1706
in dem ungesunden, heißen Tropenklima an einer Darminfektion
und dagegen half keine Medizin. Er starb am 2. Mai im Alter von
nur 45 Jahren. Angesichts seiner großen Verdienste benannte Carl
von Linné, der große Naturforscher und Botaniker, ihm zu Ehren
die »Camellia« aus der Pflanzenfamilie der Teestrauchgewächse
nach ihm, die »Kamelie«.

[1] Josef Gicklhorn: Georg Joseph
Kamel S. J. Apotheker, Botaniker,
Arzt und Naturforscher der
Philippineninseln, Internationale
Gesellschaft für Geschichte der
Pharmazie, Eutin (Holstein)
1954, S. 23 f

[2] Ebda., S. 34

[3] Ebda., S. 54

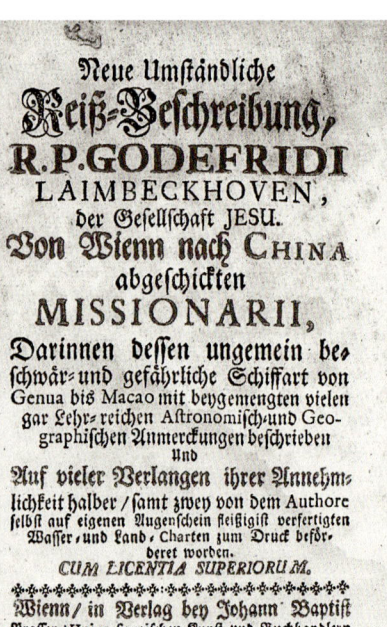

Die »Sendschreiben« als Zeitbilder

Der in Wien geborene Spross eines altösterreichischen Adelsge-schlechts brach als Jesuitenpater 1735 von Genua aus nach China auf. Er schiffte sich zuerst nach Lissabon ein, umsegelte dann Süd-afrika und gelangte nach Mosambik. Als er dort zehn Monate lang auf die Weiterreise warten musste, nützte er den Aufenthalt zu umfangreichen Recherchen. Sein Interesse galt besonders den Küsten und den Handelsfaktoreien Mosambiks. In Form von drei »Sendschreiben« – aus Lissabon, Salsete bei Goa und Macao – schickte er großartige Reisebeschreibungen in die Heimat. Diese Texte gelten als beeindruckende Zeitbilder.

Laimbeckhoven wirkte ab 1738 in China, 1752 wurde er Bischof von Nanking und 1758 von Peking. Dabei handelte es sich kei-neswegs um ein bequemes Amt. Zeitweise vollkommen mittellos und ständig in Gefahr, durchwanderte er die chinesischen Pro-vinzen häufig verkleidet und unter den größten Beschwerden – oft gemeinsam mit Pater Augustin Hallerstein aus Laibach, der aus China eine Reihe bedeutender astronomischer, geographischer und kartographischer Arbeiten nach Europa schickte und als Ers-ter die Bevölkerungszahl Chinas berechnete: Im 26. Regierungs-

1740 erschien in Wien Gottfried von Laimbeckhovens »Umständliche Reiß-Beschreibung«, in der er seine Erlebnisse auf dem Weg nach China schildert. Einen zehnmonatigen Aufenthalt in Mosambik nützte er zu kartographischen Arbeiten an der Küste dieses afrikanischen Landes.

Unten rechts eine Darstellung von »Mocambiqum« im Bd. 4 des »Neuen Welt-Botts«, erschienen 1748 in Wien.

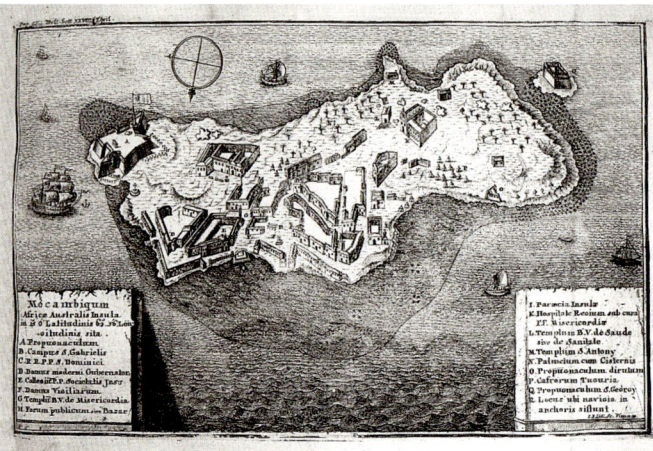

jahr des Kaisers Kiang-long gab er sie mit 198,2 Millionen Seelen an.

1773 fiel Laimbeckhoven auch noch die undankbare Aufgabe zu,
das Dekret der Aufhebung des Jesuitenordens auszuführen. Er
blieb auch danach noch in China, erreichte das stolze Alter von 80
Jahren und starb schließlich 1787 in Tong-kia-hang.

Mit Interesse verfolgte man in Europa die Kulturtechniken der Chinesen. Dieser Kupferstich in Athanasius Kirchers »China Monumentis (...) Illustrata« zeigt, wie man unterirdisches Feuer vulkanischen Ursprungs praktisch nützt.

Joseph Tieffenthaler

GEBOREN: 27. April 1710 in Salurn, Südtirol
GESTORBEN: 5. Juli 1785 in Lucknow, Indien

Der Vater der modernen indischen Geographie

Von Salurn bei Bozen nach Agra auf dem indischen Subkontinent: Der Jesuitenpater Josef Tieffenthaler schaffte diesen Sprung im Alter von 30 Jahren. Und mehr noch, er entwickelte sich auf seinem Missionsposten zu einem Wissenschaftler großen Formats.

Tieffenthaler befand sich noch keine drei Jahre in Indien, als er 1743 schon als wissenschaftlicher Berater an den Hof des Großmoguls berufen und zum Rektor in Agra bestellt wurde. Von diesem Zeitpunkt an beschäftigte er sich intensiv mit Literatur, Naturgeschichte und Geographie des Subkontinents. Fast 45 Jahre lang bereiste er Indien, vor allem das Flussgebiet des Ganges.

Nach Europa kehrte Tieffenthaler nie mehr zurück. Er stand aber in intensivem Briefwechsel mit europäischen Gelehrten, vor allem mit dem Franzosen Anquetil-Duperron, dem er seine wissenschaftlichen Arbeiten schickte. Dieser berichtete 1776 vor der Französischen Akademie der Wissenschaften darüber und entwarf 1784 nach Tieffenthalers Beschreibungen von drei großen und 22 kleineren Karten eine Karte des gesamten Gangesbeckens, die alle bis dahin bekannten Werke an Genauigkeit übertraf. Sie machte den Südtiroler Pater zum »Vater der modernen indischen Geographie«.

In seiner imposanten »Historisch-geographischen Beschreibung von Hindustan« vermittelte Tieffenthaler ein eindrucksvolles Bild vom Gangesgebiet: Ansichten von Benares und Agra (Bd. 1, Berlin 1785).

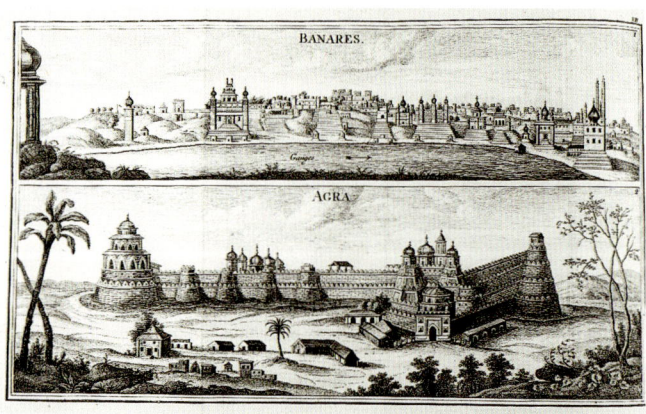

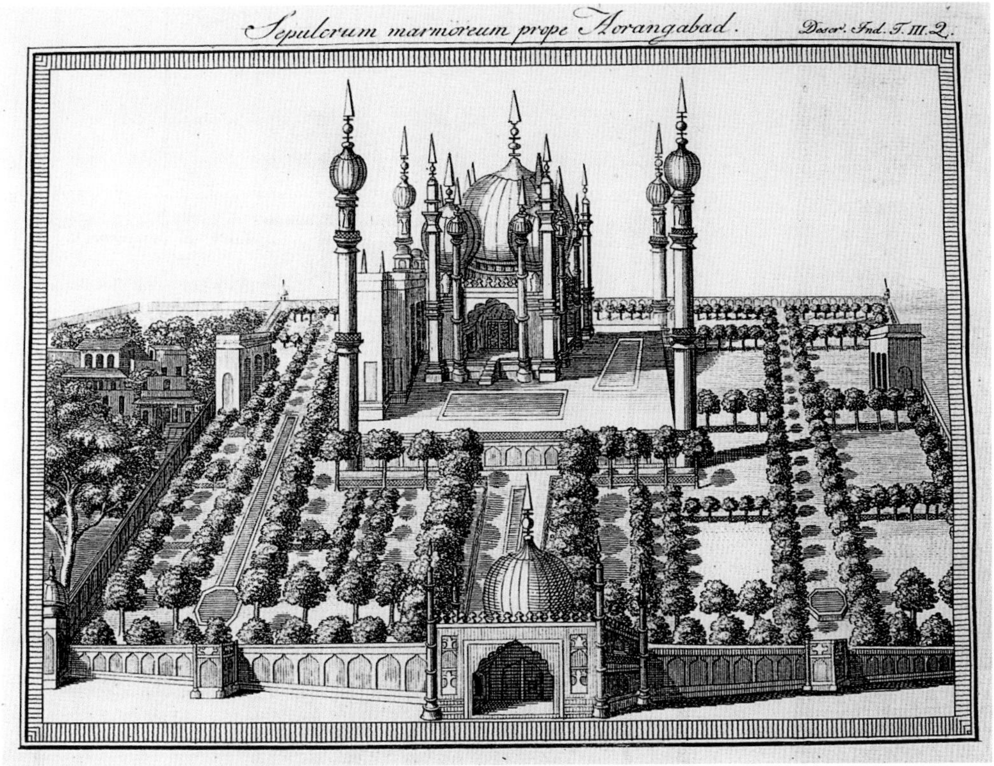

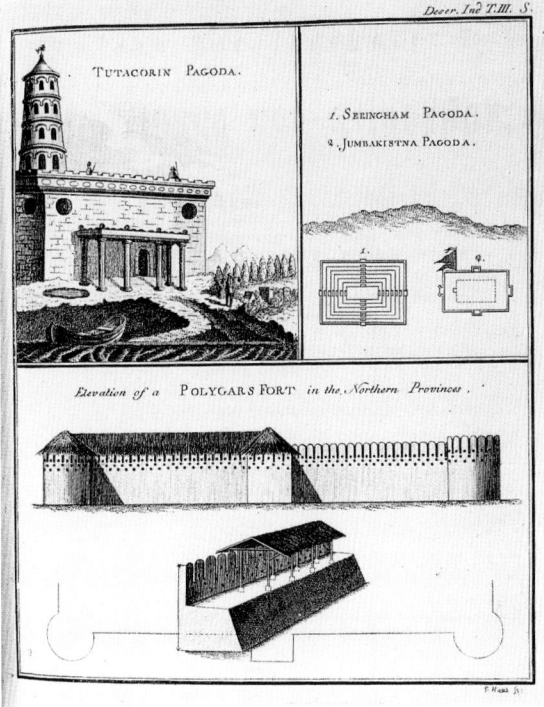

Sepulcrum marmoreum prope Aurangabad.   Descr. Ind. T. III. 2.

Descr. Ind. T. III. S.

TUTACORIN PAGODA.

1. SERINGHAM PAGODA.
2. JUMBAKISTNA PAGODA.

Elevation of a POLYGARS FORT in the Northern Provinces.

Eine grandiose Pionierarbeit – bestechend präzise
Wiedergabe der topographischen Verhältnisse zeichnet
die Ansichten in Tieffenthalers großem Werk aus:
oben Aurangabad (Bd. 1),
unten die Pagode von Tuutacorin (Bd. 2).
Sein außergewöhnliches Sprachentalent (Latein, Italienisch,
Spanisch, Französisch, Hindustani, Arabisch, Persisch und
Sanskrit) kam ihm bei seiner wissenschaftlichen Arbeit
besonders zugute.

Österreichs Sohn der Wüste

Alois Musil, ein Großcousin des Dichters Robert Musil, war alles
andere als ein »Mann ohne Eigenschaften«. Der Priester, Orientalist und Geograph trug den Habit der Araber mit der Würde
eines echten Wüstensohnes, sprach gut zwei Dutzend arabische
Dialekte und saß, so das bewundernde Zeugnis von Zeitgenos-
sen, im Sattel leichtfüßiger Kamele und rassiger Pferde, als wäre er
mit ihnen aufgewachsen. Er entdeckte die omaijadischen Wüs-
tenschlösser östlich von Amman, durchquerte das Gebiet zwischen
dem Roten Meer und dem Zweistromland in drei großen Expeditionen und vollbrachte das diplomatische Kunststück, die
Stämme Innerarabiens miteinander auszusöhnen. »Scheich Musa«
ist auf der arabischen Halbinsel unvergessen.

Inmitten der jordanischen Wüste, abseits der großen Pilgerstraße von Damaskus nach Mekka, entdeckte Musil uralte sagenumwobene Schlösser aus der Omaijadenzeit. Im Bild die Südmauer des Kasr al-Harâni.

Mit elf Jahren kam der Bauernbub aus Richtersdorf in Mähren
in die Schule nach Kremsier (Kroměříž); 1887 ging er nach
Olmütz (Olomouc), um Theologie zu studieren. In dieser Zeit
entdeckte er auch seine Liebe zum Orient. In kurzer Zeit lernte er
Hebräisch, Arabisch und Türkisch.

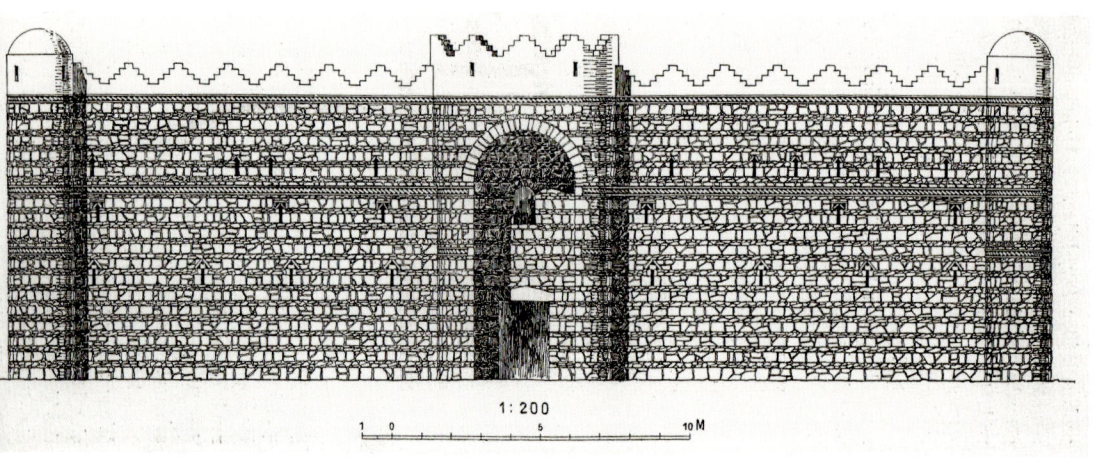

1:200

Ein wahrer Kara Ben Nemsi aus Österreich-Ungarn: Alois Musil als Scheich Musa Eben Nemsa ar-Ruejli – als Oberhäuptling der Ruala-Beduinen, der zahlreiche arabische Dialekte beherrschte, durchquerte der unermüdliche Forscher 1909 die Wüste Nefud in Nordarabien, 1910 folgte die große Hedschas-Expedition.

1891 wurde Musil zum Priester geweiht, die folgenden vier Jahre bis zur Promotion arbeitete er als Religionslehrer in Mährisch-Ostrau (Ostrava), dann gewährte ihm Theodor Kohn, der Erzbischof von Olmütz, endlich ein Stipendium für eine Orientreise – in der Hoffnung, in dem talentierten und ehrgeizigen jungen Priester einen künftigen Professor der Universität Olmütz gefunden zu haben.

Im Herbst 1895 brach Alois Musil, 27 Jahre alt, zu seiner ersten Reise nach Jerusalem auf. So perfekt die Anreise verlief, so enttäuscht war Musil vom Ziel: Das Treiben rund um das Heilige Grab und die Pilgerstätten fand er ausgesprochen abstoßend – Geldgier und Eifersüchteleien traten offen zu Tage. Ein Lichtblick waren lediglich die Exkursionen in die Umgebung von Jerusalem. Im Februar 1896 zog Musil zum ersten Mal mit einer Karawane durch die Wüste: zum Roten Meer, nach Nordost-

ORIENT & FERNER OSTEN

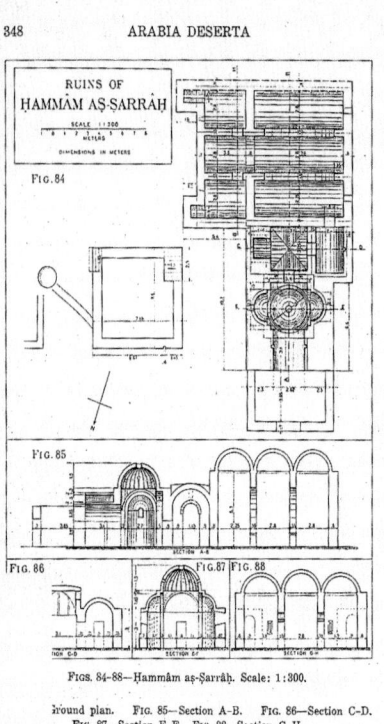

FIGS. 84-88.—Ḥammâm aṣ-Ṣarrâḥ. Scale: 1:300.
Ground plan.　FIG. 85—Section A-B.　FIG. 86—Section C-D.
FIG. 87—Section E-F.　FIG. 88—Section G-H.

*Obwohl kein Archäologe, legte Musil
in der Aufnahme und Kartierung der
von ihm entdeckten Objekte äußerste
Sorgfalt an den Tag.*

ägypten, nach Kairo und über die Halbinsel Sinai. Die tagelangen Kamelritte, die Sanddünen, der nächtliche Sternenhimmel – all das faszinierte den jungen Mann.

Im Juli 1896 wagte er zusammen mit zwei Patres einen Vorstoß ins Wâdi Mûsa, jenes geheimnisvolle Tal mit der fast hundert Jahre zuvor vom Schweizer Orientreisenden Johann Ludwig Burckhardt entdeckten Felsenstadt Petra. Die drei Männer blieben vier Tage dort und führten erste wissenschaftliche Erkundungen durch. Diese wenigen Tage im Wâdi Mûsa waren so prägend für Alois Musil, dass er sich später »Scheich Musa« nannte. Der Wunsch, selbst etwas zu entdecken und sich dadurch einen Namen zu machen, ließ Musil nicht mehr los. Er hatte von verlassenen omaijadischen Wüstenschlössern östlich der Pilgerstraße von Damaskus nach Mekka gehört: Diese märchenhaften Bauten sollten sein nächstes großes Ziel werden. Mit Hilfe des Erzbischofs von Olmütz und einiger Geldgeber rüstete er eine Expedition aus und brach 1897 in die Syrische Wüste auf. Es gelang ihm, in die Gegend südöstlich von Madaba vorzudringen, wo er auf das erste Wüstenschloss, Kasrat Tuba, stieß. »Es machte einen großartigen Eindruck, in der flachen Wüste einem so umfangreichen Bau zu begegnen«, schrieb er später.

Das nächste Schloss, Kasr al-Hamam, war zwar nicht weit entfernt, doch nur mit großer List gelang es Musil und seinen Begleitern, es zu erreichen. Auch dort konnten sie nur kurz bleiben: Von einer Räuberbande bedroht, entkamen sie ins Lager der Beni Schur. Fürst Talal, der Anführer dieses Beduinenstamms, ermöglicht ihm schließlich auch noch den Besuch des Schlosses Kasr Amra. Wieder ist Musil überwältigt: »Ich betrete es: überrascht sehe ich an den Wänden Spuren von Malereien. Ich durcheile die wenigen Räume – sie sind alle mit Wandgemälden geschmückt; ich trachtete, durch photographische Aufnahmen so viel wie möglich vom Gesehenen festzuhalten, als mir mein Begleiter vom Dache zurief: Feind in Sicht, Scheich Musa! Schnell, wir müssen fort!«

Wieder musste Musil in höchster Eile flüchten. Das, was er gesehen hatte, genügte ihm aber, um zu wissen, dass er eine einmalige Entdeckung gemacht hatte. Die Auffindung der Wandbilder von Kasr Amra begründete seinen Ruhm – auch wenn die Professoren in Wien seinen diesbezüglichen »Vorbericht« zunächst nicht ernst nahmen.

Im Juli 1900 war Musil wieder in Kasr Amra und erarbeitete nun eine sorgfältige Beschreibung des Schlosses, so dass man sich auch in Wien von der Existenz dieses Kleinods überzeugen ließ. In der Folge erforschte Musil auch die anderen, zuvor nur flüchtig

besuchten Omaijadenschlösser. Dann zog er weiter nach Petra.
Als er im Sommer 1901 nach Wien zurückkehrte und seine Forschungen publizierte, wurde er schlagartig berühmt. Von nun an
galt er als anerkannter Orientalist.

Musil kannte keine Ruhe: Sein nächstes Ziel war das Gebiet zwischen Totem Meer und Mittelmeer. Im August 1902 traf er
zusammen mit dem Maler Alphons Mielich, der ihm als Assistent
zur Seite gestellt worden war, in Gaza ein, es folgten wochenlange
Kamelritte bei bis zu 57 Grad Hitze, Hunger und Durst und
immer wieder Überfälle von räuberischen Beduinen. Er traf körperlich und seelisch erschöpft in Wien ein, aber auch diese Reise
brachte ihm weitere wissenschaftliche Anerkennung. Seine Karte
von Arabia Petraea erhielt wegen ihrer präzisen Darstellung und
ihrer Genauigkeit höchstes Lob. 1907/08 erschien ein gleichna-
miges vierbändiges Werk. Auch für seine Verdienste um die Erforschung von Petra wurde er gerühmt. Er hatte die erste verlässliche
Karte des Wâdi Mûsa und der Felsenstadt vorgelegt, und er hatte
die Bedeutung der Höhenheiligtümer der Nabatäer erkannt.

Im Februar 1908 informierte Musil die Kaiserliche Akademie der
Wissenschaften von seinem Plan einer neuerlichen großen Ara-
bien-Expedition. Er hatte sich die Ergänzung der Landkarte von
Arabia Petraea im Osten und Südosten und die genaue topographische Beschreibung des gesamten Forschungsgebietes vorge-
nommen. Als er um die Beistellung eines Assistenten bat, wurde

*Das Wâdi Mûsa, Herz des alten
Nabatäerreiches. Detail einer Karte,
die Musil seiner großen Studie über
die Arabia Petraea beilegte.*

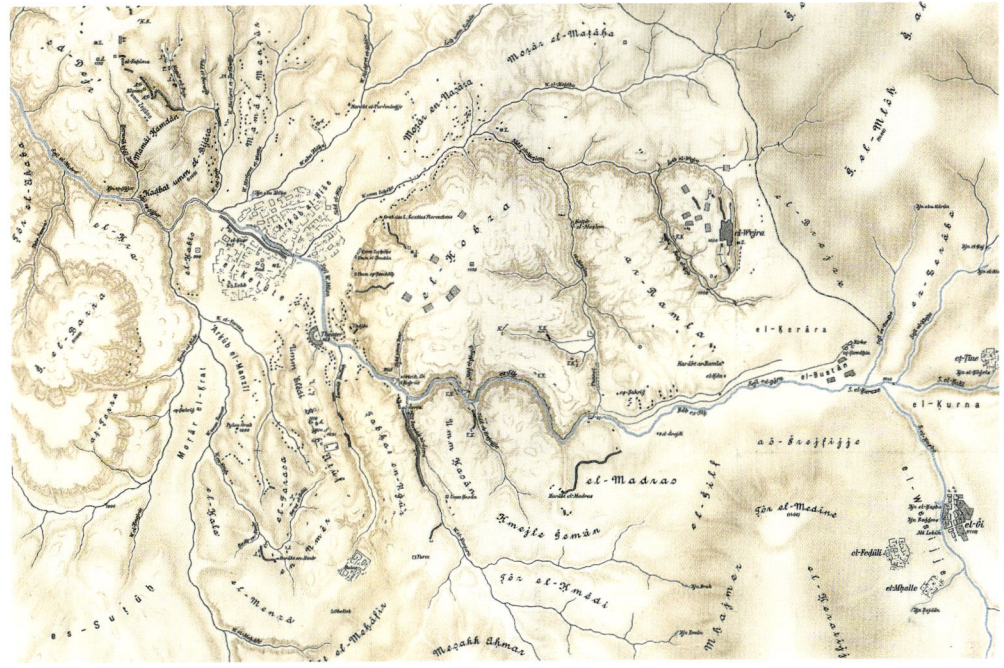

ORIENT & FERNER OSTEN

ihm der Militärgeograph Rudolf Thomasberger zugeteilt.

Im Juni 1908 brachen Musil und Thomasberger mit umfangreichem Gepäck – Waffen, feinen Stoffen, Seifen, Duftwässern, Schmuckstücken aus Gablonz – auf; im Herbst 1908 trafen sie im Lager der Ruala von Fürst an-Nuri ein und wurden hier freundlich aufgenommen. Sie verteilten die mitgebrachten Gastgeschenke und zogen in den folgenden Monaten mit den Ruala durch die Wüste al-Hamad zwischen Damaskus und dem Euphrat bei al-Mejadin, eine Gegend, die Europäern bislang vollkommen unbekannt war. Sie kartographierten, sammelten Pflanzen und studierten die Lebensgewohnheiten der Beduinen.

Die Freundschaft zwischen Scheich Musa und Fürst an-Nuri sollte ein Leben lang halten. Der Stammesführer schloss sich im Ersten Weltkrieg zwar gegen den Rat Musils den Briten an und zog mit T. E. Lawrence als Sieger über die Türken in Damaskus ein, aber nicht einmal das trübte ihr Verhältnis. In den 1930er-Jahren besuchte an-Nuri Musil sogar in seinem mährischen Heimatort Richtersdorf.

Im Jahr 1910 unternahm Musil auf Wunsch Wiens seine Expedition in den Norden des Hedschas, einer Gegend am Roten Meer, die sich vom Golf von Akaba bis zum Hochland von Asir erstreckt. Die Türken bauten hier eine Eisenbahnlinie von Damaskus nach Medina, zwischen Ma'an und al-Öla waren die Bauarbeiten auf Schwierigkeiten gestoßen. Musil wurde gebeten, topographische und geologische Studien durchzuführen. Am 21. April 1910 verließ Musil in Begleitung seines bewährten Reisegefährten Rudolf Thomasberger und des Geologen Dr. Leopold Kober Wien; von Damaskus aus begab man sich diesmal in den Schutz des Fürsten Awde vom Stamm der Whêdât. Vom Lager der Whêdât aus unternahmen Musil und seine Begleiter schwierige, ja lebensgefährliche Exkursionen, so auch ins Wâdi al-Dschisel, das »schöne Tal«, in dem sie

Banditen in die Hände fielen und nur knapp wieder entkommen konnten. Der Ausflug sollte sich dennoch lohnen: In der Ebene al-Dschaw entdecken die Forscher am 2. Juli unverhofft den Berg al-Bedr, den wahren biblischen Berg Sinai – einer der großen Träume Musils hat sich damit erfüllt.

Im Jahr 1912 durchquerte Musil zusammen mit Prinz Sixtus von Bourbon-Parma Nordostarabien und Südmesopotamien. Mit von der Partie war wieder Rudolf Thomasberger. Musil konnte auf dieser Reise seine Forschungen fortsetzen, diesmal auch in Palmyra, der alten Oasenstadt im Norden der Syrischen Wüste.

1914 und 1915, als sich abzeichnete, dass die Türken auf der Seite der Mittelmächte in den Krieg eintreten würden, erkannten die verantwortlichen Regierungsstellen in Wien die Wichtigkeit der arabisch-islamischen Welt. Alois Musil wurde in seiner Funktion als Geheimer Rat mit der höchst brisanten Mission betraut, die verfeindeten arabischen Stämme zu einem gemeinsamen Vorgehen zu veranlassen – und sie dazu zu bringen, gegen die Engländer in den Krieg einzutreten. Musil gelang es zwar unter größten Mühen, einige Stämme miteinander auszusöhnen. Doch der Einfluss von T. E. Lawrence erwies sich als stärker: Die Whêdât unter Awde und die Ruala des Fürsten an-Nuri griffen am 6. Juli 1917 gemeinsam mit T. E. Lawrence die türkische Garnison in Akaba an – eine tiefe Enttäuschung für Scheich Musa.

T. E. Lawrence wurde oft als Gegenspieler Musils bezeichnet. Alois Musil hatte denn auch nicht viel Gutes über ihn zu sagen: So setzte Lawrence niemals einen Fuß in das eigentliche Arabien. In Arabien selbst scherte sich kein Mensch um ihn, weil man ihn nicht kannte. Lawrence war auch kein Diplomat. In seiner Rolle als Kommandeur folgte er den Ratschlägen Awdes. Anhänger gewann er nicht durch seine Persönlichkeit, sondern durch Bestechung. Man verließ ihn, als der Goldstrom versiegte.

Im Jahr 1917 leitete Musil noch als »General-Oberkriegsrat« eine wichtige Orientmission des k. u. k. Kriegsministeriums, dann bereiste er Arabien nicht mehr. Ein letzter großer Höhepunkt seiner »politischen Tätigkeit« war die Organisation des Staatsbesuchs von Kaiser Karl und Kaiserin Zita in Konstantinopel im selben Jahr. 1923 und 1926 reiste Alois Musil in die USA. Dort verlegte die American Geographical Society seine Werke. Seine letzten beiden Lebensjahrzehnte verbrachte Musil zurückgezogen auf seinem Landgut bei Böhmisch-Schönberg.

Alois Musil wurde im Laufe seines Lebens mit Ehrungen und Titeln geradezu überhäuft. Unter anderem war er Wirklicher Hofrat, General-Oberkriegsrat mit dem Recht auf die Anrede »Exzellenz« und Korrespondierendes Mitglied der Kaiserlichen Akademie der Wissenschaften. Auch seine akademische Karriere war beachtlich. Er war Doktor der Theologie, wurde 1902 an der Universität Olmütz zum außerordentlichen Professor des Bibelstudiums ernannt und 1904 zum ordentlichen Professor für das Studium des Alten Testaments und der orientalischen Dialekte. Von 1909 bis 1919 lehrte er als Professor der biblischen Hilfswissenschaften und der arabischen Sprache an der Universität Wien. Trotz dieser Auszeichnungen musste Alois Musil mit zunehmendem Alter erkennen, dass andere, die ihre Stimme lauter erhoben, seine Verdienste in den Schatten stellten. Diese Erkenntnis mag ihn am Ende seines Lebens enttäuscht haben.

Musil kam mit der Beduinen-Mentalität ausgezeichnet zurecht und fand überall Freunde: im Zelt des Häuptlings der Whêdât-Beduinen, die sich als direkte Nachkommen der Prophetenenkel Hassan und Hussein sahen. Foto aus Bd. III der »Arabia Petraea«.

Ein Wiener am Bosporus

Ein angesehener Würdenträger des Osmanischen Reiches: Karl Hammerschmidt alias Dr. Abdullah Bey in türkischer Uniform mit Fez und großer Ordensdekoration für seine wissenschaftlichen und militärischen Verdienste.

Eine der schillerndsten Persönlichkeiten unter den österreichischen Forschern und Entdeckern war Karl Hammerschmidt. Er wurde in Wien geboren und studierte in seiner Heimatstadt Philosophie, später Rechtswissenschaften und wurde 1827 zum Dr. jur. promoviert. In gelehrten Kreisen hoch geschätzt, gab er auch die *Landwirtschaftliche Zeitung* heraus. Dann aber kam das folgenschwere Jahr 1848. Hammerschmidt stand auf der »falschen« Seite, er sympathisierte mit den ungarischen Aufständischen, kämpfte in Ungarn – und musste wenige Monate später fliehen. Hammerschmidt setzte sich an den Bosporus ab, begab sich in den Dienst des Osmanischen Reiches, wurde Lehrer an der Medizinischen Schule in Konstantinopel und später Spitalsarzt in Damaskus. Nachdem er sich zur Einkehr in die Wüste zurückgezogen hatte, trat er zum Islam über, nannte sich Dr. Abdullah Bey und nahm eine neue Identität an. Er änderte seine Lebensgewohnheiten und sprach nur noch Türkisch.

Im Krimkrieg kämpfte Dr. Abdullah Bey auf der Seite der Türken gegen Russland. 1873, schon in vorgerücktem Alter, wurde er abermals Lehrer an der Medizinischen Schule in Konstantinopel, seine Fächer waren Mineralogie und Zoologie.

Dr. Abdullah Bey machte sich um die Erforschung der Geologie und Zoologie der fossilreichen Bosporusgegenden und des europäischen Ufers des Marmarameeres verdient. Seine wissenschaftlichen Arbeiten erschienen in türkischer Sprache.

Ein türkischer Gendarm

Oben: Repräsentant der Macht des
Sultans: ein türkischer Gendarm.

Unten: Im Mittelpunkt von Abdullah
Beys Forscherinteresse: der Bosporus.
Blick von Ejub über das Goldene Horn.
Aus: Julia Pardoe, »The Beauties of
the Bosporus« (London 1856).

*Ein Kurden-Emir. Mehrere Feldzüge der türkischen Armee gegen die Kurden konnten
den Widerstand dieses Volkes nicht brechen. Aus: Amand Frh. von Schweiger-Lerchenfeld,
»Der Orient« (Wien 1882).*

Sammelte während seiner Forschungsreisen
im Taurusgebirge, im Sudan, auf Zypern
und in Persien mehr als 600.000
Pflanzenexemplare in 8.000 bis
10.000 Spezies: Theodor Kotschy, als
»Kustos-Adjunkt« am k. k. Hofkabinett.
Foto, um 1860.

Theodor Kotschy

GEBOREN: 15. April 1813 in Ustrón, Schlesien
GESTORBEN: 11. Juni 1866 in Wien

Als Botaniker unterwegs im Orient

Er war noch keine neun Jahre alt, als er schon mit seiner Botanisiertrommel in die Natur hinauszog. Dass sich diese Exkursionen nicht immer auf seine unmittelbare Heimat beschränken würden, wusste er bald. Als Theodor Kotschy, der Sohn eines hochgebildeten evangelischen Pfarrers, nach der Dorfschule von seinem Vater unterrichtet wurde und dieser ihm die Bücher berühmter Forschungsreisender wie James Cook und Alexander von Humboldt zu lesen gab, kündigte er an, auch selbst solche Reisen unternehmen zu wollen.

Kotschy trat 1833 in die Evangelisch-Theologische Lehranstalt in Wien ein. Sein Lieblingsfach war auch dort die Botanik. 1834 und 1835 unternahm er auf eigene Faust botanische Touren in das Banat, nach Kroatien und an die Adriaküste. Aber das war erst der Auftakt zu einer Reihe von langen und entbehrungsreichen Reisen.

1836 schloss sich Kotschy als Botaniker und Zoologe Josef von Russeggers Expedition in den Taurus, nach Syrien und in die oberen Nilgebiete an. Zweck dieser Expedition war es, die Bodenschätze jener Gegenden zu erforschen. Sie endete im Spätherbst 1838 in Alexandria – allerdings nicht für Kotschy. Er machte sich allein in den Süden auf, nach Khartum. Ein Jahr später schiffte er sich in Alexandria nach Zypern ein und reiste von dort über Beirut und Iskenderun nach Aleppo. 1841 zog er über Urfa, Diyarbakır und Mardin nach Mossul, fuhr auf luftgefüllten Schläuchen den Tigris bis Bagdad hinunter, dann auf einer Barke bis Basra und gelangte über die Insel Charak im Februar 1842 nach Buschir. Kotschy verfügte über sehr begrenzte finanzielle Mittel. Das hinderte ihn aber nicht am Weitermachen. Er durchquerte Persien auf der Route Schiras–Isfahan–Keschan–Teheran und bestieg am 1. August 1843 den Demawend im Elbursgebirge. Die Gesteinsproben, die er später der k. u. k. Geologischen Reichsanstalt in Wien übergab, ermöglichten eine Bestimmung des geologischen Aufbaus dieses Vulkankegels und höchsten Bergs Vorderasiens. Anfang Oktober 1843 verließ Kotschy Teheran. Er reiste über

Täbris, Erzurum, Trapezunt und Konstantinopel und traf Mitte Dezember wieder in Wien ein – nach einer äußerst strapaziösen Reise von acht Jahren. Seine Forschungsergebnisse sicherten ihm den ersten Platz unter allen österreichischen Botanikern, die bis dato in fremden Ländern geforscht hatten.

1853 reiste Theodor Kotschy wieder in den Taurus. Einen Bericht über diese Expedition, für den er höchstes Lob erntete, veröffentlichte er 1859 unter dem Titel *Reise in den kilikischen Taurus über Tarsus*. Der große Alexander von Humboldt schrieb ihm: »Wir haben über keinen Teil von Europa, ja über keinen Teil der Erde etwas so hypsometrisch Vollständiges, als Sie uns über einen so anmutigen Teil von Kleinasien geliefert haben.«

1855 ging Kotschy noch einmal nach Ägypten, Suez, Palästina und Syrien. 1859 kehrte er in das östliche Kleinasien zurück. Diesmal waren sein Ziel die großen »weißen Flecken« in der Umgebung des Vansees. Auch sie erforschte er gründlich, ebenso wie drei Jahre später das Amanusgebirge bei Iskenderun.

Oben: Karawane am Fuß des Libanon. Gemälde von Prosper Marilhat, undatiert, Öl auf Holz. Leipzig Museum der Bildenden Künste. Marilhat hatte sich 1831/33 im Orient aufgehalten und dabei seine Leidenschaft für dessen großartige Natur entdeckt.

Unten: Private Spenden ermöglichten Kotschy 1841/43 umfangreiche Forschungen im Elbursgebirge: Skizze der Elburs-Alpen (links) und des westlichen Elburs.

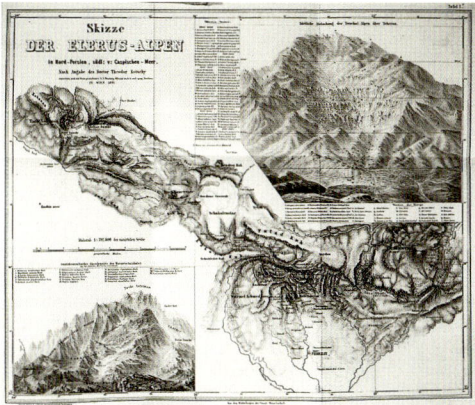

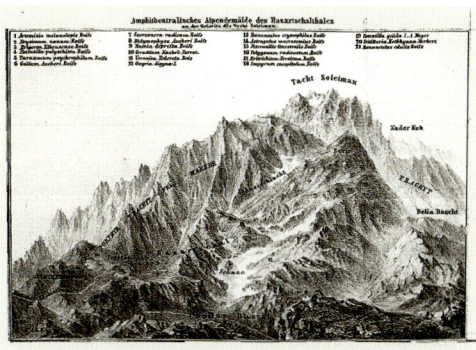

Der Leibarzt des Schahs von Persien

Er hatte in Prag und Wien Medizin und Naturwissenschaften studiert und brachte alle Voraussetzungen mit, in der Hauptstadt der Donaumonarchie als Arzt zu reüssieren. Doch es sollte anders kommen für Jakob Eduard Polak aus Böhmen. Das Schicksal führte ihn in den märchenhaften Palast des Schahs von Persien.

Polak folgte 1851 zusammen mit fünf österreichischen Militärexperten einer Berufung an das neu gegründete Kollegium in Teheran. Schon vier Jahre später machte ihn der Schah zu seinem Leibarzt. Polak nützte diese Stellung, um das Land zu erkunden. Als er 1860 nach Wien zurückkehrte, hatte er so viel Material gesammelt, dass er fünf Jahre später das Werk *Persien. Das Land und seine Bewohner* publizieren konnte. Diese umfassende Darstellung fand gerade in jener orientinteressierten Zeit ein großes Publikum.

Polak kehrte schon bald ins Morgenland zurück. 1866 war er als kaiserlicher Bevollmächtigter Mitglied der internationalen Cholerakommission in Konstantinopel. 1882 reiste er noch einmal nach Persien, diesmal in Begleitung des Wiener Geologen Franz Wähner. Er erforschte das Karagan- und das Elwendgebiet. Als er sah, wie viel es dort noch zu entdecken gab, schickte er, nach Wien zurückgekehrt, eine Expedition mit einem Geologen und einem Botaniker in dieses Gebiet. Er selbst nahm nicht daran teil, sondern wandte sich nun vollends der Wissenschaft zu. Er unterrichtete Persisch an der Universität Wien, veröffentlichte mehr als 20 Texte über Persien und ein persisch-deutsches Wörterbuch (*Deutsch-Persisches Konversations-Wörterbuch nebst einem Abriß der Formen- und Satzlehre*).

Die Faszination des Orients ließ Jakob Eduard Polak nie mehr los: der Leibarzt des Schahs in einem kaftanartigen Pelzrock mit Pelzmütze und Orden. Foto: Julie Haftner, Wien, um 1870.

Als authentischer Bericht aus Persien stieß Polaks Hauptwerk beim österreichischen Publikum auf großes Interesse.

Ein Tiroler im Dienste des Schahs: Albert Josef Freiherr Gasteiger stieg in Persien zum Khan und »Emir von Pentsch« auf und betrat Landschaften, die nie zuvor ein Europäer gesehen hatte. Foto in Uniform, um 1870.

Ein Emir und Khan aus Innsbruck

Eine der schillerndsten Figuren unter den österreichischen For-schern und Weltreisenden wurde in Innsbruck als Sohn des Kreis-hauptmannes des Unterinn- und Wipptales geboren. Schon in frühester Jugend zeigte sich bei Albert Josef Freiherr Gasteiger von Raabensteig eine starke technische Begabung. Daher beschloss seine Familie, ihn zum Ingenieur ausbilden zu lassen, und schickte ihn nach Wien. Er spezialisierte sich auf den Bahn- und Stra-ßenbau und schloss das Studium 1846 ab. Seine erste Anstellung führte ihn auf den Semmering, er baute unter Ritter von Ghega ein Doppelviadukt für die Semmeringbahn. Noch 17 Jahre arbei-tete er als Ingenieur an verschiedenen Straßenbauprojekten in der Donaumonarchie mit, dann änderte sich sein Leben mit einem Schlag: Er wurde nach Persien berufen.

Gasteiger erlernte innerhalb eines Jahres Persisch und baute ab 1863 Straßen im ganzen Land, die zum Teil heute noch dem ira-nischen Straßennetz zugrunde liegen. In den folgenden Jahren erhielt er hohe Ämter und Auszeichnungen. Er war österrei-chischer Honorarkonsul in Persien, wurde als erster Europäer zum Khan von Persien erhoben, erhielt den Titel »Emir Pentsch« und begleitete 1873 den Schah von Persien zur Weltausstellung in Wien.

Als der Schah Gasteiger auch zum Oberinspektor des Festungs-bauwesens ernannte, erhielt dieser die Gelegenheit, persische Gebiete zu bereisen, die nie zuvor ein Europäer betreten hatte. Vor allem in Belutschistan konnte er die geographischen und wirt-schaftlichen Verhältnisse erforschen. Seine Erkenntnisse publi-zierte er in österreichischen Alpinzeitschriften.

1888 endete Gasteigers Aufenthalt in Persien abrupt und uner-freulich. Er wurde in Intrigen verwickelt, musste flüchten und kehrte verbittert in die Heimat zurück, wo er zwei Jahre später starb.

Mission österreichischer Offiziere für Persien.
1876–1882. 1296–1300.

Oben: Österreich-Ungarn leistete wichtige
»Entwicklungshilfe«: die »Mission
österreichischer Offiziere für Persien«.
Foto, 1863.

Links: Gasteiger kam in ein Land,
in dem noch immer die uralten
Karawanenwege die Hauptverkehrs-
verbindungen darstellten. Teheran
von der Straße nach Isfahan aus gesehen.
Stich, 1821.

Ferdinand Stoliczka

GEBOREN: 7. Juli 1838 in Bilan, Mähren
GESTORBEN: 19. Juni 1874 in Murghi am Shayok, Kaschmir

Als Geologe auf dem Dach der Welt

In Kalkutta gedenkt man auch heute noch eines Altösterreichers: Im Nationalmuseum und im Museum der *Asiatic Society of Bengal* erinnern Büsten an den Geologen Ferdinand Stoliczka. Dieser aus Mähren stammende Wissenschaftler war 1857 zum Studium nach Wien gekommen. Er wollte ursprünglich Lehrer werden und inskribierte an der Philosophischen Fakultät. Dann aber hörte er Vorlesungen bei dem berühmten Geologen Prof. Eduard Sueß und war auf Anhieb fasziniert. Er wechselte zur Geologie über, durfte als Student schon im k. k. Hofmineralien-Kabinett arbeiten und trat 1861, nach Abschluss seiner Studien, in die Geologische Reichsanstalt ein.

1862 wurde er in den *Geological Survey of India* in Kalkutta berufen. Von dort aus unternahm er ausgedehnte Forschungsreisen in den Himalaja, nach Burma und Malaysia, auf die Andamanen und Nikobaren, auf die Halbinsel Kutch, nach Darjeeling und Tibet. Er scheute keine Mühen und ging oft an die Grenzen seiner Belastbarkeit. Über eine Expedition in den Himalaja schrieb er in einem Brief: »Unsere täglichen Gefährten sind der Hunger, der Durst und die Kälte.« Trotzdem forschte er unermüdlich. Allein seine Arbeiten über die Kreidefossilien Südindiens umfas-

Oben: Ein Pionier der Himalaja-forschung: der Geologe und Paläontologe Ferdinand Stoliczka als Mitarbeiter des »Geological Survey of India« in Kalkutta. Foto: Baker & Burke, Punjab, um 1862. 1864 führte er eine erste Expedition in den westlichen Himalaja, 1865 forschte er in Kaschmir, Zanskar und Ladakh.

Rechts: »Stoliczka Sahib« (mit Wander-stab) im Kreis der Gefährten vor dem Aufbruch zu seiner zweiten Himalaja-Expedition nach Kaschmir und Ladakh. Das Hauptwerk Stoliczkas »Cretaceous Fauna of Southern India« erschien 1865–1873.

Oben: *Militärmanöver in Indien. Illustration aus dem vierbändigen Reisewerk »Kashmir und das Reich der Siek« (Wien 1840/48) des Wiener Weltenbummlers Karl Alexander Anselm Freiherr von Hügel.*

Rechts: *Südarabische Expedition der Akademie der Wissenschaften 1898/99: der Geologe Franz Kossmat in einem Bergtal auf Sokotra. Foto von Oskar Simony, aufgenommen am 28. Dezember 1898. Unter dem Kommando Wilhelm von Tegetthofs hatte 1857/58 ein österreichisches Expeditionskorps versucht, auf Sokotra – einer strategisch wichtigen Insel am Eingang zum Golf von Aden – einen kolonialen Stützpunkt zu gründen.*

sen 1.500 Druckseiten und 176 Tafeln. Das Ausmaß seiner zoologischen Arbeiten ist – vor allem auch in Anbetracht der Kürze seines Lebens – ebenfalls beeindruckend: Er verfasste 152 Publikationen, viele davon für die *Asiatic Society of Bengal*, deren Sekretär er ab 1868 war.

1873 nahm Stoliczka als Geologe an einer Gesandtschaftsreise nach Kaschgar, »Chinesisch Turkestan«, teil und ging dann mit Oberst Gordon nach Tschatyrkul am Rand des Tien-Schan-Gebirges und über das Pamirplateau nach Wachan. Die Gesundheit des an sich kräftigen Mannes war schon vor Beginn der Reise angeschlagen. Sein Wissensdrang aber trieb ihn auch diesmal an. Er arbeitete praktisch ohne Unterbrechung, gönnte sich keine Pause, nahm alle nur erdenklichen Strapazen auf sich, um seine Forschungen voranzutreiben. Auf der Rückreise erlag er den Anstrengungen. Er starb, erst 36-jährig, im Karakorum an Erschöpfung. Eine Granitsäule schmückt sein Grab im Ort Leh.

ORIENT & FERNER OSTEN

Eduard Glaser

GEBOREN: 15. März 1855 in Deutsch-Rust
          (Podbořanský Rohozec), Böhmen
GESTORBEN: 17. Mai 1908 in München

Fasziniert von den Rätseln des Orients

Der Orient, vor allem das südliche Arabien, übte auf Eduard Glaser aus Böhmen eine fast magische Anziehungskraft aus. Schon während er in Prag Geodäsie und Mathematik studierte, begann er eifrig Arabisch zu lernen. Er hatte sich in den Kopf gesetzt, eines Tages in den Orient zu reisen und zumindest einige seiner Geheimnisse zu enträtseln. Immer mehr empfand er es als seine Lebensaufgabe, Mârib, das sagenumwobene Saba des Alten Testaments, zu finden und zu erforschen.

1877 kam Glaser nach Wien. Drei Jahre später konnte er zum ersten Mal in den Orient aufbrechen. Er reiste nach Tunis, Tripolis und Alexandria. 1883 schließlich kam er seinem ersehnten Ziel zum ersten Mal nahe. Er fuhr in das südliche Arabien, erreichte Sanaa im heutigen Jemen und durchforschte von dort aus die Wüste in verschiedenen Richtungen – immer auf der Suche nach Mârib, der *Metropolis Sabaeorum* der Antike, der einst prachtvollen Hauptstadt des Sabäerreichs.

Glasers finanzielle Mittel waren mehr als beschränkt. Trotzdem konnte er 1885/1886 ein zweites und 1887/1888 ein drittes Mal in das südliche Arabien reisen. Auf seiner dritten Expedition

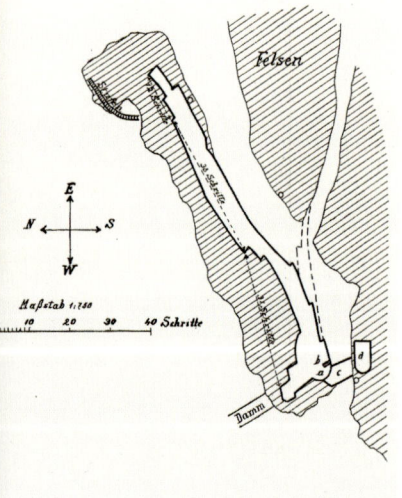

Die Dammbauten bei Mârib, dem antiken »Regia omnium Mariaba«. Skizzen von Eduard Glaser, angefertigt während seines berühmten Vorstoßes in die alte Hauptstadt der Sabäer 1887/88.

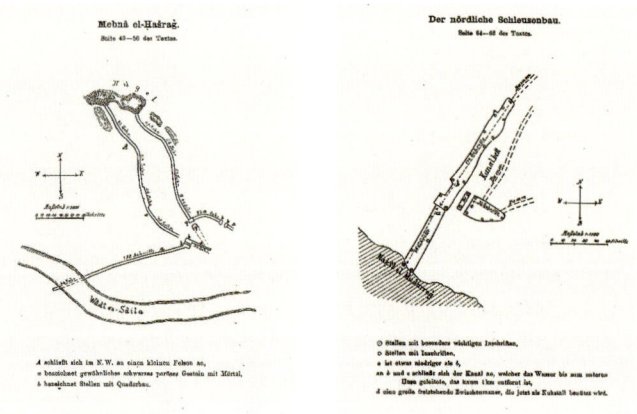

erreichte er Mârib tatsächlich. Er sammelte mit an Pedanterie grenzender Genauigkeit über 1.000 Inschriften und führte geographische Studien durch. Das trug ihm den Ruf eines Pioniers der Sabäistik und die Anerkennung der wissenschaftlichen Welt ein. Die Akademie der Wissenschaften veröffentlichte *Eduard Glasers Reise nach Mârib*, die Universität Greifswald ernannte ihn zum Ehrendoktor, und in Berlin erschien ein Band seiner *Skizze der Geschichte und Geographie Arabiens von den ältesten Zeiten bis zum Propheten Muhammad*.

1892 reiste Glaser ein viertes Mal nach Arabien. Diesmal zog er von Aden aus in das Landesinnere, sammelte 800 Inschriften, altarabische Schriftdokumente und Sprachproben, vor allem vom Volk der Mahra. Er fertigte die erste Karte vom Gebiet zwischen dem Hadramaut und Mekka an. Glasers »Mitbringsel« wurden als »Sammlung Glaser« in das Wiener Kunsthistorische Museum und die Nationalbibliothek aufgenommen.

Pilgerkarawane auf dem Weg nach Mekka. Gemälde von Léon Belly, Paris, Musée d'Orsay. Belly (1827–1877), der seine Landsleute de Sauley und Ed. Delessert auf ihren Reisen in Ägypten und im Libanon begleitete, schuf dieses berühmte Werk 1861.

Der Orientalist

Der in Wien-Leopoldstadt am Tabor geborene Wilhelm Hein sorgte schon in der Volksschule für größtes Erstaunen bei seinem Lehrer: Er kannte sich mit der Geographie Afrikas bestens aus, und er erklärte immer wieder, er werde einmal reisen, wandern, die Welt erforschen. Wie ernst es ihm damit war, beweist eine Eintragung in ein Notizbüchlein, die er im Alter von zehn Jahren machte. Er werde einmal eine Reise ins jemenitische Sana machen, schrieb er da.

Dieser Entschluss war mehr als ein flüchtiger Bubentraum. Bei Wilhelm Hein zeigte sich auch in den folgenden Jahren ein stark ausgeprägter Wissensdurst. Und er bereitete sich früh auf spätere Strapazen vor. Bei Ausflügen, die er mit seinen Schulfreunden aus dem Gymnasium Landstraße unternahm, war immer er es, der ohne Jammern am längsten durchhielt, der sich im Beobachten und Orientieren übte und der eifrig Notizen machte. Mit größter Begeisterung las er geographische Beschreibungen und interessierte sich für Sprachen. So sehr, dass er schon während der letzten vier Gymnasialjahre als außerordentlicher Hörer an semitischen Kollegien der Universität Wien teilnahm. Damit war auch schon sein späteres Wissensgebiet vorgegeben: der Orient. Hein wählte für die Doktorarbeit nach seinen philologischen, historischen und geographischen Studien ein Thema aus der islamischen Geschichte. Dann ging er zum Studium nach Straßburg, zu jener Zeit das Zentrum der Orientforschung.

Von richtiger Feldforschung weit draußen, in bisher unbekannten Weltgegenden, musste Hein freilich weiterhin noch lange träumen. In der Hoffnung auf eine feste Lebensstellung begann er 1887 vorerst als unbesoldeter Volontär im Wiener Naturhistorischen Museum zu arbeiten, in der anthropologisch-ethnographischen Abteilung. 1889 wurde er wissenschaftlicher Hilfsarbeiter, bezog ein bescheidenes Gehalt und hatte Neuzugänge aus Asien, Afrika und Amerika zu bearbeiten. Feldforschung konnte er mangels größerer Reisemöglichkeiten nur in den nahen Ländern der österreichisch-ungarischen Monarchie betreiben. Aber auch das

13598

Muhammed ben Awadh, Muhin ibn Abdûllah und
Ali ben ʿAmir aus Sokotra.
(Smlg. Hein.)

Wilhelm Hein und seine beiden
jemenitischen Informanten.
Foto vermutlich von Marie Hein, 1902.
Kunsthistorisches Museum und
Museum für Völkerkunde, Wien.

machte er intensiv und gründlich. Im Dezember 1894 gründete er
gemeinsam mit Michael Haberlandt den Verein für österreichische
Volkskunde.

Als kaiserlicher Hofbeamter führte Hein in den folgenden Jahren
ein unaufregendes Leben. Einen Höhepunkt bildete 1889 lediglich seine Hochzeit. Im Alter von 28 Jahren heiratete er die um
acht Jahre ältere Marie Kirchner, und sie sollte später zu einer kon-
genialen Partnerin für seine Interessen und seine Reisen werden.
Aber noch war es nicht so weit. Noch fuhr er jeden Tag vom
Donaufeld, wo er mittlerweile wohnte, ins »Amt« und hatte sich
mit seinem kargen Lohn zu begnügen. In seiner Arbeit aber ging
er voll auf. Er machte sich mit den Museumsbeständen vertraut,
spezialisierte sich auf die Verzierungsformen europäischer und
außereuropäischer Völker, wurde Privatdozent für allgemeine

Ethnographie, betrieb volkskundliche und philologische Studien und träumte weiterhin von aufregenden Forschungsreisen.

Wilhelm Hein musste 40 Jahre alt werden, bis er seinen Bubentraum von der Erforschung Südarabiens verwirklichen konnte. Im Dezember 1901 endlich war es so weit. Mit Subventionen und einem Auftrag der Akademie der Wissenschaften ausgestattet, brach er gemeinsam mit seiner Frau, die übrigens von seinen Kollegen am Naturhistorischen Museum im Präparieren von Tieren unterrichtet worden war, auf. Das Paar reiste im Zug nach Triest und dann auf dem Lloyd-Schiff »Habsburg« nach Aden.

In der englischen Besitzung an der Südspitze der Arabischen Halbinsel lebte zu jenem Zeitpunkt ein buntes Völkergemisch aus Arabern, Indern, Persern, Somali und Juden, alle einig in ihrer Ablehnung der Engländer. Die Heins passten sich den Gegebenheiten rasch an. Gekleidet wie die arabische Bevölkerung, freuten sie sich bald, dass ihre Arabisch-Kenntnisse für die alltägliche Konversation ausreichten. Sie begannen sofort, linguistische Studien zu betreiben, indem sie Somali-Texte und solche der Dschibert-Sprache aufnahmen. Darüber hinaus dokumentierten sie mittels Fotografie die Tätowiermuster bei Frauen und Männern.

Im Jänner 1902 reiste das Ehepaar Hein an Bord des englischen Regierungsdampfers »Mayo« weiter in die Küstenstadt Gischin. In einem Brief an seine Schwester, den er allerdings nie abschickte, schrieb Hein:

»Endlich haben wir unser so heiß ersehntes Ziel erreicht. Wir sitzen in einem halb verfallenen, aus Lehm erbauten Haus, von dem jeder Regenguss einen Teil abschwemmt. Unsere Wohnung ist ein kleines Zimmerchen, durch dessen niedrige Fensterluken, die wir notdürftig mit Tüchern und Kleidern verhängen, lustig der Wind streicht. Tische, Stühle, Betten und dergleichen unnütze Dinge kennt man hier nur vom Hörensagen, oder gar nicht. Der einzige in Gischin verfügbare Lehnstuhl wurde uns vom Sultan, einem alten, schwachen Greis, gleich am ersten Abend zur Verfügung gestellt und paradiert neben einer als Tisch dienenden, leeren Kiste im Empfangssaal. Gischin ist ein armseliger Ort, der aus regellos aufgebauten Lehmhäusern besteht … Alles läuft mit Luntenflinten altmodischen Aussehens, mit Schwertern und mit scharf gekrümmten Seitenmessern herum. Die Leute haben ein unheimliches, wildes Aussehen. Das wirre Haar, das nie einen Kamm sieht, halten ein paar um den Kopf geschlungene Stricke fest, die Brust ist halb entblößt. Die Frauen tragen große, schwere Nasenringe … Den Oberleib der Frauen verhüllt meist ein blaues Tuch, unter welchem sie ein blaues oder rotes Hemd tragen, das vorne nur etwas über das Knie reicht, während es rückwärts als lange Schleppe durch den tiefen Sand dahingeschleift wird.« [1]

Die Heins wussten sich trotz allem einzurichten. Große Kisten dienten als Bänke, die Koffer als Kasten. Gischin erwies sich aber auch in den nächsten Tagen als wenig angenehm. Nicht zuletzt, weil es überhaupt nichts zu kaufen gab, weder Zucker noch Mehl oder Tabak. Reis und Datteln bildeten fast die einzige Nahrung, zusätzlich gab es nur Eier und in seltenen Fällen Huhn oder Fisch. In seinem zweiten Brief an seine Schwester schrieb Hein am 3. Februar: »Nun sind wir eine Woche hier in diesem paradiesischen Ort, wo drei Kamele faulen, dort wo sie starben. Wo aus jedem Haus aller Unrat durch eine Holzrinne auf die Straße geleitet wird, wenn man von Straßen reden kann. Die aus Lehm ausgeführten Bauten stehen regellos, die einen da, die anderen dort, die meisten von ihnen halbverfallen. Zwischen ihnen jagt der ständige Wind den tiefen Sand zu oft haushohen Dünen empor …« [2]

Die Trostlosigkeit des Ortes und die dürftige Unterkunft waren noch lange nicht alles. Dem Ehepaar Hein schlug eine eisige Atmosphäre entgegen. Der Herr von Gischin, Sultan der Mahra, forderte eine exorbitant hohe Summe, um die Reisenden vor den Beduinen zu schützen, wie er vorgab. Als die Heins die Forderung nicht erfüllen konnten, setzte er sie für 44 Tage unter Hausarrest. Zwei Monate lang arbeiteten die beiden Forscher unter schwierigsten Bedingungen. Marie Hein, übrigens die erste europäische Frau in Gischin, sammelte Fische, Eidechsen, Vögel und Pflanzen. Neben ihrer wissenschaftlichen Arbeit, zu der auch gehörte, dass sie von Informanten statistische Daten über die Bevölkerung, den Tier- und Flurbesitz sammelte, verarztete sie Kranke und Verletzte, verband schrecklich eiternde Wunden, versuchte Menschen zu helfen, die sich nur rutschend am Boden fortbewegen konnten. Nach arabischer Sitte mit schwarzen Tüchern verhüllt, machte sie sogar »Hausbesuche« bei Schwerkranken. Wilhelm Hein zeichnete über 200 Märchen, Lieder und sonstige Erzählungen in der schriftlosen Mehri-Sprache auf.

In Gischin hatten die Heins weder genug zu essen, noch konnten sie sich in ihrem nur durch ein einfaches Holzschloss versperrbaren Haus sicher fühlen. Immer wieder legte man ihnen nahe, abzureisen. Das Haupt des Gidhi-Stammes drohte mit unversöhnlicher Feindschaft. Als der Sultan schließlich den einzigen Stuhl aus dem Haus abtransportieren ließ, spitzte sich die Lage gefährlich zu. Die Rettung aber war nah. Am Ostermontag 1902 legte das Dampfboot »Mayo« in Gischin an, um das Forscherpaar abzuholen. Der englische Resident in Aden hatte es geschickt, da er schon zwei Monate nichts von den Forschern gehört hatte.

Die erste europäische Frau in Gischin: Marie Hein in jemenitischer Tracht. Foto von Wilhelm Hein, 1902. Kunsthistorisches Museum und Museum für Völkerkunde, Wien.

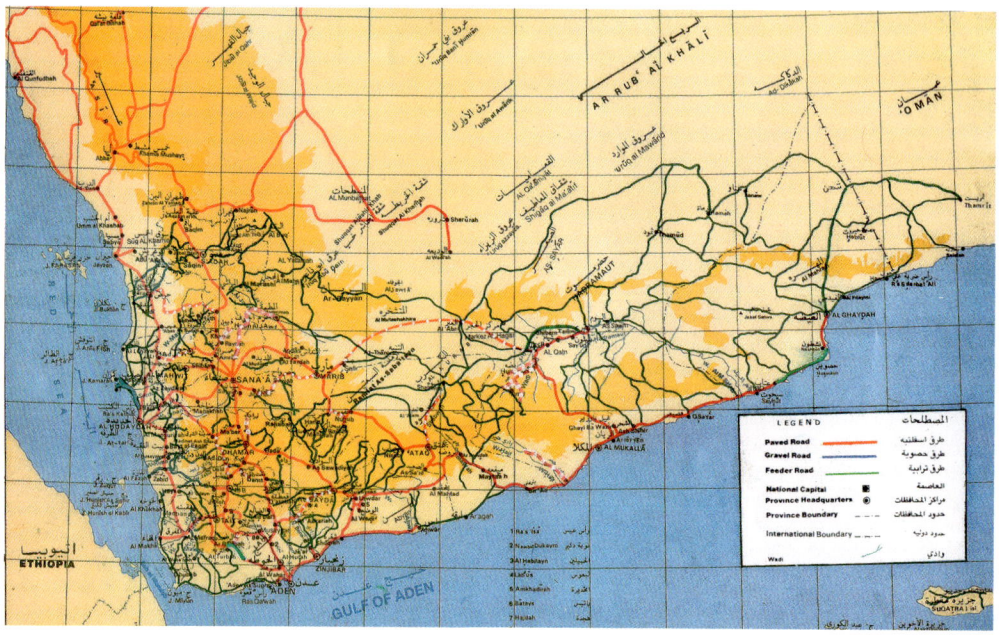

Kaum bekannte Weltgegend: Karte des Jemen, um 1930.

Zurück in Aden, begaben sich die Heins in das nahe Dorf Shaikh Othman und setzten ihre Arbeit noch einen Monat fort. Sie sammelten ethnographisches Material, studierten in Töpfereien die Herstellungstechniken, fotografierten und sammelten Texte. Als sie schließlich die Heimreise antraten, hatten sie 326 »Ethnografica« im Gepäck, darunter Produktions- und Transportgeräte, Nahrungs- und Genussmittel, Waffen, Hausrat, Kleidung, Schmuck, Musikinstrumente und vieles andere, dazu eine überaus wertvolle, sorgfältig aufgearbeitete Sammlung zoologischer und botanischer Objekte. Um ihre Arbeit auch in Wien fortsetzen zu können, brachten sie zwei Informanten mit. Diese lebten sechs Monate bei ihnen in ihrem Haus am Donaufeld.

Im Oktober 1902 trat Wilhelm Hein seine Arbeit im Naturhistorischen Museum wieder an. Neben der Bearbeitung der Ergebnisse seiner Südarabien-Reise hatte er im Seitengang des Vestibüls einen Schaukasten einzurichten, in dem die Sammlungen Säuberlich und Köther aus dem damaligen Britisch-Ostafrika untergebracht wurden. Mitten in dieser Arbeit traten plötzlich höchst merkwürdige Symptome auf. Heins Körper verfiel, sämtliche Muskeln erschlafften, die Haut verfärbte sich dunkel. Hein deutete die Symptome als Vergiftung durch die Ostafrika-Sammlung. Tatsächlich verschlechterte sich sein Zustand rapide von Woche zu Woche. Er starb am 19. November 1903. Nachträglich wurde seine Krankheit als »Morbus Addison« diagnostiziert, eine Unterfunktion der Nebennierenrinde.

[1] Südarabische Expedition, Band IX, Mehri- und Hadrami-Texte, gesammelt im Jahre 1902 in Gischin von Dr. Wilhelm Hein, bearbeitet und herausgegeben von Dav. Heinr. Müller. Alfred Hölder, k. u. k. Universitäts-Buchhändler, Buchhändler der Kaiserlichen Akademie der Wissenschaften, Wien 1909, S. XVII

[2] Ebda., S. XVIII

Pestarzt und Pionier

Mut und unstillbarer Wissensdrang zeichneten Eduard Pöch,
einen altösterreichischen Wissenschaftler und Forscher von Welt-
rang, aus. Geboren im ukrainischen Tarnopol, kam er nach Wien,
um Medizin zu studieren. 1896, als er gerade 26 Jahre alt und ein
junger Arzt war, wurde Europa von der Pestpanik erfasst. Die verheerende Krankheit hatte sich von China aus über Hongkong bis
nach Indien ausgebreitet und bereits Tausende Opfer gefordert.
Die Wiener Akademie der Wissenschaften beschloss daher, eine
ärztliche Kommission nach Bombay zu entsenden, um die Krankheit zu erforschen, deren Erreger man kurz zuvor unter dem
Mikroskop identifiziert hatte. Mit der Leitung dieses gefährlichen Unternehmens wurde Dr. Hermann Müller betraut. Einer
seiner drei Hilfsärzte war Dr. Rudolf Pöch.

Die Kommission arbeitete 1896/1897 in Indien unter schwierigsten Bedingungen. Dennoch kehrte sie wohlbehalten nach Wien
zurück. An der Ersten Medizinischen Universitätsklinik begann

*Als »Pestforscher« schuf sich Rudolf
Pöch schon in jungen Jahren einen
ausgezeichneten Namen in der Fachwelt.
Die Karte zur Ausbreitung der Seuche um
die Wende des 19. zum 20. Jahrhundert
erschien in »Petermanns Mitteilungen«,
57. Jg. (1911), Heft 4.*

63 ORIENT & FERNER OSTEN

Oben: Rudolf Pöch. Porträtfoto, um 1910.

Unten: Rudolf Pöch forschte in den Jahren 1904 bis 1906 in Neuguinea und entdeckte den Stamm der Kai, die letzten Überlebenden einer früheren Zwergbevölkerung. 1907–1908 durchzog er die Kalahari und nahm im Auftrag von Prof. Sueß für die Akademie der Wissenschaften umfangreiche Untersuchungen an den Buschmännern Südafrikas vor. Als er zurückkehrte, brachte er rund 1.000 ethnologische Sammelstücke mit, dazu zahlreiche Film- und Tondokumente.

man sogleich mit weiteren Forschungen. Zum Zweck mikrobiologischer Studien zog man Pestbazillen in Kulturen.

Am 15. Oktober 1898 erkrankten ein Spitalsdiener und zwei Schwestern an der Seuche. Eine Woge der Angst und des Entsetzens spülte über Wien hinweg, das seit dem Mittelalter nicht mehr von der Pest heimgesucht worden war.

Dr. Müller schloss sich mit den Infizierten in einer Isolierbaracke des Kaiser-Franz-Joseph-Spitals ein und übernahm die Pflege. Eine Woche später klebte ein Zettel am Fenster, auf dem in Dr. Müllers Handschrift stand: »Bin an Pestpneumonie erkrankt.« Gegen die Pest gab es keine Therapie. Wer an ihr erkrankte, war verloren. Pöch zögerte trotzdem nicht: Er ließ sich zu den Kranken sperren und versuchte zu helfen, wo es keine Hilfe gab. Am 18. Oktober starb der Spitalsdiener, am 23. Oktober Dr. Müller und am 30. Oktober die eine der beiden Krankenschwestern. Pöch bettete die Toten in mit Desinfektionsmittel gefüllte Särge und schob diese durch eine Luke ins Freie.

Pöch überlebte. Er verließ die Baracke nach Ablauf der Inkubationszeit Mitte November. Eine Woche später hielt er an der Universität eine ergreifende Gedenkrede für Dr. Müller, den »Märtyrer der Wissenschaft«.

Für Pöch bedeutete die Begegnung mit der Pest den Auftakt zu einem der Forschung geweihten Leben. Er ging nach Berlin, studierte Ethnologie und Anthropologie und reiste 1902 für Studien über die Malaria an die Westküste Afrikas. Von 1904 bis 1906 forschte er in Neuguinea. Dort befasste er sich mit verschiedenen Papuastämmen und nahm als Erster ihre Gesänge auf Tonbänder auf. Sein besonderes Interesse galt den Kleinwüchsigen, den Zwergvölkern. Tatsächlich entdeckte er den Stamm der Kai, den Rest einer früheren Zwergbevölkerung.

1907/1908 zog Pöch durch die Kalahari und nahm im Auftrag von Prof. Sueß für die Akademie der Wissenschaften umfangreiche Untersuchungen an den Buschmännern Südafrikas vor. Als er zurückkehrte, brachte er rund 1.000 ethnologische Sammelstücke mit, dazu zahlreiche Film- und Tondokumente – eine Sensation für die damalige Zeit.

Durch die Wüste Persiens

Er gilt als der letzte Forschungsreisende alten Stils, und er folgte dem Ruf der Ferne schon sehr früh: Alfons Gabriel, der in Böhmen geborene Sohn eines k. u. k. Armeegenerals, ging noch zur Schule, als er zum ersten Mal in die Wüste zog. Er rückte von zu Hause aus, schlug sich bis nach Tunesien durch und marschierte in die Sahara. Dabei fühlte er sich aber nicht etwa als abenteuernder Tourist, sondern als ernsthafter Forscher. Sobald er in die Heimat zurückgekehrt war und die Tiraden des gestrengen Vaters über sich ergehen hatte lassen, sprach er an der Wiener Universität vor und deponierte dort eine Sammlung von mitgebrachten Wüstentieren.

In den folgenden Jahren verstand sich sein Vater besser durchzusetzen. Er brachte den Sohn dazu, einen seriösen Beruf anzustreben. Dieser studierte also in Wien und Groningen Medizin, promovierte 1920 und zog erst dann wieder in die Fremde. Er ging als holländischer Regierungsarzt nach Westindien und blieb zusammen mit seiner Frau, die ihn auch später auf allen seinen Reisen begleitete, drei Jahre lang auf der Insel Bonaire. Dort fas-

Das trostlose ostiranische Wüstendorf Ashin, Raststation von Alfons Gabriel im April 1933. Foto aus »Durch Persiens Wüsten« (Stuttgart 1935).

Fasziniert von den Wüsten des Iran: Alfons Gabriel. Porträtfoto, um 1935.

zinierten ihn die Flamingos so sehr, dass er Wochen und Monate mit dem Studium ihrer Lebensgewohnheiten und ihres Brutverhaltens zubrachte. Von Bonaire aus unternahm Gabriel eine kurze Reise nach Venezuela. Auf einer späteren Fahrt begleitete er Mekkapilger auf dem Weg von Indonesien nach Arabien.

1927 brachen Gabriel und seine Frau zu ihrer ersten großen Expedition nach Persien auf. Die Reise ging vom Persischen Golf in das Bergland von Baschakird. Als ersten Weißen gelang es ihnen, die Hauptstadt Anguran zu betreten und den Djaz-Murian-Sumpf zu durchqueren. Sie reisten auf den Spuren Marco Polos durch Innerpersien und durchquerten die große nordiranische Salzwüste.

Auch sein weiterer Lebensweg führte Gabriel in exotische Gegenden. Er ließ sich in Batavia zum Tropenarzt ausbilden, wurde Schiffsarzt in China und später Plantagenarzt im Dienste der Malariabekämpfung in Niederländisch-Indien nahe Singapur und auf Sumatra.

1933 hatten Gabriel und seine Frau genug Geld gespart, um abermals zu einer Expedition in die persischen Wüsten aufbrechen zu können. Diesmal zogen sie durch die Salzwüsten des Nordens, durchwanderten das Rig-e-Djinn und das persisch-afghanische Grenzland und gelangten schließlich in die Wüste Lut, das größte persische Sandmeer mit den höchsten bis dahin gemessenen Sanddünen. Der letzte Teil der Reise führte in die Hochländer des Serhad in Persisch-Belutschistan. Gabriel notierte später:

In der Salzwüste, Lufttemperatur 37,5 Grad Celsius: die Karawane Gabriels auf dem Weg durch die Große Kawir, Mai 1933. Foto aus dem Reisebericht »Durch Persiens Wüsten« (Stuttgart 1935).

Ruhig in Absätzen sind wir gewandert, nur Kompass, Uhr und Stift in der Hand, und Schritt für Schritt beobachtend, sammelnd, untersuchend. Wir haben uns bemüht, in engem Umgang mit Land und Leuten tiefer in den Geist dieser Gebiete einzudringen und das Bild der Landschaften mit allen ihren Farben und Formen in uns aufzunehmen. Man musste sich der Verkehrsadern der Eingeborenen bedienen, da es hieß, in das Herz der Wüsten einzudringen; denn dort durchsetzen sie in Iran Salzschlammsümpfe und Salzschlammflüsse, in die man zu versinken droht und die nur zu oft selbst Tier und Reiter unüberwindliche Schranken in den Weg legen. Liebe zu Poesie und Romantik des vornehmen, alten Karawanenlebens machte es uns leicht, viele Tausende Kilometer auf Kamelrücken zurückzulegen.

Alfons Gabriel mit seiner Gattin Agnes Kummer, vermutlich auf einer seiner Expeditionsreisen während der Jahre 1927–1937.

1937 unternahmen Gabriel und seine Frau die dritte Expedition nach Persien. Ihr Ziel war die Wüste Lut mit den größten unerforschten Landstrichen, die es in Persien gab, »weißen Flecken« im gigantischen Ausmaß von 30.000 Quadratkilometern. Die Durchquerung dieser wasserlosen, mörderisch heißen Wüste gelang nur unter größten Mühen. Das Ergebnis waren bedeutende wissenschaftliche Erkenntnisse, über die Gabriel später sogar an der *Royal Geographic Society* in London referierte.

Alfons Gabriel kehrte in seinen späteren Lebensjahren nach Österreich zurück. Er wurde Professor an der Hochschule für Welthandel in Wien, arbeitete als Arzt in dem niederösterreichischen Ort Leobendorf und verfasste zahlreiche Bücher, darunter *Durch Persiens Wüsten*, *Weites, wildes Iran* und *Fremde Meere, Dschungel, Wüsten*.

ORIENT & FERNER OSTEN

ANIAN.

SEPTENTRIO.

Vlterius Septentrionem versus hæ regiones incognitæ adhuc sunt.

CHI

TOLM.

QVIVIRA.
Quivira
Sierra nevada

TOTO
TEAC.
MARATA.
Snala mons
CALI
CAPASCHI.

CVLIACAN.
STATLAN.
TERLICHICHI MECHI.
TOVA
HISPANIA NOVA
XALISCO
MECXICO
SCHVALAN
IVCATAN

ARCHIPELAGO DI
SAN LAZARO.

Festinga de ladrones

OCCIDENS.

MAR DEL   SVR, quôd

Circulus Æquinoctialis

et PACIFICVM.

NOVA GUINEA. *Andre as Corsalis Florent: terram sub nomine Terrae Piccenacoli designat.*

Insulæ Salomonis.

TERRA AVSTRA
LIS, SIVE
MAGELLA
NICA HAC
TENVS IN
COGNITA.

Archipelago d
delleado

AMERICAE SIVE NOVI ORBIS, NOVA DESCRIPTIO.

MERIDIES.

Amerika

FRITZ
KÜHN
RICHTER
DOBRIZHOFFER
BOOS
HAENKE
POHL
NATTERER
HOCHEDER
FRIEDRICHSTHAL
GUSINDE

Auf überfüllten
Schiffen in die Neue
Welt und in Länder,
in denen alles tödlich
schien: das Klima, die
dichten Urwälder,
die »Wilden«.
Österreichische Missio-
nare hielten durch.
Sie überlebten und
sie leisteten atembe-
raubende wissenschaft-
liche Arbeit:
Die erste Karte des
Amazonasgebietes.
Die Durchquerung
des Kontinents. Die
Erforschung Paraguays.
Die Erkenntnis, dass
Niederkalifornien eine
Halbinsel ist. Nicht
zu Unrecht tragen
zahl-reiche Orte in
Mittel- und Südamerika
auch heute noch öster-
reichische Forscher im
Namen.

Durch die grüne Hölle Südamerikas

42 Jahre verbrachte der Jesuitenmissionar Samuel Fritz im Amazonasgebiet. Er war der Erste, der den wasserreichsten Fluss der Erde vom Ursprung bis zur Mündung kannte, und seine Karte vom »Amazonenstrom« und den Nebenflüssen blieb jahrhundertelang die einzige vollständige und verlässliche. Mit Fritz begann die wissenschaftliche Erforschung Südamerikas.

Hoch gewachsen, schlank, gut aussehend: Samuel Fritz aus dem böhmischen Trautenau war schon als junger Mann eine auffällige Erscheinung. Auch seine Umgangsformen waren angenehm: höflich, liebenswürdig und bestimmt. Er wusste, was er wollte, und er verstand es, seinen Willen durchzusetzen.

Für einen jungen Mann seiner Zeit gab es nur zwei Möglichkeiten für einen raschen Aufstieg: als Soldat oder als Geistlicher. Da Ersteres weitgehend dem Adel vorbehalten blieb, entschied er sich für eine geistliche Karriere.

Samuel Fritz trat 1672 in Prag als Student der Philosophischen Fakultät in das St.-Wenzels-Seminar ein und ging danach an die Karlsuniversität. Am 27. Oktober 1673 wurde er in die Gesellschaft Jesu aufgenommen. Ein Jahr später machte er seinen Magis-

Die grüne Hölle Südamerikas zeigte sich auch Jahrhunderte nach Samuel Fritz unverändert: 1867 untersuchte der deutsche Ingenieur und Maler Franz Keller-Leuzinger das Ufer des Madeira bei den Caripuna-Indianern. Er war im Auftrag der brasilianischen Regierung unterwegs, um festzustellen, ob in diesem Gebiet eine Eisenbahnlinie gebaut werden könne.

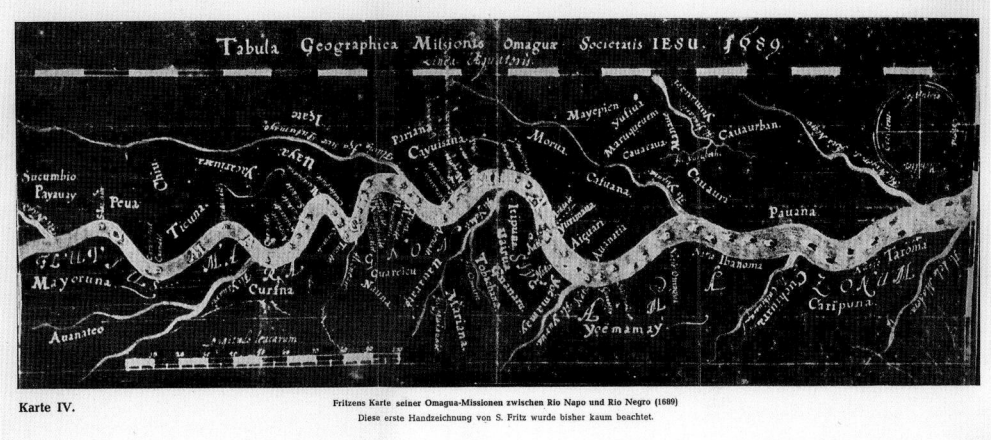

ter der Philosophie. In den folgenden Jahren arbeitete er als Lehrer; zunächst in Ungarisch-Hradisch (Uherské Hradiště), dann in Prossnitz (Prostějov) unterrichtete er die Grundbegriffe des Lateinischen. 1679 wurde er in Brünn (Brno) Lehrer für Grammatik und Syntax.

Das genügte Samuel Fritz aber nicht: 1680 begann er in Olmütz (Olomouc) Theologie zu studieren. 1683 schloss er das Studium ab und bewarb sich um eine Mission in Chile. Der Ordensgeneral in Rom wies sein Ansuchen ab. Fritz aber gab nicht auf. Im Oktober desselben Jahres wiederholte er seine Bitte: »Wie ich aus der Zahl der bereits Erwählten ersah, merke ich nicht ohne Schmerz, dass ich von ihr ausgeschlossen bin. Wenn aber ihre Zahl doch noch nicht voll ist, so nahe ich mich flehend Euren Füßen, nur darum bittend, dass ich doch noch gewürdigt werde, mich ihnen als Reise- und Arbeitskamerad anzuschließen.«

Das half. Am 14. November 1683 erhielt Fritz den Befehl zur Abreise. Er verließ Olmütz mit drei Gefährten, Heinrich Richter aus Prossnitz, Johann Gastel aus Murau in der Steiermark und dem spanischen Prokurator Josef Cases. Sie waren jetzt »Heidenapostel«, dazu ausersehen, die Einwohner der neu eroberten Länder Südamerikas im katholischen Glauben und in den »guten Sitten« zu unterrichten.

Schon ein Jahr nach der Entdeckung Amerikas durch Columbus – der in dem Glauben starb, Westindien erreicht zu haben – sprach der Papst in einer Bulle sämtliche Inseln und Festlande im westlichen Teil des Ozeans (das heißt in etwa westlich der Azoren) der kastilischen Krone zu. Ferdinand II. von Aragón und Isabella I. von Kastilien, durch deren Heirat im Jahr 1469 der Grundstein für einen spanischen Gesamtstaat gelegt worden war, hatten den Papst zu dieser Entscheidung gedrängt. Denn immer-

Die erste Handzeichnung des Gebietes zwischen Rio Napo und Rio Negro, die bisher zu Unrecht wenig beachtet wurde. Samuel Fritz fertigte sie 1689 an, in einem Jahr, in dem er dem Tod näher war als dem Leben. Er litt unter heftigem Fieber, vegetierte wochenlang von Hochwasserfluten eingeschlossen auf einer hölzernen Plattform dahin und hatte auch noch mit schwerer Wassersucht zu kämpfen. Seine Omagua-Missionen besuchte er trotzdem, auch wenn er zeitweise so schwach war, dass er sich nicht auf den Beinen halten konnte und in einer Hängematte getragen werden musste.

71

hin war die erste Seemacht jener Zeit nicht Spanien, sondern Portugal. Dieses stand im Begriff, an der afrikanischen Küste ein Kolonialreich aufzubauen, und wachte daher eifersüchtig darüber, dass keine zweite Seemacht, und schon gar nicht Spanien, seine Pläne durchkreuzte.

Gerade diese Bulle des Papstes aber führte zu einem Wettrüsten zwischen Spanien und Portugal. Beide Staaten bauten gewaltige Flotten auf. 1494 wurde ein zusätzliches Abkommen geschlossen, der Vertrag von Tordesillas. Aber auch er konnte keine Ordnung schaffen. Der Versuch des Papstes, die Erde aufzuteilen wie einen Apfel, scheiterte. Die Erobererzeit und die nachfolgenden Jahrhunderte waren geprägt von territorialen Rivalitätskämpfen zwischen Spanien und Portugal. Daran sollte letzten Endes auch Samuel Fritz scheitern.

Mit der spanischen Conquista, der Eroberung Südamerikas, lassen sich nur wenige Kapitel der Weltgeschichte vergleichen. Spanien selbst bemühte sich nicht um neue Territorien, gestattete aber Privatpersonen, dies in seinem Namen zu tun. Europa wurde von einem wahren Goldrausch erfasst. Männer aus allen Bevölkerungsschichten verkauften ihr Hab und Gut, warben Soldaten an und zogen nach Südamerika. Sie durchstreiften das Land mit dem einzigen Ziel, möglichst schnell möglichst viel zu erbeuten. Sie plünderten, vergewaltigten und mordeten.

Die militärische Eroberung Südamerikas beschränkte sich hauptsächlich auf die Küstenstriche und jene Gegenden im Landesinneren, in denen man Edelmetalle vermutete. Die kulturelle Erschließung des Landesinneren, die *Conquista espiritual*, überließ man den Missionaren. Sie waren es, die in unwegsame Gegenden vordrangen wo sie von Fieberkrankheiten und Insektenschwärmen geplagte wurden, um die Eingeborenen zu bekehren. Die spanische Regierung unterstützte sie darin. Schließlich war es billiger, Missionare als Kulturpioniere zu den »wilden« Völkern zu entsenden, als diese in kostspieligen kriegerischen Unternehmungen zu unterwerfen. Die Missionare machten die im Urwald nomadisierenden Stämme sesshaft, sammelten sie in Siedlungen, sogenannten Reduktionen, gewöhnten sie an regelmäßige Arbeit und unterrichteten sie in verschiedenen Handwerksformen sowie im Ackerbau.

Die ersten Missionare im spanischen Kolonialreich waren Franziskaner, ihnen folgten Dominikaner, Augustiner und, als Letzte, Jesuiten. Zwischen den einzelnen Orden kam es oft zu Rivalität und offener Feindschaft. Die Geistlichen der ersten Jahre waren auch nicht alle Engel. Besonders jene, die von festen Städten aus relativ bequem agierten, saßen auf ihren Pfründen und standen

den weltlichen Eroberern in Gier und Grausamkeit um nichts nach. Es lag im Interesse der Kirche, diese Geistlichen durch Männer zu ersetzen, die ihre Aufgabe ernster nahmen. Samuel Fritz war einer von ihnen. Als er mit seinen Gefährten im Herbst 1683 aus Olmütz abreiste, ahnte er nicht, dass die soeben zu Ende gegangene Belagerung Wiens durch die Türken im Vergleich zu dem, was ihn jenseits des Ozeans erwartete, harmlos gewesen war.

Schon die Anreise lieferte einen Vorgeschmack. Von Olmütz über Prag nach Genua und von dort per Schiff nach Sevilla – dieser Teil der Reise verlief noch normal. Aber dann hieß es warten. Spanische Schiffe wurden zu jener Zeit häufig von holländischen, englischen oder französischen gekapert. Spanien schickte daher pro Jahr nur noch zwei Galeonenflotten in die Kolonien. Die Folge waren monatelange Wartezeiten für die Passagiere, überhöhte Preise und schreckliche Bedingungen an Bord. Die Unterbringung auf den überfüllten Schiffen war so elend, dass sich Männer von größerem Wuchs in ihren Kojen nicht ausstrecken konnten und sich »ärger denn in einem Totensarg« fühlten. Auch die Verpflegung war miserabel. Zu Mittag gab es eine winzige Mahlzeit, abends gar nichts.

Die Landkarte von Guayana (Südamerika) aus dem von H. Hondius erweiterten Mercator-Atlas aus dem Jahr 1633. Der kolorierte Kupferstich zeigt das Land »Guiana sive Amazonum regio«, in dessen Landesinneren der sagenhafte See »Parime« mit dem Goldland »Eldorado« vermutet wurde. Erst die Arbeit von Samuel Fritz brachte Licht ins Dunkel dieser nur unter schwersten Strapazen zugänglichen Weltgegend.

Samuel Fritz bezeichnete die zweimonatige Schiffsreise dennoch als überaus glücklich, denn er kam mit seinen Gefährten – im Unterschied zu vielen anderen – wenigstens heil an, verschont von Krankheiten und Seeräubern. In Cartagena erwartete sie allerdings auch kein üppiges Leben. Heinrich Richter schrieb in einem Brief: »Unserer drei haben mit einem Messer bei dem Essen uns beholfen und kein anderes als Regenwasser getrunken. Ich täte manchem Murrer, welcher sich ob seiner Kost und Kleidung beklagt, wünschen, einige Zeit in der Tat zu erfahren, wie wir in Spanien, unterwegs und hier gehalten werden.«

Am 15. Dezember 1684 brachen die Männer von Cartagena im heutigen Kolumbien zu ihrer langen Landreise auf. Sie fuhren, wie Richter schrieb, »in einem großen Weidling« durch den Golf von Darién, später per Kanu und Schiff den Magdalenenstrom aufwärts. »Und trafen unterwegs viele große Krokodile, allerhand Schlangen, grausame Tiger und Löwen an, welche letztere in Amerika ziemlich klein und mild sind, dass man sich vor ihnen nicht viel zu fürchten hat, wohl aber vor den Cariben oder Menschenfressern, die noch wilde Heiden sind und an dem Ufer rechter Hand den Fremden auflauern, dass sie nicht auf ihrer Seite an Land gehen«, so der Reisebegleiter von Fritz.

Am 31. Jänner 1685 trafen die neuen Missionare in Honda ein. Sie hofften, für das Orinokogebiet bestimmt zu sein und somit den größten Teil der Reise hinter sich zu haben. Dann aber erfuhren sie, dass ihnen noch eine lange und beschwerliche Reise an den Marañón, den Hauptquellfluss des Amazonas, bevorstand. Ende März brachen sie auf. Bei drückender Hitze und strömendem Regen zogen sie mit ihren Maultieren in Richtung Süden. Nachts froren sie und »standen bis an die Fersen im Sumpf«. Tagsüber überquerten sie Bäche und Flüsse, immer geplagt von Mücken: »… in solchen dicken Mengen, da wir mussten durch ein Gewässer gehen, dass wir nicht gewusst haben,

ob wir mit dem Stecken den Pfad des Stroms untersuchen oder diese Mucken aus dem Angesicht schlagen sollten.«

Mitte November 1685 endlich, zwei Jahre nach der Abreise aus Olmütz, erreichten sie Laguna, wo sie prompt an Fieber erkrankten. Gleich nach der Genesung wurden ihnen vom Pater Superior ihre Aufgaben zugewiesen. Gastel wurde an den oberen Marañón geschickt, Richters Mission lag am oberen Ucayali, und Fritz sollte das mächtige Volk der Omagua im Inundationsgebiet des Marañón bekehren.

Im Laufe des ersten Jahres besuchte Samuel Fritz die auf 31 Inseln verstreuten Siedlungen der Omagua. Seine geistliche Ausrüstung bestand aus einem einfachen Holzkreuz und einem kleinen Glöckchen. Er war praktisch immer unterwegs, reiste in einem Kanu und wurde nur von einigen eingeborenen Burschen begleitet. Mit seiner ruhigen, entschlossenen Art gelang es ihm, das Vertrauen der Indianer zu gewinnen. Er brachte sie dazu, sich anzusiedeln, und kämpfte hartnäckig gegen Vielweiberei, rituelle Kindsmorde und Kannibalismus.

Im Lauf der ersten drei Jahre bekehrte Fritz den ganzen Stamm, unterrichtete die Indianer in Handwerkstechniken, baute zahlreiche Kirchen und Kapellen und gründete als Hauptsitz der Mission San Joaquin. Sein Leben war von Entbehrungen geprägt. Abgesehen von der drückenden Einsamkeit – die nächsten Europäer waren wochenlange Reisen entfernt –, war er der ständigen Gefahr von tropischen Krankheiten ausgesetzt, von gefährlichen Tieren bedroht, musste gegen das »tägliche Martyrium«, die Mücken- und Fliegenplage, ankämpfen und mit einseitiger, ungewohnter Ernährung zurechtkommen.

Die nächste Erweiterung seines Missionsbereiches brachten Samuel Fritz die Fahrten zu den stromabwärts lebenden Yurimagua. Diese begegneten dem hoch gewachsenen Weißen zunächst mit Angst, doch als sie zu der Überzeugung gelangten, dass der Pater mit dem

Holzkreuz einen bösen Flussgeist gebannt hatte, fassten sie Zutrauen. Sie ließen sich taufen und siedelten sich in einer seiner mittlerweile 40 Reduktionen an.

Das Missionsgebiet von Samuel Fritz reichte bald von der Einmündung des Rio Napo bis zum Rio Negro. Wenn er eine Rundreise machte, musste er eine Strecke von 1.700 Kilometern zurücklegen – und brauchte dafür ein volles Jahr. Seine Bitte um Hilfspersonal wurde nicht erhört, und so blieb ihm nichts anderes übrig, als »seine« Indianerstämme weiterhin allein zu betreuen.

Bis 1689 beschränkte sich Samuel Fritz auf seine geistliche Mission. Er trat als Bekehrer und Zivilisator auf, als Prediger und Seelsorger. Dann aber, plötzlich und unfreiwillig, kam er mit der Politik in Berührung.

Die Portugiesen hatten zu dieser Zeit immer wieder versucht, in spanischen Gebieten am Amazonas Fuß zu fassen. Mit der Zeit nahmen die Übergriffe zu. Die Truppen der Portugiesen, meist »Mamelucos« genannte Mischlinge, raubten, plünderten und verschleppten Indianer in die Sklaverei.

Ende Jänner 1689 reiste Samuel Fritz von San Joaquin in eine Siedlung der Yurimagua und begann dort mit dem Bau einer Kapelle. Mitten in der Arbeit kam die große Hochflut des Amazonas. Sie fiel in diesem Jahr gewaltig aus, überschwemmte den ganzen Ort Nieves und die Maniokfelder und zwang die Indianer, sich in höher gelegene Gebiete zurückzuziehen. Die Flutmassen trieben Fritz auf eine von Pfählen getragene Plattform, die nur wenige Zentimeter über dem Wasser lag. Ausgerechnet zu dieser Zeit erkrankte er schwer. Von Fieber gequält, verbrachte er fast drei Monate auf seiner hölzernen Plattform. Krokodile bedrohten ihn, Ratten zernagten sein Essgeschirr. Die Indianer konnten ihm nichts zu essen bringen, weil sie selbst nichts hatten. Also nährte er sich von Fisch, den er selbst fing und roh verschlang. In dieser lebensbedrohlichen Situation suchten

ihn acht Ibanoma-Indianer auf und baten ihn um Hilfe gegen Portugiesen, die bis in ihr Gebiet vorgedrungen waren. Samuel Fritz entschloss sich, mit ihnen stromabwärts nach Pará zu fahren, um dort die Portugiesen zu treffen. Er hoffte außerdem, in Brasilien bei seinen Ordensbrüdern Heilung für sein Leiden zu finden.

Samuel Fritz verließ Nieves am 3. Juli 1689, passierte erst die Mündung des Japura, dann die des Rio Negro und kam am 30. Juli in einer portugiesischen Station in Urubú an. Dort unternahmen die Mönche alles nur Erdenkliche, um seine Beschwerden zu lindern. Aber auch Aderlass und Ausräuchern waren vergeblich. Fritz schrieb später: »Bis jetzt hatte ich mich noch auf den Beinen halten können, von nun an aber musste ich mich in einer Hängematte tragen lassen, ohne einen Schritt tun zu können, denn die Wassersucht breitete sich im ganzen Körper aus und verursachte mir große Beklemmungen und Beschwerden.«

Mitte August erkannten die Portugiesen, dass sie bei dieser Krankheit mit ihrem Latein am Ende waren. Sie sandten Fritz in Begleitung eines Soldaten nach Pará, wo er am 11. September »eher tot als lebendig« ankam. Die Jesuiten des dortigen Kollegs nahmen ihn hilfsbereit auf, versuchten verschiedene Mittel und Methoden, um die Krankheit zu heilen – und hatten Erfolg. Nach zwei Monaten war Samuel Fritz wieder gesund.

Kaum wieder auf den Beinen, sprach er beim portugiesischen Gouverneur vor und beschwerte sich über die Überfälle in seiner Mission, die doch der spanischen Krone gehörte. Der Gouverneur antwortete ihm unmissverständlich, dass das Gebiet der Omagua und anderes Land der portugiesischen Krone gehöre. Fritz aber gab nicht auf. Er hatte längst eine Karte des strittigen Gebietes entworfen, kannte die politischen Verträge zwischen den beiden Ländern ganz genau und erwies sich als hartnäckiger Gegner. Als die Portugiesen einsahen, dass sie mit Fritz nicht fertig wurden, verfügten sie, dass er im Jesuitenkolleg von Pará zu bleiben habe, bis Antwort auf einen an den portugiesischen Hof gesandten Bericht eingetroffen sei.

Samuel Fritz schrieb später über diese Zeit: »18 Monate wurde ich in der Stadt zurückgehalten, zu meiner großen Bekümmernis über die Schutzlosigkeit, in der ich meine Neubekehrten und viele andere Ungläubige lassen musste, die bereits Neigung gezeigt hatten, sich unter meine Leitung zu begeben.«

Am 8. Juli 1691 endlich konnte Samuel Fritz die Rückreise antreten. Der portugiesische König hatte seinen Standpunkt anerkannt und angeordnet, dass er auf Staatskosten und in Ehren wieder in seine Mission gebracht werden sollte. So verließ er Pará in Begleitung von sieben portugiesischen Soldaten.

Während Fritz auf der Hinreise wegen seiner Krankheit kaum in der Lage gewesen war, Aufzeichnungen zu machen, bot ihm der Rückweg Gelegenheit, sich geographischen Details zu widmen. Er verzeichnete jeden Fluss, dessen Mündung er passierte, jeden Indianerstamm, dem er begegnete, und bestimmte den jeweiligen Standort mit erstaunlicher Präzision. Mit dieser Karte sollte Fritz in die Geschichte der Geographie eingehen – als Schöpfer der ersten und über Jahrhunderte einzigen genauen Karte des Amazonas.

Als Fritz am 13. September 1691 die Mission Nieves erreichte, fand er sie verlassen vor. Die Kapelle war abgebrannt, allerdings nicht durch Feindeshand, sondern weil ein Knabe gezündelt hatte. Die Indianer waren verschwunden. Fritz begriff, dass sie sich aus Angst vor den Portugiesen in den Dschungel zurückgezogen hatten, und bat Sergeant Miranda, der die Eskorte anführte, mit seinen Männern umzukehren. Dieser aber bestand darauf, Fritz noch bis zu den Omagua zu begleiten. Außerdem machte er dem Missionar eine niederschmetternde Mitteilung: Es existiere ein Geheimbefehl des Gou-

verneurs, der fordere, das Gebiet seiner Missionen bis zu den Omagua für Portugal in Besitz zu nehmen.

Samuel Fritz war außer sich. Sobald die Portugiesen weg waren, sammelte er seine Schäfchen ein, besuchte drei Monate lang verschiedene Siedlungen und entschloss sich dann, seinem Superior in Laguna Bericht zu erstatten.

Ende Februar 1692 erschien Samuel Fritz in Laguna – zum größten Erstaunen der Patres, denn die hatten ihn längst für ertrunken oder von den Indianern ermordet gehalten und überall Totenmessen für ihn lesen lassen. Die Wiedersehensfreude war in einem speziellen Fall besonders groß: Als Vizesuperior amtierte Heinrich Richter.

Nachdem Fritz über die ständigen Grenzverletzungen und die Drohungen der Portugiesen Bericht erstattet hatte, kamen die Patres überein, dass er das Problem dem Vizekönig von Peru in Lima vortragen müsse. Der streitbare Missionar, der sich oft »spanischer als die Spanier« fühlte, zögerte nicht lange und machte sich auf den beschwerlichen Weg nach Lima. Er reiste den Huallaga und den Paranapura aufwärts, überquerte die Anden, erreichte die Pazifikküste und schließlich Lima.

Als Samuel Fritz auftauchte, lief die halbe Stadt zusammen: Die große, hagere Gestalt mit wehendem Bart, bekleidet mit einem kurzen Rock aus Palmfasern und in der Hand ein einfaches Holzkreuz, war spektakulär genug. Aber das Gefolge erregte noch mehr Aufsehen: eine Gruppe von Indianern in vollem Schmuck.

Der Provinzial des Ordens, in dessen Haus Fritz Unterkunft fand, hatte Mühe, ihn zu anderen Kleidern zu überreden. Dann aber begleitete er seinen Gast persönlich zum Vizekönig. Fritz legte diesem in der ersten Audienz sein Tagebuch, die Matriken seiner Missionen und die erste genaue kartographische Aufnahme des gesamten Amazonasgebietes vor. Der Vizekönig zeigte großes Interesse, bat Fritz in der Folge oftmals zu sich und ließ sich ausführlich von den Missionen, den Sitten und Gebräuchen der Indianer und der Mühsal seiner Tätigkeit erzählen. Sobald Fritz das Gespräch aber auf das Vordringen der Portugiesen in spanisches Gebiet brachte, lenkte der Vizekönig ab. Er ließ durchblicken, dass die Portugiesen ja auch ein katholisches Volk seien und die Gebiete am Amazonas der spanischen Krone doch keinen Nutzen brächten. Außerdem sei das Land groß genug für beide.

Der passive Widerstand des Vizekönigs entmutigte Samuel Fritz nicht. Er überreichte ihm ein Memorandum, in dem er die Gefahren der portugiesischen Übergriffe auf die spanischen Gebiete schilderte, und eines, in dem er auf die Mühen und Gefahren seiner Missionstätigkeit hinwies sowie die geringen Mittel, die ihm zur Verfügung standen:

Alle diese Stämme haben sehr barbarische Sitten und Lebensgewohnheiten, im Besonderen die zahlreichen heidnischen Völker des Urwalds auf beiden Seiten des Amazonenstroms, unter denen viele auf grausame Art ihre Feinde töten und noch dazu ihr Fleisch essen. Seit 7 Jahren habe ich aus Quito fast keine Hilfe an Eisengeräten und Zierrat erhalten, um mir den Willen dieser Wilden geneigt zu machen; ebenso wenig erhielt ich irgendwelche Kirchenrequisiten, die zur Gewinnung eines Ansehens und einer Wertschätzung unter ihnen notwendig sind. Außer einem tragbaren Altar mit gänzlich zerfetzten Ornamenten und einer kleinen Glocke besitze ich überhaupt nichts.

Dieses Memorandum zumindest stieß nicht auf taube Ohren. Der Vizekönig ließ Fritz 2.000 Pesos für die Anschaffung von Kirchengeräten auszahlen und legte selbst kostbare Geräte und ein Reisestipendium drauf. So trat Samuel Fritz Ende Mai 1693 die dreimonatige Rückreise zum Marañón zumindest nicht mit leeren Händen an. An seiner kartographischen Arbeit ließ er sich durch das Gepäck aber nicht hindern. Er untersuchte den Oberlauf des Marañón und seinen Ursprung in der Laguna di Lauricocha.

In den folgenden Jahren setzte Fritz seine Arbeit unermüdlich fort. Er gründete fünf weitere Reduktionen und gewann die Zuneigung der Indianer, die ihn oft als übernatürliches Wesen betrachteten, das über Sonne und Erde gebot. Auf sie machte auch die Körpergröße des Missionars Eindruck. Ein ums andere Mal bemerkte Fritz, wie sie, hinter ihm stehend, anhand ihrer Bogen heimlich seine Größe zu messen versuchten.

Unter den verschiedenen Stämmen brachen immer wieder heftige Fehden aus. Fritz bemühte sich, so gut es ging, Frieden zu stiften. Die Überfälle der Portugiesen waren schwerer zu verkraften. Die Indianer hatten panische Angst vor ihnen: Wo sie hinkamen,

Samuel Fritz, den Südamerika auch heute noch »defensor de la peruanidad en el territorio amazónico« nennt, erstattete über die Vorgänge in seinem Missionsgebiet regelmäßig Bericht nach Europa. Seine Briefe erschienen 1728 im »Neuen Welt-Bott«, Bd. 1, Augsburg–Graz. Eine umfangreiche Sammlung seiner Schriften befindet sich in den Archiven des Jesuitenkollegs in Quito.

brannten sie Dörfer nieder und verschleppten Menschen.

Um das Jahr 1700 kamen immer mehr Indianer den Amazonas herauf, um bei Fritz Zuflucht zu finden. Er tat, was er konnte, unterstützte sie und siedelte sie in neuen Ortschaften an. Eine Dauerlösung aber war das nicht.

In den folgenden Jahren zeigte sich, dass die Marañón-Missionen nicht zu halten waren. Fritz hatte durch seinen persönlichen Einsatz die Grenzen des spanischen Missionsbereiches weit nach Osten vorgeschoben, die Gebiete waren aber so groß, dass sie kaum zu verteidigen und zu verwalten waren. Zur Gleichgültigkeit der spanischen Regierung gesellte sich der Mangel an Hilfskräften. Als Fritz im Jahr 1704 zum Superior der Marañón-Missionen bestellt wurde, standen ihm lediglich acht Mann zur Verfügung. Grund genug für ihn, 1706 nach Quito aufzubrechen und Verstärkung zu fordern. Prompt meldeten sich zahlreiche Freiwillige aus dem Kollegium des Ordens, unter denen zehn Mann ausgewählt wurden. Unter ihnen Wilhelm d'Etré, der Fritz in seinen letzten Stunden beistehen sollte.

Wieder in seine Mission zurückgekehrt, musste Fritz erkennen, dass sich die Lage verschlechtert hatte. Die kurzfristig erhöhte Zahl seiner Mitarbeiter wurde schnell wieder durch Krankheit und Tod reduziert. Die Überfälle der Portugiesen wurden von Jahr zu Jahr schlimmer. Immer hemmungsloser verwüsteten sie Omaguadörfer, die Fritz im Lauf von 20 Jahren mühsam aufgebaut hatte. Die Missionare mussten einen Ort nach dem anderen räumen, und als Fritz die Verantwortlichen in Quito noch einmal um Hilfe bat, bekam er zu hören, dass die königliche Kasse kein Geld habe und man auch nicht plane, Menschen in das so weit entfernte Land zu schicken.

Das Jahr 1712 brachte nur alarmierende Nachrichten aus San Joaquin. Die Portugiesen verschleppten Pater Sanna nach Pará und stahlen Türen, Altar, Bilder und Glocken aus der Kirche, die Fritz selbst gebaut hatte. Die Indianer flüchteten aus der Siedlung und kamen nie wieder zurück.

Im Dezember desselben Jahres wurde Samuel Fritz seines Amtes als Superior enthoben. Er blieb noch ein Jahr in seinen alten Missionen. Am 10. Jänner 1714 aber verließ er Laguna, um als Pfarrer nach Jéveros, der ältesten Missionssiedlung der Gegend, zu gehen.

Erst ein Jahr später schrieb ihm sein Nachfolger, dass der portugiesische Gouverneur von Pará die Gefangenen und auch das Kirchengerät von San Joaquin zurückgeschickt habe. Fritz: »Damit glauben die Portugiesen wohl, uns Genugtuung gegeben zu haben, die Missionen und Länder der Krone von Kastilien behalten sie aber!«

Samuel Fritz lebte noch elf Jahre in Jéveros. Er baute ein Haus und eine Kirche, die er schön ausschmückte. Das Schicksal der von ihm gegründeten Missionen ging ihm sehr nahe, denn als alternder Mann musste er zusehen, wie sein Lebenswerk zerstört wurde.

Samuel Fritz hatte schon Malaria, Tunga und ruhrähnliche Darmerkrankungen durchgemacht. Nun war er wieder krank und spürte, dass er nicht mehr lange zu leben hatte. Trotzdem war er bis zu seinen letzten Tagen als Pfarrer in Jéveros tätig. Im März 1725 fühlte er den Tod nahen und bereitete sich in der für ihn so typischen gefassten Art darauf vor. Er rief Wilhelm d'Etré herbei, um von ihm den letzten Beistand der Kirche zu erhalten. Dieser hielt später fest:

In der Tat schien er nur meine Ankunft abgewartet zu haben, um den Preis seiner Mühen zu empfangen und zu gehen. Er legte bei mir eine Generalbeichte über sein gesamtes Leben ab, las wie immer die Messe am Josefitag und hielt an die Indianer eine Ansprache, in der er ihnen sagte, es sei dies das letzte Mal, dass er zu ihnen rede und dass er für die Ewigkeit von ihnen Abschied nehme. Am nächsten Morgen, als ich gerade in der Kirche mit Beichthören beschäftigt war, wurde

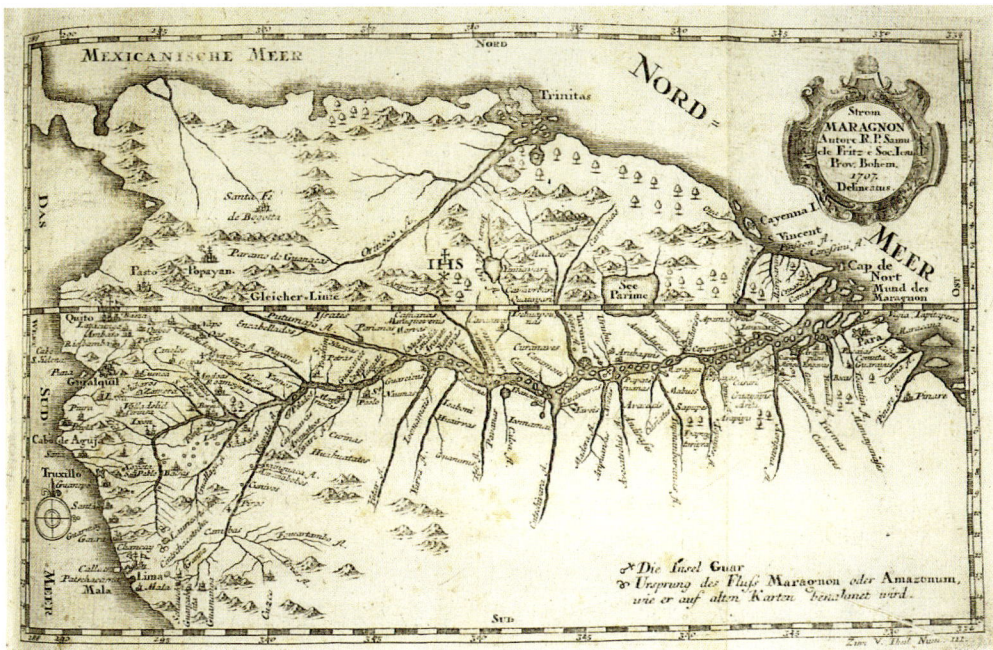

ich verständigt, dass der Pater trotz starken Klopfens an seiner Türe keine Antwort gebe. Ich eilte hin und fand ihn angekleidet, aber tot in sitzender Stellung, und es schien mir, dass er vor kurzem erst den letzten Atemzug getan hatte. Ich ließ ihn ins geistliche Ornat kleiden und die Leiche im Saale bis zur Totenfeierlichkeit aufbewahren. Ich konnte die Tränen nicht zurückhalten, als ich sah, wie die guten Indianer sich in Scharen über den Körper ihres geliebten Vaters warfen und ihm zärtlich Hände und Füße küssten, als sei er noch am Leben.

Merkwürdig wie das Leben des Samuel Fritz war auch das Schicksal seines Leichnams. Man hatte ihn neben der von ihm erbauten Kirche von Jéveros begraben. Als die Kirche 1766 beim Erdbeben einstürzte, wurde der Sarg geöffnet, um die Gebeine in der neuen Kirche wieder beizusetzen. Im Sarg fand man lediglich eine Schuhsohle und einige wenige Überreste der priesterlichen Kleidung. Alles andere hatten wohl die Termiten zerstört.
Die berühmte Amazonaskarte von Samuel Fritz überlebte länger. Sie fasziniert die Fachwelt auch heute noch. Erstmals 1707 in Quito veröffentlicht, wurde sie 1893 in Paris neu aufgelegt und diente noch 200 Jahre nach ihrem Entstehen zur Entscheidungsfindung in Grenzfragen zwischen Ecuador, Britisch-Guayana, Französisch-Guayana, Peru und Brasilien.

Die berühmte Amazonaskarte von Samuel Fritz, erstmals veröffentlicht 1707 in Quito. In den folgenden Jahren wurde sie oft nachgedruckt: 1728 im »Neuen Welt-Bott«, Bd. 1., Augsburg–Graz, 1745 in Condamine, »Relation abrégée d'un voyage fait dans l'intérieur de l'Amérique Mérid.«, Paris, und 1781 in den »Lettres Edifiantes«, ebenfalls in Paris. 1892 wurde sie anlässlich der 400-jährigen Wiederkehr der Entdeckung Amerikas in Madrid neu aufgelegt und 1893 erfuhr sie in Paris im »Recueil de voyage et de documents pour servir a l'hist. de la géogr.« von Schéfer und Cordier eine Neuauflage. Noch 200 Jahre nach ihrem Entstehen diente sie zur Entscheidung in Grenzfragen zwischen zahlreichen Staaten Südamerikas.

AMERIKA

Ein Altösterreicher in der »Hall of Fame«: 1965 wurde die mächtige Statue in Washington feierlich enthüllt. Wie Pater Kühn alias Kino ausgesehen hat, weiß niemand. Es gibt keine Zeichnung von ihm und nicht einmal seine Gebeine waren bis dato gefunden worden, sodass man anhand des Schädels das Gesicht rekonstruieren hätte können. Die amerikanische Künstlerin Frances O'Brien schuf anhand von 35 Fotos von Familienmitgliedern im Südtiroler Nonstal eine Gesichtsstudie, in der sie so etwas wie eine Familienähnlichkeit herausarbeitete. Diese diente der Bildhauerin Suzanne Silvercruys, einer nach Amerika ausgewanderten Belgierin, als Vorlage für die Statue.

Niederkalifornien ist eine Halbinsel!

Freundlich, bescheiden und asketisch, wie er war, galt Eusebius Franciscus Kühn als idealer Missionar. Sein Wissensdurst und seine Ausdauer machten ihn darüber hinaus zu einem großen Forschungsreisenden.

In den Jesuitenorden trat Kühn 1665 auf Grund eines Gelöbnisses ein. Seine ganze Sehnsucht galt der Chinamission. Also studierte er neben Theologie und Philosophie auch Mathematik und Astronomie. Der Orden aber hatte andere Pläne mit ihm. Statt nach China sandte er ihn nach »Neu-Spanien«, zur Missionierung der Indianer.

Die Reise verlief alles andere als glatt. In Cádiz musste Kühn drei Jahre lang auf die Überfahrt warten. Das gab ihm Gelegenheit, zum Jahreswechsel 1680/81 einen Kometen zu beobachten. Seine Beobachtungen schrieb er sogleich nieder.

1681 landete Kühn endlich in Veracruz, Mexiko. Von 1683 bis 1685 nahm er als geistlicher Begleiter und königlich-spanischer Kosmograph an einer Schiffsexpedition zur Erkundung Niederkaliforniens teil, die allerdings scheiterte.

1687 gründete er in der Pimería Alta (heute Südarizona) die Missionsstation Nuestra Señora de los Dolores, die ihm fast ein Vierteljahrhundert als Hauptquartier diente. Von dort aus unternahm er zu Fuß an die 40 Expeditionen, in deren Verlauf er in das Gebiet der Apachen und Comanchen vordrang. 1694 entdeckte er die Mündung des Rio Grande, 1701 erreichte er den Colorado. Auf seinen Expeditionen legte er insgesamt rund 37.000 Kilometer zurück. Sein größtes Verdienst war es, zu erkennen, dass Niederkalifornien eine Halbinsel ist.

Die von ihm gefertigte und 1710 in Europa veröffentlichte Karte blieb jahrhundertelang unübertroffen.

Eusebius Franciscus Kühn, der sich in Amerika auch »Kino« nannte, überzog die Pimería Alta mit einem Netz von Missionsstationen, in denen er die Indianer in Viehzucht, Obst- und Gemüseanbau unterrichtete. Viele der heutigen Orte im Grenzgebiet Mexiko/USA gehen auf ihn zurück, Straßen, Orte,

Die »Kino-Karte«, die »Tabula Californiae«. Pater Kino veröffentlichte diese Landkarte der Pimería Alta und Baja California 1710, ein Jahr vor seinem Tod. Er lieferte damit den Beweis, dass Niederkalifornien keine Insel, sondern eine Halbinsel ist. Die Karte erschien 1728 im »Neuen Welt-Bott«, Bd. 1, Augsburg–Graz. Das Original befindet sich in der Collection d'Anville in der Nationalbibliothek in Paris.

Flüsse und Täler zu beiden Seiten der Grenze tragen seinen Namen.

Der unermüdliche Pater fand in den von ihm erforschten Gebieten auch reiche Silberlager – eine Entdeckung, die für die spanische Krone natürlich höchst interessant war. König Philipp V. ernannte ihn dafür zum Hofkosmographen.

1711 starb Eusebius Franciscus Kühn in Magdalena (Sonora/Mexiko). Seine Gebeine wurden erst 1966 gefunden – sie befinden sich heute in einem Mausoleum in Magdalena de Kino.

Heinrich Wenzel Richter

GEBOREN: 7. September 1653 in Prossnitz
(Prostějov)
GESTORBEN: November 1696 am Ucayali, Peru

Eisenwaren statt Kleidern

Die Eltern waren strikt dagegen, der Sohn aber setzte sich durch:
Heinrich Richter, besessen vom Missionsgedanken, trat 1668 in
Brünn (Brno) in den Jesuitenorden ein. Er studierte drei Jahre lang
in Jitschin (Jičín) und danach in Prag, wurde Doktor der Theologie und der Humaniora und unterrichtete beides in Prag. 1684
schickte ihn der Orden gemeinsam mit Samuel Fritz und Johann
Gastel nach Südamerika.

In Laguna musste sich Richter von seinem Kameraden und Freund
Samuel Fritz trennen, denn ihm wurde die Missionierung der
Indianerstämme der Cunibo, Piro, Jívaro und Mananahua am oberen Ucayali anvertraut. Es gelang ihm, in dem gefährlichen Gebiet
bei »widerspenstigen Wilden« neun Missionen zu errichten.

Als seine mitgebrachten Kleider und Schuhe verloren gingen, wanderte er barfuß und nur mit einem Kittel bekleidet durch die
Wildnis. So trat er auch vor seinen Superior in Laguna. Dieser

*Später für Generationen von Kindern
romantisches Spiel, für die Jesuiten-Patres
aber nicht selten blutiger Ernst: indianische
Krieger in voller Ausrüstung. Der Jesuit
Franz Xaver Eder (1727–1772)
porträtierte diesen für sein Werk
»Descriptio provinciae Moxitarum in
regno Peruano« (Buda 1791).*

Oben: Ein Kanu aus Baumrinde. Viele Stämme am Amazonas zeigten große Geschicklichkeit in der Handhabung ihrer Kanus. Sie konnten mit ihren eingespielten Teams an Ruderern an einem Tag größere Strecken zurücklegen als gewöhnliche Segelboote in drei Tagen. Zeichnung von Franz Xaver Eder für die »Descriptio provinciae Moxitarum in regno Peruano« (Buda 1791).

Im 16. Jahrhundert war die Geographie Südamerikas ein dunkles Kapitel. Erste Landkarten wie diese im Atlas von Diego Homen aus dem Jahr 1588 (British Library, London) zeigen, wie wenig man damals noch von diesem Land wusste.

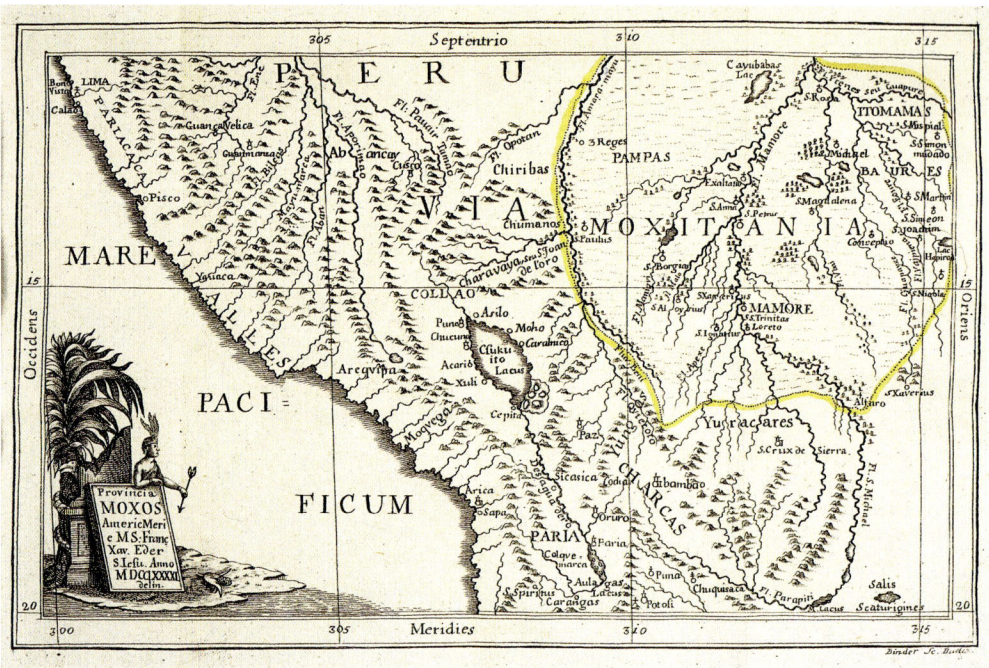

Eine Südamerika-Karte in der »Descriptio provinciae Moxitarum in regno Peruano« (Buda 1791). Erst die mühevolle Arbeit der Jesuiten-Patres trug dazu bei, viele weiße Flecken auf der Landkarte zu beseitigen. Franz Xaver Eder, aus Schemnitz (Banska Stiavnica) in der heutigen Slowakei stammend, war 15 Jahre bei den Mojos als Missionar tätig.

machte ihm Vorhaltungen wegen seiner Gesundheit und versuchte ihn mit neuen Kleidern und Wäsche zu versorgen. Richter aber antwortete: »Gebt mir lieber Eisenwaren für meine Indianer!«

1690 wurde Richter Vizesuperior in Laguna. Er war ein geistig reger Mann, besaß eine scharfe Beobachtungsgabe und einen kritischen Geist. Richter zeichnete eine Karte des Ucayaligebietes, die Samuel Fritz später für sein Kartenwerk verwendete, beschrieb die Bewohner dieses Gebietes und verfasste Wörterbücher und Katechismen in der Sprache der Cunibo.

1691 und 1695 nahm er an Expeditionen gegen den Stamm der Jívaro teil. Vor der letzten Expedition wurde er schwer magenleidend, zog sich nach Laguna zurück und befürchtete schon, sich zur Behandlung nach Quito begeben zu müssen. Doch als sich sein Zustand besserte, beschloss er, vor der Expedition noch einmal seine Mission am oberen Ucayali zu besuchen, eine Monatsreise von Laguna entfernt. Die Stämme der Cunibo und Piro hatten Mannschaften für die Expeditionen gegen die Jívaro stellen müssen und waren entsprechend aufgebracht. Richter wusste offenbar, dass er sich in große Gefahr begab, denn er schrieb noch in einem Brief: »Der gegenwärtige Zustand der Mission lässt tüchtige Hiebe erwarten. Gott weiß, ob wir uns noch in dieser Welt sehen werden.« Tatsächlich wurde er von den Indianern am Ucayali erschlagen. Seine Leiche wurde nie gefunden, die Vermutung, dass sie verspeist wurde, liegt nahe.

Heiliges Experiment in Paraguay

Als der Jesuitenpater Martin Dobrizhoffer Mitte des 18. Jahrhunderts in Paraguay eintraf, um am Aufbau des Jesuiten-Musterstaates mitzuarbeiten, waren dort Menschenraub und Mord an der Tagesordnung. Horden von Sklavenhändlern überfielen Indianersiedlungen und verschleppten die Menschen zu Tausenden. Martin Dobrizhoffer lebte 18 Jahre in Paraguay. Er erforschte Sprache und Lebensgewohnheiten der Abipón und wurde zum Wegbereiter der modernen Ethnologie. Als der »Jesuitenstaat« 1767 aufgehoben und die Jesuiten ausgewiesen wurden, musste auch Dobrizhoffer weg. Später war er in Wien Weltpriester und Hofprediger bei Maria Theresia.

Wo und in welchem Jahr Martin Dobrizhoffer geboren wurde, ist umstritten: Sowohl Graz als auch Friedberg in Böhmen beanspruchen die Ehre, der Geburtsort des berühmten Südamerikamissionars zu sein. In Friedberg kam er am 7. September 1717 zur Welt, in Graz auf den Tag genau ein Jahr später, am 7. September 1718. Einigkeit herrscht nur in Bezug auf den Beruf seines

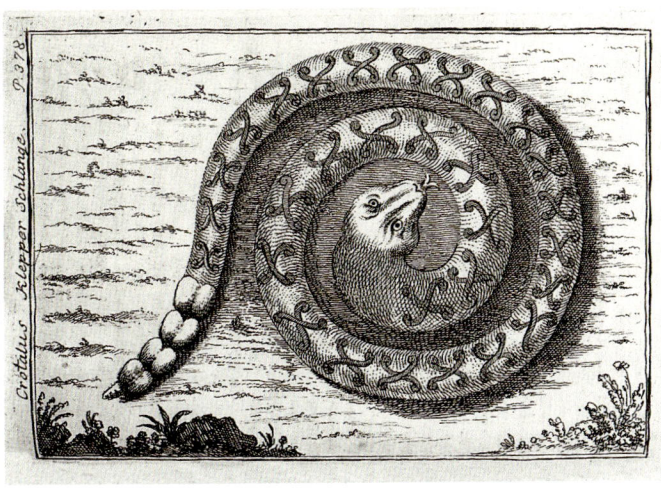

Gefahren begleiteten die Jesuiten-Patres in Paraguay auf Schritt und Tritt. Dobrizhoffer dokumentierte auch sie. Wie diese Klapperschlange aus dem Buch »Geschichte der Abiponen«, Bd. 2.

Vaters: Beide Orte registrierten ihn als Sohn eines Schneidermeisters.

Martin Dobrizhoffer trat 1734 in den Jesuitenorden ein. Er studierte Philosophie und Physik in Wien und später Theologie in Graz. 1748 wurde er als Missionar nach Paraguay entsandt. Mehr ist über die Jugend des Mannes, der als Wegbereiter der modernen Ethnologie Südamerikas in die Geschichte einging, nicht bekannt.

Über sein späteres Leben hingegen hat Dobrizhoffer selbst in seinem berühmten Buch *Historia de Abiponibus* berichtet. Es erschien 1784 in Wien und beschäftigt sich hauptsächlich mit Paraguay und seinen Einwohnern – einem Land, das zu jener Zeit einem Hexenkessel glich.

Paraguay hatte schon seit Beginn des 16. Jahrhunderts Europäer angezogen. Neben Habgier und Abenteuerlust hatte von Anfang an der Wunsch eine Rolle gespielt, die Eingeborenen in den Schoß der katholischen Kirche zu führen. Die Franziskaner und Dominikaner bemühten sich als Erste darum, doch sie gerieten bald auf Kollisionskurs mit den Spaniern. Diese hatten erkannt, dass Paraguay keine Edelmetalle zu bieten hatte; also wollten sie sich an den Indianern schadlos halten und deren Arbeitskraft ausbeuten.

Die Jesuiten setzten sich für die Befreiung der Eingeborenen von den Europäern ein. 1606 wurde die Ordensprovinz Paraguay gegründet. Nach und nach siedelten die Jesuiten die Indianer, hauptsächlich Guaraní, in Dörfern an. Diese Siedlungen, »Reduktionen« genannt, folgten immer demselben Muster: eine Kirche an einem großen Platz, rechts davon das Haus der Jesuiten, an das sich der Obst- und Gemüsegarten anschloss, links die Werkstätten, in denen indianische Schuster, Schneider, Tischler und Zimmerleute arbeiteten, ringsum das Dorf mit breiten Straßen, Kapellen und Kreuzen.

Das Leben in der Siedlung war streng regle-mentiert. Morgens läutete die Glocke zum Aufstehen, dann hatten alle zur Arbeit zu erscheinen. Morgens, mittags und abends wurde nach dem Gottesdienst das Essen verteilt und abends läutete die Glocke wieder zur Nachtruhe. Danach durfte sich niemand mehr außerhalb seines Hauses aufhalten.

Die bargeldlose Naturalwirtschaft florierte. Die Jesuiten verstanden es, Zehntausende Indianer zur Arbeit zu motivieren. Bald verfügten die Reduktionen über riesige Viehbestände, die besten Webstühle, die besten Glasbläser und die ersten Kerzenzieher. Sie erzielten hohe Gewinne.

Das aber ging den anderen Europäern gegen den Strich. Die Siedler sahen sich um ihre billigen Arbeitskräfte betrogen und hetzten Sklavenhändler auf, ihnen neue aus dem »Jesuitenstaat« zu beschaffen. Um die Indianer zu schützen, versorgten die Jesuiten sie mit Waffen. So kam es, dass sie mit Lanzen, Pfeil und Bogen zur Kirche gingen. Viele der mühsam aufgebauten Siedlungen mussten aber auch geräumt und an sichereren Orten wieder aufgebaut werden.

Dann aber setzten die Jesuiten einen Schritt, der zum Anfang vom Ende wurde: Sie stellten unter dem Kommando des Tiroler Jesuiten Sepp von Seppenburg eine bewaffnete Truppe auf, 30.000 berittene Indianer. Der spanische König billigte diese Aktion, denn preiswerter konnte er zu keiner Grenzschutztruppe kommen. Der Papst aber, Benedikt XIV., verdammte die »Sklavenhalterei« und die »Missionskniffe« der Jesuiten 1741 in einer Bulle. Das alles hätte den »Jesuitenstaat« aber noch nicht zu Fall gebracht. Das Gerücht, die Jesuiten hätten in ihren Reduktionen ungeheure Reichtümer angehäuft, war weitaus gefährlicher. In aller Eile wurden Untersuchungskommissionen eingesetzt. Soldaten ließen in den Reduktionen keinen Stein auf dem anderen. Sie fanden nichts – kein Gold, kein Silber, keine Edelsteine. Der portugiesische Minister Marquis de Pombal, der seit

Jahren eine Kampagne gegen die Jesuiten führte, behauptete, diese hätten den ganzen Handel Südamerikas in der Hand. Im September 1759 ließ er sämtliche Jesuiten aus den portugiesischen Gebieten deportieren und ihr Eigentum beschlagnahmen. 1767 folgte ihm der spanische König Karl III., indem er die Vertreibung der Jesuiten aus den spanischen Gebieten anordnete. Die Patres mussten, zusammengepfercht auf den Zwischendecken überladener Frachtschiffe, nach Europa zurückkehren. Ihr »heiliges Experiment« war gescheitert. Martin Dobrizhoffer war einer von ihnen.

Knapp zwei Jahrzehnte zuvor, als er vom Ordensgeneral nach Paraguay entsandt worden war, konnte er diese Entwicklung freilich nicht vorhersehen. Als er zusammen mit sechzig anderen Jesuiten 1748 in Buenos Aires eintraf, war er voller Energie und bereit, Gefahren und Strapazen auf sich zu nehmen.

Gelegenheit dazu bot sich bald. Die Patres mussten in einer langen Kolonne von Ochsenwagen nach Córdoba reisen. Es war eine abenteuerliche, halsbrecherische Fahrt durch Gebiete, in denen es weder Wasser noch Lebensmittel gab. Die Angst vor Überfällen begleitete sie ständig. Jeder Pater fuhr in einem Wagen, der mannshohe Räder hatte, ein gewölbtes Dach aus Rindsleder und Seitenwände aus Schilfmatten oder Brettern. Dobrizhoffer berichtete später:

Die Räder, die niemals geschmiert werden, quietschten zum Erbarmen, und es kommt vor, dass die hölzernen Achsen Feuer fangen und den Wagen selber anzünden. Wir wurden so jämmerlich durcheinandergeschüttelt, dass wir in den ersten Tagen noch einmal regelrecht seekrank wurden wie auf dem Meer. Kaum waren wir in unseren Wagen in die unermessliche Ebene zwischen Buenos Aires und Córdoba hinausgefahren, als wir täglich neue Beschwerden und neue Gefahren zu überstehen hatten, die fast größer waren als die während der dreimonatigen Überfahrt auf dem Weltmeer überstanden. Soundso oft mussten wir schlammiges

Regenwasser, das man kaum noch Wasser nennen konnte, aus irgendeinem Loch trinken, oder, besser gesagt, herunterwürgen. Dagegen vergingen kaum ein paar Stunden, ohne dass uns Wegweiser von Spuren von Indianern, die sie gesehen, oder von ihrem Kriegsgeschrei oder ihren Kriegspfeifen, die sie gehört haben wollten, erzählten.

An seinem Bestimmungsort fand Dobrizhoffer grauenhafte Verhältnisse vor. Die Jesuiten hatten es zwar geschafft, Tausende von Guaraní-Indianern in Dörfern anzusiedeln, diese waren aber das bevorzugte Ziel der Sklavenhändler: Nun mussten sie ihren Opfern nicht mehr in die Urwälder folgen, sondern hatten sie hübsch gesammelt an einem Ort – zur Zeit der Messe sogar alle in der Kirche.

Die Sklavenhändler banden die Guaranier, die in den Ansiedlungen wohnten, abgesehen von den wenigen, die sich durch die Flucht retteten, mit Ketten und Stricken und trieben sie herdenweise wie Vieh nach Brasilien, wo sie auf die Zucker-, Tabak-, Baumwoll- und Erdnusspflanzungen und in die Bergwerke als Sklaven verkauft wurden. Die Säuglinge rissen die Unmenschen von der Mutterbrust, weil sie den Zug aufhielten, und schleuderten sie auf die Erde. Alte und kranke Leute, die den Marsch nicht ertrugen, hieben oder schossen sie nieder. Man nimmt an, dass die Sklavenjäger im Lauf von 130 Jahren bei zwei Millionen Indianer ermordet oder in die Sklaverei geschleppt haben.

Während sich die Guaraní ansiedeln ließen, blieben die Abipón, ein besonders kriegerischer Stamm, weiter auf dem Kriegspfad. Sie verbündeten sich mit den Mocobi und den Toba und terrorisierten das ganze Land – mit dem Ziel, die Spanier zu vernichten. Wo sie auftauchten, gab es Raub, Brand und Mord.

Nach der Zahl ihrer Häuptlinge sind die Abiponer in verschiedene Horden eingeteilt, die ihre Wohnplätze fortwährend wechseln. Wenn sie die alten Leute,

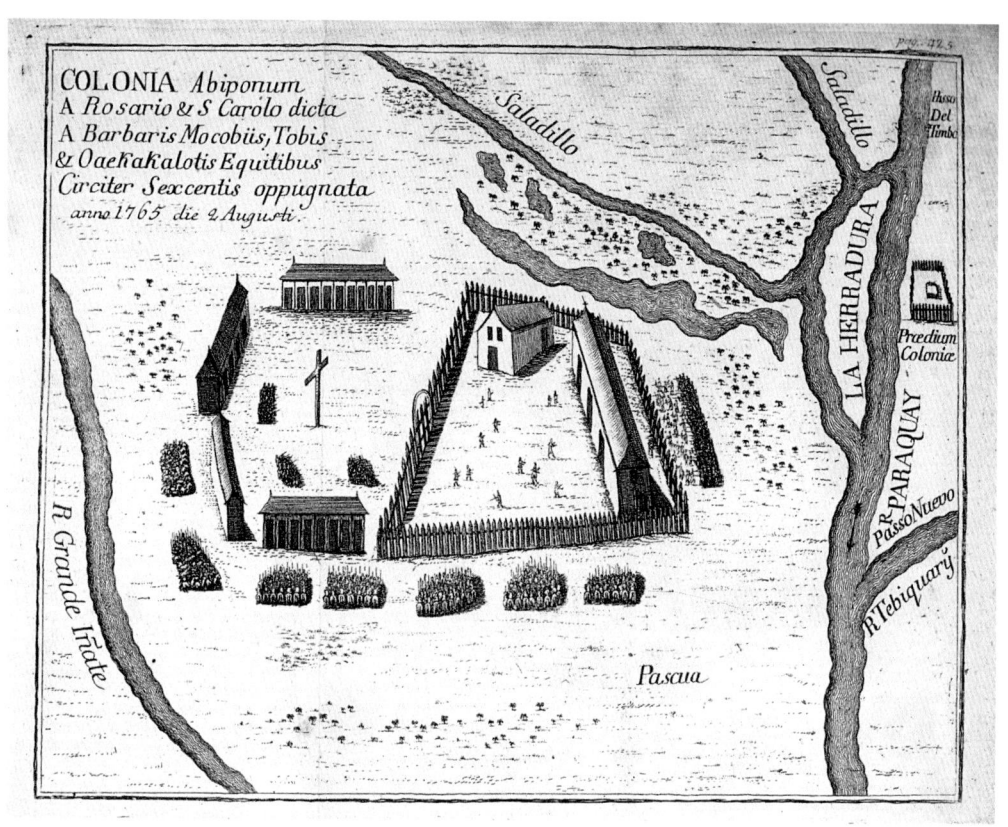

COLONIA *Abiporum*
A *Rosario & S. Carolo dicta*
A *Barbaris Mocobüs, Tobis*
& *OaeKaKalotis Equitibus*
Circiter Sexcentis oppugnata
anno 1765 die 2 Augusti.

Saladillo

Saladillo

Passo Del Timbo

LA HERRADURA

R. PARAQUAY

Prædium Coloniæ

Passo Nuevo

R. Grande Iñate

R. Tebiquarý

Pascua

»Colonia Abiporum«, eine Siedlung der Abipón. Dobrizhoffer schilderte in seiner »Geschichte der Abiponen« erstmals die Lebensumstände, Sitten und Gebräuche dieses Indianerstammes. Diese Zeichnung stammt aus Bd. 3.

Frauen und Kinder in Sicherheit gebracht haben, machen sie von dem Wohnplatz aus ihre Streifzüge in die benachbarten Ansiedlungen, um zu rauben und zu morden und die abgeschnittenen Köpfe als Siegeszeichen mit nach Hause zu nehmen. Es verging kaum ein Monat, ohne dass eine spanische Ansiedlung überfallen wurde, und zwar immer solche, die am wenigsten einen Angriff der Abiponer erwarteten. Kein Winkel war vor ihnen sicher, kein von der Natur noch so geschützter Ort blieb von ihren Angriffen verschont. Lachend und scherzend schwammen sie über die ungeheuren Ströme Paraná und Paraguay, selbst da, wo sich die beiden schon vereinigt haben. Bei Córdoba ritten sie steile Abhänge hinauf und, was ganz schrecklich anzusehen ist, auch hinunter. Ohne Schwierigkeit reiten sie durch Urwälder, dichtes Schilf, schlammige Seen und die wohl 150 Meilen breite Ebene zwischen dem Paraná und dem Salado. Läge zwischen Amerika und Europa nicht das Weltmeer, so hätten die Abiponer längst Einfälle in England und Spanien gemacht, um sich Rassepferde zu holen.

Als Martin Dobrizhoffer 1750 von Córdoba zu den Mocobi reiste, hörte er, dass die Abipón kurz zuvor in Santa Fe eine Prozession überfallen und die Teilnehmer vor der Kirche niedergestochen hatten.

Dann aber gelang es einem Statthalter, Frieden zu schließen. Nun brachten die Indianer Felle und Beutestücke in die Stadt und tauschten sie gegen Messer, Säbel, Lanzenspitzen, Äxte, Glasperlen und Kleider. Die Spanier machten dabei gute Geschäfte.

Ab dieser Zeit war es nichts Außergewöhnliches mehr, dass Abipón in die Stadt kamen. Bald ließen sich die ersten Häuptlinge dazu überreden, sich anzusiedeln und die katholische Religion anzunehmen.

Als Erste wurden 20 Familien in St. Xavier angesiedelt. Der Ort wuchs rasch, und die Indianer gewöhnten sich an Axt und Pflug. Die Häuptlinge waren auch hier Vorbild. Der Älteste von ihnen war immer der Erste beim Morgengottesdienst, läutete dazu die Glocke und kam auch als Erster zum Nachmittagsunterricht für Erwachsene. In St. Xavier gab es zwei Schulen. In der einen wurden die Knaben im Lesen und Schreiben unterwiesen, in der anderen erhielten sie Musikunterricht von Pater Florian Paucke aus Schlesien.

Martin Dobrizhoffer wurde von St. Xavier in die neu gegründete Siedlung St. Hieronymus entsandt, in der er dem Priester Joseph Brigniel aus Klagenfurt zu assistieren hatte. Brigniel hatte eine gute Methode entwickelt, mit den Abipón umzugehen: Er nahm sie mit

Paraguay: ein Land, in dem es über weite Strecken weder Wasser noch Lebensmittel gab, in dem man aber jederzeit mit Überfällen, wilden Tieren und Gefahren aller Art zu rechnen hatte. Dobrizhoffer erstellte auch eine Karte des »Gran Chaco«, in dem er insgesamt 18 Jahre lebte. Sie erschien in seiner »Geschichte der Abiponen«, Bd. 1.

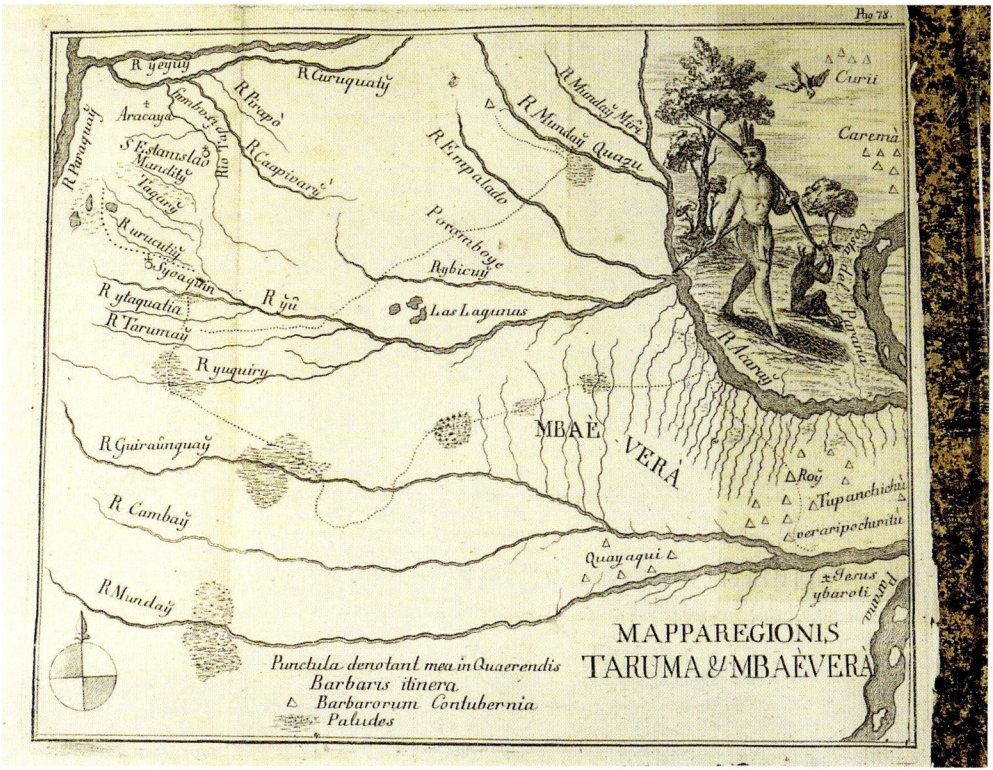

Die Krieger der Abipón müssen Dobrizhoffer wie Fabelwesen erschienen sein. Sie waren mit Lanzen, Pfeil und Bogen bewaffnet, trugen Kleidungsstücke aus den Fellen wilder Tiere, Federschmuck am Kopf und Kriegsbemalung. Diese Zeichnung stammt aus der »Geschichte der Abiponen«, Bd. 1.

Humor. Und er interessierte sich sehr für ihre Sprache. Er erfragte von ihnen Vokabeln und die Regeln der Grammatik. Eine besondere Hürde stellte der Umstand dar, dass jeder Ausdruck, der gleich lautete wie der Name eines Abipón, bei dessen Tod sofort geändert wurde. Es war streng verboten, den Namen eines kürzlich Verstorbenen in den Mund zu nehmen. Die Erfindung der neuen Wörter oblag den alten Frauen, die sich auf Zauberei verstanden. Die Änderungen wurden von allen Abipón akzeptiert, und sie setzten sich in Windeseile durch. Während der Zeit, die Dobrizhoffer bei den Abipón verbrachte, änderte sich die Bezeichnung für den Jaguar dreimal, die für das Krokodil zweimal, ebenso wie die für den Spanier. Die Patres mussten in ihren Wörterbüchern ständig Begriffe durchstreichen und sie durch neue ersetzen.

Pater Brigniel gelang es, die fünf Oberhäuptlinge der Abipón in St. Hieronymus zu versammeln und sie zu einem allgemeinen Frieden mit den Spaniern zu bewegen. Doch dieser dauerte nicht lang. Schon wenige Monate später zogen die Indianer wieder raubend und mordend durch Asunción, allen voran Häuptling Daherkaikin aus dem Verband von Häuptling Debayakaikin. Der Häuptling, der die Aufsicht über dieses Gebiet hatte, unternahm nichts gegen ihn, worauf Häuptling Ytschoalay, ein entschiedener Verfechter des Friedens, vorrückte. Es kam zu einem Gefecht, bei dem Ytschoalay seine Lanze und seine Kleider verlor. Als er in St. Hieronymus ankam, war er für seine Stammesgenossen mit Schande bedeckt. Das war der Auftakt für den Krieg zwischen zwei Abipónstämmen. Bis sie wieder Frieden schlossen, sollten zwanzig Jahre vergehen.

Dobrizhoffer beschrieb Daherkaikin später so:

Er machte seinem Namen, der Lügner bedeutet, Ehre, denn man konnte sich in keiner Weise auf ihn verlassen. Man sah es ihm am Gesicht an, dass man immer vor ihm auf der Hut sein musste. Er war mittelgroß, starkknochig, mager, hatte kleine, tief liegende Augen und eine bräunliche Hautfarbe. Das Haar trug er kurz geschnitten, ließ aber dazwischen längere Büschel stehen, seine Ohren schmückte er mit Knöpfchen aus Ochsenhorn und trug nie etwas anderes als zusammengenähte Otterfelle als Kleidungsstücke. Er war ein großer Freund des Branntweins, redete aber wenig und war gegen seine Leute ebenso freundlich wie unversöhnlich gegen die Spanier.

Ytschoalay, die Hoffnung der Frieden Suchenden, hatte sich als Zureiter und Viehknecht bei einem Spanier verdingt, als sein Stamm Frieden mit Santa Fe geschlossen hatte. Dieser aber hatte ihn um seinen Lohn betrogen, seither hasste er die Spanier.

Nur mehr Ruinen blieben von den einst blühenden Missionsstationen der Jesuiten: Mauern der Kirche von La Santísima Trinidad de Paraná in Paraguay, Bezirk Itapúa.

Dobrizhoffer erzählte über ihn: »Unter seinen vielen Kopfbedeckungen hatte Ytschoalay eine gelbe Mütze. Wenn er diese aufsetzte, war nichts mit ihm zu machen. Wir nannten die gelbe Mütze Ytschoalays Wetterglas, das anzeigte, ob bei ihm ein Gewitter heraufzog, das sich gegen Daherkaikin oder Debayakaikin entladen wollte.«

Ytschoalay war für St. Hieronymus besonders wertvoll. Der Oberhäuptling, der in der Siedlung lebte, trug diesen Titel nämlich nur noch der Form nach. Er interessierte sich ausschließlich für Branntwein und Frauen, ging nie in die Kirche und kümmerte sich auch nicht um den Friedensvertrag. Ytschoalay ging zwar auch nicht in die Kirche, wenn er die gelbe Mütze trug, aber er hielt immerhin die anderen dazu an. Und als er mit Daherkaikin Frieden schloss, kam auch er zur Kirche. Taufen aber ließ er sich erst viel später. Das allerdings wurde zum Großereignis.

Die Taufe wurde mit großer Pracht gefeiert, und der Unterstatthalter selbst war der Taufpate. Die Kirche war überfüllt, denn jedermann wollte bei der Taufe eines Häuptlings dabei sein, vor dem einmal ganz Paraguay gezittert hatte wie die Schafe vor dem Wolf. Hätte Ytschoalay die Abiponen, die von Jugend auf an Mord gewöhnt waren, nicht im Zaum gehalten, so wären wir unter dieser wilden, oft betrunkenen Gesellschaft nicht mit dem Leben davongekommen.

Die nächste Zeit war geprägt von den Kämpfen zwischen Debayakaikin und Ytschoalay. Nach Abipónsitte schnitten die Sieger ihren getöteten Feinden den Kopf ab, um ihn als Trophäe mitzunehmen. Eines Tages trat Ytschoalay mit gerunzelter Stirn vor Brigniel und Dobrizhoffer. Er redete die Patres – nach Dobrizhoffers Bericht – folgendermaßen an:

Patres! Mein ganzer Stamm hat die Ansiedlung und die Freundschaft der Spanier satt bis zum Halse. Er denkt daran, die Ansiedlung zu verlassen und zu seinen alten Gewohnheiten zurückzukehren. Ich kann den Leuten darob nicht böse sein. Den Spaniern zuliebe haben wir mit unseren Volksgenossen, die eines Blutes mit uns sind, einen Krieg angefangen, den wir bis zu diesem Augenblick mit wechselndem Erfolg fortsetzen. Sie sind unsere Feinde, seitdem wir die Spanier Freunde nennen und sie gegen Debayakaikin, Daherkaikin und deren Anhänger verteidigen. Unsere eigenen Volksgenossen rauben uns seitdem Herden von Pferden, zerfleischen und töten uns. Das alles ist den Spaniern wohl bekannt, sie rühren aber keinen Finger, obwohl sie uns ihre Hilfe zugesagt haben. Da ich euch immer treu zugetan war, rate ich euch, sofort an den Unterstatthalter zu schreiben. Ihr müsst ihn um Soldaten bitten, die euch so schnell wie mög-

lich in spanisches Gebiet bringen, ehe sich die Indianer an euch vergreifen, denn ich bin nicht mehr im Stande, euch zu schützen. Befolgt meinen Rat, ehe es zu spät ist!

Ytschoalay hatte Abiponisch gesprochen und seine Rede dann Wort für Wort auf Spanisch wiederholt. Dann fragte er die Patres, ob sie verstanden hätten. Sie antworteten, sie hätten in ihrem Leben noch nie eine klarere Rede gehört und würden seinem Rat unverzüglich Folge leisten. Der Brief wurde geschrieben. Antwort kam – und änderte die Lage mit einem Schlag, denn sie enthielt die Zusage, dass spanische Truppen gegen Ytschoalays Feinde geschickt würden.

Wenige Wochen später baumelte Debayakaikins Kopf zusammen mit denen von fünf anderen Häuptlingen auf einem schnell errichteten Galgen in St. Hieronymus. Die Köpfe wurden auf Befehl Ytschoalayas jeden Abend von alten Weibern unter Totengesängen abgenommen, die Nacht über an einem sicheren Ort verwahrt und am Morgen wieder aufgehängt. Ytschoalay fürchtete, Anhänger Debayakaikins könnten die Köpfe stehlen.

Martin Dobrizhoffer wurde in die neu gegründete Reduktion Concepción am Ostufer des Flusses Paraguay versetzt, in der Pater Sanchez ebenfalls Abipón angesiedelt hatte. Seine Ankunft schilderte Dobrizhoffer so:

Die Abipón lebten wie die meisten Indianer Südamerikas in Clans, praktizierten Fetischismus, ließen den Medizinmann in Angelegenheiten des Stammes oder in Privatsachen entscheiden und waren jederzeit zu Raubzügen aufgelegt. Einmal auf dem »Kriegspfad«, waren sie kaum zu stoppen. Dem Feind den Kopf abzuschneiden gehörte bei ihnen zum »guten Ton«. Illustration aus Dobrizhoffers Werk »Historia de Abiponibus«.

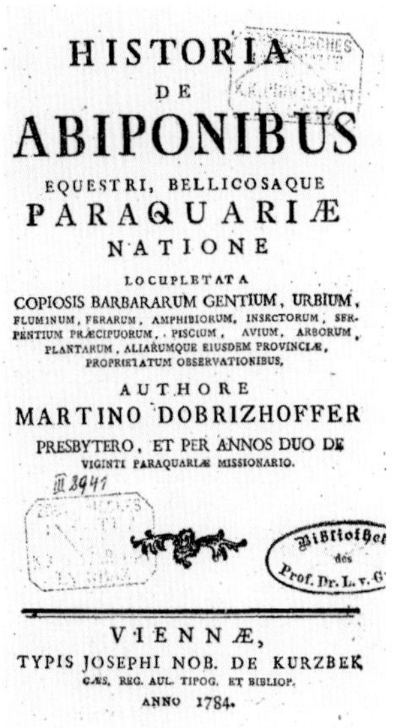
HISTORIA
DE
ABIPONIBUS
EQUESTRI, BELLICOSAQUE
PARAQUARIÆ
NATIONE
LOCUPLETATA
COPIOSIS BARBARARUM GENTIUM, URBIUM, FLUMINUM, FERARUM, AMPHIBIORUM, INSECTORUM, SERPENTIUM PRÆCIPUORUM, PISCIUM, AVIUM, ARBORUM, PLANTARUM, ALIARUMQUE EIUSDEM PROVINCIÆ, PROPRIETATUM OBSERVATIONIBUS.
AUTHORE
MARTINO DOBRIZHOFFER
PRESBYTERO, ET PER ANNOS DUO DE VIGINTI PARAQUARIÆ MISSIONARIO.
VIENNÆ,
TYPIS JOSEPHI NOB. DE KURZBEK
CÆS. REG. AUL. TIPOG. ET BIBLIOP.
ANNO 1784.

Titelkupfer des Werkes »Historia de Abiponibus, equestri bellicosaque Paraguaina natione« (Wien 1783/84), Dobrizhoffers dreibändiges, lateinisch verfasstes Werk, das bald auch auf Deutsch und Englisch erschien. Im Vorwort seines Buches schreibt der Autor: »In den sieben Jahren meines Aufenthaltes in den vier Kolonien der Abiponen hatte ich Gelegenheit, Sitten, Gebräuche, Aberglauben und Kriegskunst, erlittene und ausgeteilte Schläge, politische und ökonomische Zustände dieses Stammes zu studieren.«

Sanchez begrüßte mich herzlich. Er sah schrecklich aus. Sein Hut war von Stroh, sein Rock überaus schäbig, sein Bart ungepflegt. Er sagte mir, er möchte lieber in der Gefangenschaft algerischer Seeräuber als unter Abiponern in Concepción leben. Die Abiponer wichen nicht zurück, als ich in sein Zimmer ging. Wie die Geier fielen sie über meine Reisekiste her, um alles mit ihren schmutzigen Fingern zu betasten und, wenn möglich, etwas mitlaufen zu lassen. Unsere Lehmhütte war mit Gras bedeckt, hatte statt des Fensters hölzerne Läden, statt der Tür ein rohes Brett. Ein anderes notdürftig geglättetes Brett war unser Tisch, eine auf vier Holzgabeln hängende Rindshaut unser Bett, der überall von Ameisen durchwühlte Rasen unser Fußboden. Durch die großen Löcher in den Wänden und im Dach drangen Staub und Regen, Sonne und Wind, Schnaken, Schlangen und Kröten; in den Balken aus Palmholz nagten die Holzwürmer mit einem solchen Eifer, dass unaufhörlich feines Sägemehl herabrieselte. Dabei fielen große Stücke Lehm von der Wand. Unsere Mahlzeiten bestanden aus gekochtem oder gebratenem Rindfleisch. Von Brot keine Spur. Wein hatten wir oft nicht einmal zum Messopfer.

Auch die neue Ansiedlung Concepción war heiß umkämpft. Sie wurde immer wieder von Mocobi überfallen. Schließlich war sie dadurch so gefährdet, dass sich die Patres gezwungen sahen, sie zu verlegen. Dobrizhoffer reiste daher nach St. Jago zum Statthalter von Tucumán. Als er nach fünf Monaten wieder in Concepción eintraf, sah er sich wieder mit Problemen konfrontiert: Die Mocobi versetzten die Siedlung nach wie vor in Angst und Schrecken, die jungen Abipón raubten spanische Bauernhöfe aus, die alten gaben sich dem Suff hin. Kein Mensch kam in die Kirche, außer es gab Belohnung dafür. Zum Unterricht fanden sich die wenigsten ein.
Um die Siedlung zu verlegen, zogen Patres und Abipón bei strömendem Regen 22 Tage lang mit Ochsenkarren und Viehherden in Richtung Río Salado, bis sie endlich am ausgewählten Ort eintrafen. Zur Ruhe kamen sie aber auch dort nicht. Schon bald wurden sie das erste Mal überfallen, und das Gebiet war so trocken, dass es sich nicht als Weideland eignete. Martin Dobrizhoffer wurde nach St. Hieronymus zurückbeordert. Pater Sanchez siedelte mit seiner Gemeinde noch vierzehnmal um, bis er endlich südöstlich von St. Jago einen geeigneten Ort fand.
Martin Dobrizhoffer wurde in Timbo mit der Errichtung einer neuen Siedlung beauftragt. Er baute die Reduktion »Zum heiligen Rosenkranz und St. Karolus« am Fluss Paraguay auf, eine besonders schwierige Aufgabe, denn neben den ständigen Überfällen von Mocobi und Toba galt es auch, eine Pockenepidemie zu überstehen. Schließlich breitete sich noch eine Fieberseuche

aus, die zuletzt auch Dobrizhoffer ergriff. Während die Anfälle bei den Indianern jeden dritten Tag auftraten, erfassten sie ihn jeden Tag.

Das Fieber war so heftig, dass ich bei Nacht fantasierte und so kraftlos wurde, dass ich ohne Stock nicht mehr gehen konnte. Meine Indianer, die mich in Massen besuchten, jammerten und schrien mir immer zu: »Du stirbst ja schon!« Ich dachte auch in der Tat selbst an mein Ende, da es mir an allem fehlte, was die Krankheit hätte lindern können. Gekochter Mais war für mich schon ein Leckerbissen. Außerdem trank ich täglich einen Absud von Portulakblättern, der mir sehr wohl tat. Da ich trotzdem das Äußerste befürchten musste, bat ich um Hilfstruppen und einen Priester, der meine Stelle versehen könnte. Nach siebenundzwanzig Tagen verwandelte sich mein tägliches Fieber in ein dreitägiges, sodass ich am Palmsonntag wieder kümmerlich die Messe lesen konnte, aber erst acht Tage nach Ostern kam der erbetene Priester mit zwölf Soldaten aus Asunción. Er war froh, dass ich lebte, denn er wollte nicht bei den Wilden bleiben, da er bisher immer nur Philosophie und Theologie gelehrt hatte.

Nach seiner Genesung erhielt Dobrizhoffer eine neue Schreckensnachricht: 600 Toba planten, die Siedlung zu überfallen. Als sich das herumsprach, flohen die meisten der neu angesiedelten Abipón. Dobrizhoffer blieb mit zwölf wehrfähigen Männern und ihren Familien zurück. Jede Nacht musste einer von ihnen Wache halten. Eines Nachts kamen dann die Toba, als die Wache eingeschlafen war. Ein Teil von ihnen trieb 60 Pflugochsen weg. Ein anderer Teil umstellte das durch Palisaden geschützte Dorf von drei Seiten und schoss Pfeile in den Hof ab. Dadurch wachten die Bewohner auf und Pater Dobrizhoffer stürmte mit der Flinte ins Freie. Ein Pfeil durchbohrte seinen Oberarm. Später schrieb er: »Ich nahm die Flinte in die linke Hand und ging zu dem Anführer der Soldaten, um mir den Pfeil herausziehen zu lassen. Da er Widerhaken hatte, musste er lange wie ein Quirl im Kreise bewegt werden, bis das Fleisch sich löste. Was das für Gefühle sind, kann sich nur der vorstellen, der die Sache mitgemacht hat.«

Die Männer in der Siedlung feuerten ihre kleine Kanone ab. Das schlug die Angreifer in die Flucht, doch am nächsten Morgen kamen sie wieder. Da sie sich ebenso vor der Kanone der Dorfbewohner fürchteten wie diese vor ihrer Übermacht, stand man sich einige Stunden gegenüber, ohne dass es zum Kampf kam. Dann zogen die Angreifer endlich ab. Um zu provozieren, führten sie noch rund 2.000 Pferde an der Siedlung vorbei und brieten einige Ochsen an einem nahen See. Schließlich verschwanden sie.

Hi jam terga fugae, jam pugnae pectora praebent.
F. Afsron se
Ex Ovidio

Mitte des 17. Jahrhunderts hatten sich die Abipón Pferde der spanischen Siedler angeeignet. Sie erlernten die Kunst des Reitens rasch und verfügten auch bald über große Herden. Das neue Fortbewegungsmittel machte sie zu besonders gefährlichen und schnellen Angreifern. Aus »Geschichte der Abiponen«, Bd. 2.

AMERIKA

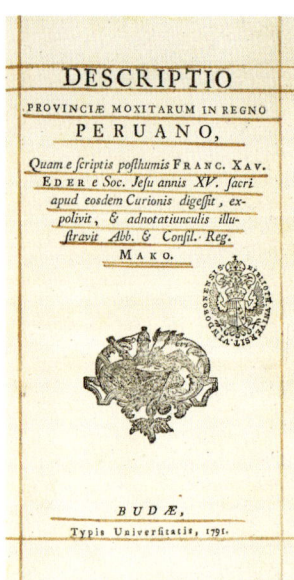

DESCRIPTIO

PROVINCIÆ MOXITARUM IN REGNO

PERUANO,

Quam e scriptis posthumis FRANC. XAV.
EDER e Soc. Jesu annis XV. sacri
apud eosdem Curionis digessit, ex-
polivit, & adnotatiunculis illu-
stravit Abb. & Consil. Reg.
MAKO.

BUDÆ.
Typis Universitatis, 1791.

Aufgrund seiner detaillierten Schilderung von Land und Leuten des Mojos-Gebietes auch heute noch ein Werk von großer wissenschaftlicher Bedeutung: Franz Xaver Eders »Descriptio provinciae Moxitarum in regno Peruano«, entstanden in den Jahren 1770 bis 1772.

Dobrizhoffers Arm schwoll stark an. Der Schmerz wurde immer heftiger. Hühnerfett war die einzige Medizin, die er zur Verfügung hatte, doch die Wunde heilte nach 16 Tagen.

Nach zwei Jahren in dieser Siedlung war Dobrizhoffer mit seinem Latein am Ende. Rückblickend beschrieb er die Lage so:

Bei diesen beständigen Unruhen war es unmöglich, die Abiponer an ein geordnetes Leben zu gewöhnen und sie zu guten Katholiken zu erziehen. Zum Unterricht kamen von den Männern wenige oder gar keine. Umsonst bemühte ich mich, ihnen das gemeinsame Trinken und abergläubische Bräuche abzugewöhnen. Dies hatte seinen Grund auch darin, dass ich so gut wie gar nicht unterstützt wurde. Ein Priester mag sich heiser schreien, schmeicheln und drohen, dass ihm der Schweiß von der Stirne rinnt, es ist alles umsonst, kein Indianer hört ihm zu; teilt er aber Geschenke aus, so erreicht er alles, was er will.

Dobrizhoffer suchte um Versetzung an, sein Nachfolger wurde Pater Brigniel. Er ging zuerst nach Asunción und wurde dann nach St. Joachim geschickt, zu dem neu bekehrten Stamm der Ntatingua. Dort arbeitete er noch zwei Jahre in Frieden, bis 1767 der »Jesuitenstaat« aufgelöst wurde und alle Patres in die Heimat zurückkehren mussten.

Martin Dobrizhoffer reiste über Cádiz nach Italien und von dort nach Wien. Er wurde Bibliotheksgehilfe am Profess-Haus und fand, als 1773 der Jesuitenorden aufgehoben wurde, eine Anstellung als Weltpriester. Seine Predigten beeindruckten Kaiserin Maria Theresia so sehr, dass sie ihn oft zu sich berief. Er musste ihr immer wieder von den Indianern erzählen.

1784 erschien in Wien seine *Historia de Abiponibus*, die ihn bekannt machte. Dobrizhoffer veröffentlichte auch Wörterbücher und linguistische Arbeiten über Indianersprachen. Seine Werke sind für die Missionsgeschichte, die Naturgeschichte und die Völkerkunde Südamerikas von großer Bedeutung.

Auf Weltreise für des Kaisers Garten

Franz Boos wurde der Gärtnerberuf in die Wiege gelegt. Er kam als Sohn des Oberhofgärtners von Rastatt im Großherzogtum Baden zur Welt, so war er von frühester Kindheit an mit Pflanzen und ihrer Pflege vertraut. Vom Vater in die Geheimnisse des Berufes eingeweiht, begann er seine eigene Berufslaufbahn 1771 als Gärtner des Fürsten Leopold von Dietrichstein im mährischen Seelowitz. Drei Jahre später wechselte er in die berühmten Gartenanlagen des Fürsten Johann I. Josef von Liechtenstein nach Eisgrub. 1776 schließlich kam er nach Wien. Er erhielt eine Anstellung als Gehilfe an den k. u. k. Hofgärten zu Schönbrunn und zeigte bald vielfache Talente. Aus dem Jahr 1780 ist ein Plan der Hofgärten erhalten, den er kurz nach deren Fertigstellung angefertigt hat.

Wien stand zu dieser Zeit ganz im Zeichen des Barock. Die Türkengefahr war schon seit Jahren gebannt, jetzt schoss ein prachtvolles Palais nach dem anderen aus dem Boden und dem Zeitgeist entsprechend kam der Gartenkunst höchste Bedeutung zu. Die Natur zu zähmen und zu bändigen, kostbare und exotische Tiere und Pflanzen zu besitzen, die Naturwissenschaften zu studieren und Mineralien, versteinerte Lebewesen oder botanische Objekte zu sammeln, das alles war Mode und wurde als Ausdruck von Reichtum und Macht gewertet.

Franz I. Stephan, Kaiser und Gatte Maria Theresias, hatte um 1750 die aus über 30.000 Objekten bestehende Naturaliensammlung von Jean de Baillou in Florenz gekauft, die später den Grundstock für das heutige Naturhistorische Museum bilden sollte. Um diese Sammlung zu erweitern, entsandte der Kaiser Wissenschaftler auf Sammelreisen. Die wichtigste dieser Reisen war jene, die Nikolaus Joseph von Jacquin 1754–1759 gemeinsam mit dem Gärtner Ryk van der Schot in die Karibik sowie an die Küsten Nordvenezuelas und Kolumbiens unternahm. Die Ausbeute war gigantisch: Mehr als 50 mit Objekten aller Art prall gefüllte Kisten trafen in Wien ein. Die Menagerie bevölkerten bald unzäh-

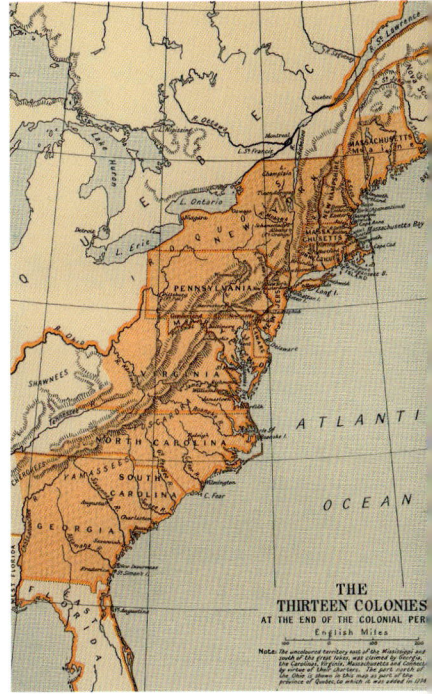

Eines der Ziele der österreichischen Sammelreise von 1783: South Carolina, damals schon Teil der Vereinigten Staaten.

lige neue Tiere, vor allem Vögel, und im Holländischen Garten und in der Orangerie von Schönbrunn wurden hochinteressante exotische Pflanzen und Gehölze in Empfang genommen.

All diese »Exoten« erfreuten nicht nur das Kaiserhaus und seine hohen Gäste. An ihrem Gedeihen nahm die ganze Stadt Anteil. Das *Wiener Diarium* berichtete regelmäßig über das Erblühen der Orangenbäume und der Kakteen. Umso größer war das Entsetzen, als ein Großteil der von Jacquin mitgebrachten Pflanzen den Winter 1780 nicht überlebte. Ein Hilfsgärtner hatte vergessen, das Gewächshaus zu heizen. Um seinen Fehler auszumerzen, heizte er am nächsten Tag doppelt stark. Das vergrößerte den Schaden nur noch. In der übergroßen Hitze verdorrten nun auch jene tapferen Tropenpflanzen, die der Kälte der Nacht standgehalten hatten.

Joseph II., mittlerweile Kaiser, entschloss sich dazu, nach dem Vorbild seines Vaters für Ersatz zu sorgen. Er beauftragte Jacquin und Ignaz von Born damit, eine weitere Expedition in die Karibik und nach Nordamerika vorzubereiten. Bald rauchten in der Freimaurerloge »Zur wahren Eintracht« die Köpfe, in der Ignaz von Born als Meister vom Stuhl fungierte. Der Loge gehörte zu jener Zeit alles an, was in Wien Rang und Namen hatte, sie war das geistige Zentrum der Stadt.

Ignaz von Born plante vorerst, selbst an der Reise teilzunehmen, und er dachte an eine Sammelreise auf Art der Aufsehen erregenden Weltumseglung von James Cook. Dann aber verschlechterte sich sein Gesundheitszustand. Als Ersatz schlug er seinen Logenbruder vor, Franz Joseph Maerter, Professor für Naturgeschichte und Ökologie. Jacquin empfahl den jungen Mediziner Matthias Leopold Stupicz. Für die Betreuung der Pflanzen und Tiere während des Transportes schlug Ryk van der Schot, nunmehr Hofgärtner von Schönbrunn, seinen fähigsten Mann vor, den Obergesellen Franz Boos. Ihn sollte der Gärtnergeselle Franz Bredemeyer unterstützen. Mit der bildlichen Dokumentation wurde der Naturalienmaler Adam von Moll beauftragt.

Bis zum Aufbruch sollten Jahre vergehen. Im April 1783 endlich war es so weit: Maerter, Stupicz, Moll, Boos und Bredemeyer traten ihre Reise an. Zuerst ging es per Postkutsche nach Belgien, dann nach Paris, wo noch Karten- und Ausrüstungsmaterial beschafft wurde, und dann auf der Fregatte »Washington« über den Atlantik nach Philadelphia. Zwei Monate durchquerten sie Pennsylvania, New Jersey und South Carolina, bis sie im Dezember in Charleston eintrafen.

Das Sammeln von Pflanzen und Tieren erwies sich bald als weitaus schwieriger und strapaziöser denn erwartet. Heftige tropische

Rechte Seite: Von Franz Boos nach einer Illustration im Tafelwerk »Natural History of Carolina, Florida and the Bahama Islands« von Mark Catesby gemalt: der Gürtelfischer. Naturhistorisches Museum, Wien.

Regenfälle erschwerten die Arbeit, oft genug fanden sich nicht einmal Unterkunftsmöglichkeiten für die Nacht. Viele der Expeditionsteilnehmer verkrafteten das Leben abseits von jeglicher Zivilisation nur schwer. Während sich Boos und Bredemeyer geduldig und bescheiden damit abfanden, dass sie nachts oft nicht einmal Stroh zum Zudecken fanden oder sich zu viert ein Bett teilen mussten, reagierten die anderen zunehmend gereizt und streitsüchtig. Es war vor allem Dr. Stupicz, der unter den Entbehrungen litt. Schon bei der Überfahrt hatte er sich bei den Matrosen den Spitznamen »Dr. Stupid« ehrlich verdient, weil er ständig schimpfte und halb kroatisch, halb deutsch seinen Entschluss zu dieser Reise verfluchte. Stolz auf seine Doktorwürde, glaubte er später auch im tiefsten Urwald ein Anrecht auf ein weiches Bett zu haben. Dafür, dass Boos von früh bis spät botanisierte, oft unter freiem Himmel schlief und tagelang mit trockenem Brot auskam, hatte er kein Verständnis. Allein der Gedanke an die Gefahren und Beschwerden der Rückreise löste bei ihm Panik aus. Er entschloss sich daher in Charleston, die Expedition zu verlassen und als Arzt in Amerika zu bleiben. Moll folgte seinem Beispiel, auch er blieb in der Neuen Welt.

Bredemeyer kehrte 1784 mit den ersten Sammelergebnissen nach Wien zurück. Ein Großteil der Tiere und Pflanzen überlebte den langen Transport allerdings nicht. Boos und Maerter reisten indes in das östliche Florida und auf die Bahamas weiter. Schon nach zwei Wochen gab Maerter jedoch auf, er kehrte in die Hauptstadt South Carolinas zurück.

Boos sammelte nun ein halbes Jahr lang völlig auf sich allein gestellt weiter. Und er war höchst erfolgreich. Mit der Sendung, die er im Mai 1785 über London in die Heimat schickte, traf in Wien eine große Menge lebender Vögel wohlbehalten ein, darunter zwei Karolinasittiche und ein Königsgeier, der bis 1825 in der Menagerie lebte. Dazu unzählige Pflanzen für

Schönbrunn, Herbarien, Insekten und Konchylien für das »Naturaliencabinet«.

Im September 1785 kehrte Boos nach Wien zurück. Sich von den Strapazen der Reise zu erholen, war ihm aber nicht vergönnt. Bereits im Oktober war er wieder unterwegs. Beeindruckt von den Ergebnissen seiner ersten Reise, entsandte ihn Kaiser Joseph II. diesmal nach Südafrika und auf die Maskarenen. Er sollte Pflanzen und Tiere für die Hofgärten sammeln und besonderes Augenmerk auf Heilpflanzen legen.

Der erste Teil der Reise verlief noch passabel. Boos traf mit seinem Begleiter, dem Gärtnergehilfen Georg Scholl, gut in Amsterdam ein. Dann aber spitzten sich die Ereignisse dramatisch zu. Die beiden mussten auf einem Schiff reisen, das mit 665 Matrosen und Soldaten heillos überfüllt war. Prompt brach auf der »Holland« eine Seuche aus, 40 Menschen starben während der Fahrt. Boos und Scholl erreichten die Südspitze des Schwarzen Kontinents dennoch wohlbehalten im Mai 1786.

Boos machte sich unverzüglich an die Arbeit. Er unternahm Touren ins Landesinnere, gelangte bis nach Swaziland und in die Halbwüste Karoo und durchwanderte die Vorberge des Kaps der Guten Hoffnung. Oft war er gemeinsam mit dem aus den Niederlanden stammenden Oberst Gordon und dem schottischen Botaniker Francis Masson unterwegs. Und immer hatte er nur ein Ziel vor Augen: das Sammeln von lebenden Pflanzen, Zwiebeln, Samen, Vögeln und Insekten. Neun Monate lang.

Im April 1787 ließ Boos seinen Begleiter Scholl bei den bisher gesammelten Pflanzen und Tieren zurück und fuhr auf einem spanischen Schiff auf die Maskarenen, nach Mauritius und Réunion. Auch dort sammelte er unermüdlich. Nach einem Jahr waren 52 riesige Kisten prall gefüllt. Mit Pflanzen, Korallen, Schmetterlingen und Konchylien, dazu mit ethnologischen Objekten und zwei Bergkristallen aus Madagaskar. Noch konnte Boos freilich nicht ahnen, dass der schwierigste Teil seines Auftrages noch vor ihm lag.

Zurück in Afrika, zeigte sich, dass das in all den Monaten zusammengetragene Sammlungsmaterial zu einer nahezu unüberschaubaren Menge angewachsen war. Neben den Kisten mit Tierfellen und Vogelbälgen warteten unzählige Tiere auf die Reise, darunter zwei Zebras, elf Affen, zwei Sträuße und Unmengen an kleinen Vögeln, und dazu standen in 215 großen und 15 kleinen Kübeln sowie in 25 Kisten lebende Pflanzen bereit. Viel zu viel für Kapitän Baudin, um es an Bord seines Schiffes »La Pepiniére« zu transportieren. Also musste Boos akzeptieren, dass er die Rückreise nur mit einem Teil der Kollektionen antreten konnte. Scholl blieb wieder einmal zurück.

Während Boos in Wien mit rund 300 Kisten und einer regelrechten Menagerie aus großen und kleinen Tieren anlangte, saß Scholl mit dem Rest des gesammelten Materials in Afrika fest –und das für mehr als zehn Jahre. Mittlerweile war die Französische Revolution ausgebrochen – Grund genug für Kapitän Baudin, nur noch im Dienste Frankreichs zu reisen. Ein anderes Schiff, das ihn in die Heimat holen sollte, musste wegen Kriegswirren umdrehen und dann verhinderte auch noch die britische Okkupation des Kaps seine Heimkehr.

In all den Jahren gelang es Scholl immer wieder, Sammlungsreisen zu unternehmen und deren Ausbeute nach Wien zu schicken. Für größtes Aufsehen sorgten Skelett und Fell einer Giraffe. Um die Giraffe im »Naturaliencabinet« aufstellen zu können, musste sogar die Decke eines Raumes durchbrochen werden. Und als die Giraffe dann endlich präsentiert wurde, kamen die Wiener aus dem Staunen nicht heraus: So ein großes Tier hatten sie noch nie zuvor gesehen.

Von den Pflanzen und Samen, die im Zuge dieser Expedition nach Schönbrunn kamen, hat eine *Fokea capensis* aus der Familie der Seidenpflanzengewächse bis heute überlebt. Das inzwischen rund 800 Jahre alte Exemplar gilt als die älteste in einem Topf kultivierte Sukkulente der Welt. Im »Wüstenhaus« blühen auch noch Exemplare der Kaplilie *Veltheimia Capensis*, die über Brutzwiebeln vermehrt wurden. Besonders stolz sind die Schönbrunner Gärtner auch auf Erica-Arten, die in Südafrika mittlerweile nicht mehr zu finden sind.

Für Franz Boos lohnten sich die Mühen seiner Reisen. Kaiser Leopold ernannte ihn 1790, nach dem Tod von Ryk van der Schot, zum Direktor der Schönbrunner Menagerie und des »Holländischen Gartens«. 1807 wurde er Direktor sämtlicher Hofgärten und 1810 Kaiserlicher Rat. Auch er legte seinem Sohn das Gärtnerhandwerk in die Wiege. Joseph Boos wurde sein Nachfolger. Vater und Sohn veröffentlichten 1816 *Schönbrunns Flora*, eine Zusammenstellung aller kultivierten und wild wachsenden Pflanzen. Ihre Begründung: »... wozu nützt dieser Reichthum, diese Vollkommenheit eines Gartens, wenn die Kenntniss desselben nicht allgemein ist, wenn nicht Jedem, dem an ihr gelegen ist, ein Weg geöffnet wird ihr zu huldigen und seine Wißbegierde zu befriedigen?«

Thaddäus Haenke

GEBOREN: 5. Dezember 1761 in Kreibitz (Chřibská),
Böhmen
GESTORBEN: 4. November 1816 in Cochabamba,
Bolivien

*Als »Naturaliste-Botánico de Su
Magestad« Mitglied des wissenschaftlichen
Stabs der Malaspina-Expedition:
Thaddäus Haenke. 1793 trennte sich
Haenke in Callao von Malaspina und
erforschte in den folgenden Jahrzehnten
die Flussgebiete Ostboliviens.*

Der österreichische Humboldt

So groß der Anteil der Jesuitenmissionare an der Erforschung der
Welt in den vergangenen Jahrhunderten war, auch weltliche Forscher aus Österreich haben Großes geleistet. Einer der bedeutendsten war Thaddäus Haenke, ein Weltreisender, Naturforscher
und Geograph. Seine immensen Verdienste um die Erforschung
Südamerikas sichern ihm einen Platz neben Alexander von Humboldt.

Haenke stammte aus Böhmen, wurde bei den Jesuiten in Prag
erzogen und erhielt auf Grund seiner musikalischen Begabung ein
Stipendium als Sängerknabe. Nach der Mittelschule blieb er zwar
als Musiker im Chor des Kreuzherrenordens in Prag, in den Jesuitenorden aber trat er nicht ein. Bald begannen ihn neben der
Musik auch die Naturwissenschaften zu interessieren. Er studierte
in Prag Botanik, Physik, Mathematik und Astronomie und wurde
1782 Magister. Damit aber gab er sich noch nicht zufrieden.
Haenke arbeitete als Hauslehrer und verdiente sich so das Geld für
weitere Studien in Medizin und Chemie.

Im September 1786 reiste Haenke zu Fuß nach Wien. Er lernte
Nikolaus Joseph Freiherr von Jacquin kennen, den berühmten
Naturwissenschaftler, der bei Hof verkehrte und der von seinen
Reisen in die Karibik, nach Venezuela und Kolumbien wertvolle
botanische, zoologische und völkerkundliche Sammlungsobjekte
mitgebracht hatte. Jacquin war es, der Haenke zu botanischen
Streifzügen in Böhmen ermunterte und auf dessen Fürsprache hin
der begabte Mann in den wissenschaftlichen Stab der vom spanischen König Karl IV. entsandten Pazifikexpedition unter der Führung von Alejandro Malaspina aufgenommen wurde.

Das allerdings war ein Unternehmen mit Hindernissen. Denn als
Haenke am 31. Juli 1789 im Hafen von Cádiz eintraf, musste er
erfahren, dass Malaspinas Schiffe, die »Descubierta« und die
»Atrevida«, wenige Stunden vor seiner Ankunft abgesegelt waren.
Er hatte sie verpasst.

Haenke segelte der Expedition zwei Wochen später nach, erreichte Ende November den Río de la Plata und erlitt wenig später vor Montevideo Schiffbruch. Er verlor dabei zwar den größten Teil seiner Ausrüstung, unternahm aber trotzdem zu Fuß botanische Expeditionen in die Umgebung von Montevideo, am Rio Paraná und um Buenos Aires. Ende Februar 1790 brach Haenke an die Westküste Südamerikas auf, um Malaspina einzuholen. Am 2. April erreichte er Santiago, traf endlich auf Malaspina und segelte nun mit ihm nordwärts: nach Callao, Guayaquil, Panama, Acapulco, später nach Alaska, zurück nach Kalifornien und dann über die Marianen zu den Philippinen. Im März 1792 traf die Expedition in Manila ein, von dort ging die Reise nach Neuseeland weiter, dann über die Tongainseln zurück nach Callao. Dort verließ Haenke Malaspina, um mit einer Maultierkarawane den Landweg durch Peru, Bolivien und Argentinien zu nehmen, wo er wieder auf Malaspina treffen wollte. Auf dieser Reise nahm Haenke den Titicacasee topographisch auf, besuchte das Gebiet der Chunchosindianer, überquerte die Kordilleren, forschte in der Provinz Mojos – und gab sein Vorhaben auf, mit Malaspina nach Europa zurückzukehren, unter anderem wegen der napoleonischen Kriegswirren auf dem heimatlichen Kontinent.

Oben: Alejandro Malaspina (1754–1810) unternahm im Auftrag des spanischen Königs Karl IV. 1789 eine Weltumseglung. Thaddäus Haenke sollte im wissenschaftlichen Stab mitfahren. Von Wien kommend reiste er 1789 durch das revolutionäre Frankreich – und verpasste Malaspinas Schiffe in Cádiz um knappe zwei Stunden. Haenke segelte auf eigene Faust nach Argentinien, erlitt in der La-Plata-Mündung Schiffbruch und überquerte die Anden, um in Santiago am 2. April 1790 doch noch glücklich auf die Malaspina-Expedition zu stoßen.

Links: Malaspinas Schiff »Atrevida« im Hafen von Guayaquil, Museo Naval, Madrid.

1796 ließ sich Haenke in Cochabamba nieder. Auch von seinem neuen Wohnort aus unternahm er zahlreiche Expeditionen. Seine Arbeiten trugen ihm den Ruf des eifrigsten Südamerikaforschers ein. Er gilt als der erste Europäer, der die heutigen Staaten Bolivien, Peru, Chile und Argentinien durchquert und dort umfangreiche wissenschaftliche Forschungen durchgeführt hat. Darüber hinaus beeindrucken die Vielseitigkeit und die außergewöhnliche Energie dieses Mannes. Er führte als Mediziner Pockenimpfungen durch, fand als Chemiker Methoden zur Reinigung und Umwandlung von Kalisalpeter, legte als Botaniker umfangreiche Herbarien an und entdeckte mehrere Pflanzen. Schließlich betätigte er sich auch als Pharmazeut, Zoologe, Mineraloge, Bergmann, Astronom und Kartograph – ein österreichisches Universalgenie!

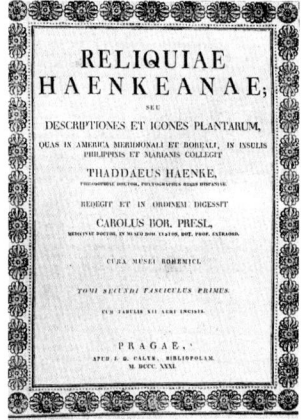

Oben: Titelblatt der »Reliquiae Haenkeanae«, erschienen 1830 in Prag. Mit diesem Buch veröffentlichte Haenke die Ergebnisse seiner in Amerika, auf den Philippinen und Marianen geleisteten Forschungsarbeit auf dem Gebiet der Botanik.

Rechts: Ein Mojos-Tänzer mit Rasseln und Panpfeife, 1791. Illustration in Franz Xaver Eders »Descriptio provinciae Moxitarum«.

Reche Seite: Die Schiffe der Malaspina-Expedition ankern vor Guam. Museo Naval, Madrid.

Reise im Inneren von Brasilien

*Ein leidenschaftlicher Pflanzensammler:
Johann Baptist Emanuel Pohl.*

Für Johann Baptist Emanuel Pohl stellte das Schicksal die Weichen, als er wenig mehr als acht Jahre alt war. Er kam in die Obhut seines Onkels nach Pölitz, und dieser steckte ihn mit seiner – rein amateurhaften – Leidenschaft für das Sammeln und Bestimmen von Pflanzen an. Das Ergebnis war, dass sich der Heranwachsende während seiner ganzen Schulzeit in das Studium der Pflanzen vertiefte, es war für ihn nahezu eine Herzensangelegenheit. Später dann, als Student in Prag, begann er Exkursionen zu unternehmen, legte ein Herbarium an und bemühte sich um die Herstellung von Pflanzenabdrücken. Die Ergebnisse seiner Forschungen veröffentlichte er in der *Regensburger Botanischen Zeitung*.

Pohls Eifer und sein bald offenkundiges Wissen blieben nicht unbemerkt, sie sprachen sich in höchste Kreise durch. Schließlich vertraute ihm Fürstin Kinsky die Aufsicht über ihre Bücher- und Naturaliensammlung an, das gab ihm die materielle Sicherheit, um in Prag studieren zu können. Er schloss 1808 sein Medizinstudium erfolgreich ab und supplierte danach den Lehrstuhl für Botanik an der medizinischen Fakultät der Prager Universität. Schon zu diesem Zeitpunkt trug er sich mit dem Gedanken, große botanische Werke zu verfassen. Realisieren ließen sich aber weder *Flora Pragensis* noch *Flora ruralis*, dazu reichten seine finanziellen Mittel nicht aus. Überdies hatte er in den politisch stürmischen Zeiten als Aushilfsarzt in einem Militärspital mehr Zeit bei der Verarztung Verwundeter zuzubringen als bei wissenschaftlicher Arbeit. Bis zum Jahr 1816 brachte er dennoch einige wissenschaftliche Schriften heraus, vorwiegend zur Mineralogie und Zoologie Böhmens.

Das Jahr 1817 brachte für Pohl die ganz große Chance: Er wurde zur Teilnahme an der österreichischen Brasilien-Expedition auserwählt. Dies war die größte und aufwendigste Forschungsreise, die jemals von Österreich geplant und finanziert wurde. Ihren Hintergrund bildeten zum einen die Übersee-Euphorie des beginnenden 19. Jahrhunderts, die große Naturwissenschaftler wie Alexander von Humboldt ihre Reise- und Forschertätigkeit entfalten ließ und auch wirtschaftliche Interessen weckte, und zum anderen die politische Konstellation. Die Vormachtstellung Napoleons war in Europa zerschlagen, Brasilien war 1815 zum Königreich erhoben worden, es war mit Portugal in Personalunion verbunden. Nach dem Wiener Kongress war Portugal in das Metternich'sche Bündnissystem einbezogen worden und war daran interessiert, seine Beziehungen zum Hause Habsburg zu festigen. Der über die Jahrhunderte praktizierte und bewährte Wahlspruch *Tu felix Austria, nube* kam wieder einmal zum Tragen: Erzherzogin Leopoldine von Österreich, die Tochter von Kaiser Franz I. (II.), wurde mit dem portugiesischen Thronerben Dom Pedro verheiratet.

Die Trauung fand am 13. Mai 1817 in der Wiener Augustinerkirche statt. Das Ja-Wort sprach nicht Dom Pedro selbst, sondern *per procurationem* Erzherzog Karl, der Onkel der Braut. Und diese Hochzeit nahm der Kaiser zum Anlass, die Expedition nach Brasilien auszurüsten.

Aufbruch zur aufwendigsten Forschungsreise, die je von Österreich finanziert wurde: die Fregatten „Austria" und „Augusta" im Hafen von Triest am 9. April 1817. Kolorierter Stich von Giovanni Passi.

Die Oberleitung des Groß-Unternehmens hatte Staatskanzler Fürst Metternich. Angesichts des zu erwartenden Prestigegewinns und der möglicherweise auch zu erzielenden kolonialen Vorteile limitierte er weder die Kosten noch die Dauer. Als wissenschaftlicher Leiter fungierte Karl Franz Anton von Schreibers, der Leiter des »Naturaliencabinets« und spätere Begründer des Naturhistorischen Museums. Nomineller Leiter wurde nicht, wie von diesem erhofft und von vielen bevorzugt, Johann Natterer, sondern Johann Christian Mikan, Professor für Naturgeschichte an der Universität Prag. Damit waren Spannungen von Anfang an programmiert.

Der wissenschaftliche Stab der Expedition bestand aus 14 Gelehrten, Forschern, Ärzten und Malern, zu den Wissenschaftlern zählten neben Dr. Pohl der Botaniker Heinrich Wilhelm Schott und der Präparator Ferdinand Dominik Sochor. Im April 1817 liefen von Triest aus die beiden Fregatten *Austria* und *Augusta* aus, die den ersten Teil der Expeditionsteilnehmer über den Atlantik bringen sollten. Die Überfuhr wurde zum Abenteuer. Die beiden Schiffe gerieten in Stürme und trafen schließlich verspätet, die *Austria* im Juni, die *Augusta* erst im November, in Brasilien ein.

Pohl reiste auf einem der beiden portugiesischen Schiffe, die Leopoldine, die spätere Kaiserin, nach Brasilien bringen sollten, auf der São Sebastião. Sie lief im August gemeinsam mit der Dom João aus Livorno aus. Allein die Tatsache, dass die beiden Schiffe mit rund 1300 Mann restlos überfrachtet waren und dass für die Verpflegung der Passagiere Kühe, Schweine, Schafe, 4000 Hühner und hunderte Enten mitgeführt wurden, machte auch diese Überfuhr zum reinsten Abenteuer. Anstelle der 60 Kanonen waren Kabinen für Leopoldines Hofdamen eingerichtet worden und rund 500 Vögel, darunter Papageien und Kanarienvögel, reisten zur Unterhaltung der Damen mit.

Anfang November trafen die beiden Schiffe in Rio de Janeiro ein. Am 6. November fand die offizielle Hochzeit statt, und damit begann Leopoldines beispielloses Ehemartyrium. Die kluge, gebildete und an Wissenschaften interessierte Österreicherin musste hinnehmen, dass ihr Gemahl ihr in aller Öffentlichkeit seine Geliebte vorzog, dass er sie erniedrigte und sogar schlug. Aus reiner Verzweiflung suchte sie gelegentlich Trost im Alkohol. Im Dezember 1826, zum achten Mal schwanger, misshandelte sie Dom Pedro im Palast von Boa Vista bei Rio so erbarmungslos, dass sie ihren Verletzungen wenig später erlag.

Als Pohl im November 1817 in Brasilien eintraf und somit alle Teilnehmer der Expedition vereint waren, wurden drei Gruppen gebildet, um das Land zu erforschen und eine intensive Sammeltätigkeit aufzunehmen. Schon Pohls erste Reise war alles andere als beschaulich und gemütlich. Sie führte ihn durch die Provinz Rio de Janeiro bis zur Küsteninsel Ilha Grande, durch tiefen Urwald, durch Sümpfe, in denen die Tragtiere bis zum Bauch einsanken, und über schmale, steile Pfade in Schwindel erregende Höhen. Pohl sammelte Reptilien, Fische, Insekten, Konchylien, Pflanzen, Samen und Mineralien. Schätze, die er im Juni 1818 auf der *Augusta* und der *Austria* via Triest nach Wien sandte.

Im September 1818 brach Pohl zu seiner großen Reise »in das Innere Brasiliens« auf. Sein Hauptinteresse galt mineralogischen Untersuchungen in den Provinzen Goiás und Minas Gerais. Daneben konnte der leidenschaftliche Pflanzensammler aber nicht anders, als zu botanisieren. Dabei hatte er einen ständigen Kampf gegen übermächtige Gegner zu führen. In dem schwülen und feuchten Klima Brasiliens gab es kaum Möglichkeiten, die Pflanzen zu trocknen, Schimmel und Moder vernichteten oft mühsam eroberte Raritäten, und was sie verschonten, suchten die Termiten zu vernichten. Um diese kleinen Plagegeister in Schach zu halten, entwickelten die Wissenschaftler gefinkelte Methoden. Sie bewahrten ihre Schätze frei hängend auf, bewachten sie Tag und Nacht, bestrichen die Beine der Tische, auf denen sie lagen, mit Teer oder stellten sie in Wasserbehälter. Oft half nicht einmal das. Die Termiten fraßen nicht nur die gesammelten Objekte, sondern gleich auch noch Kleider und Ausrüstungsgegenstände der Expeditionsteilnehmer.

Es sollte aber noch schlimmer kommen. Nach dem Besuch eines Indianerdorfes erkrankte Pohl schwer. Er litt unter Schwäche, Gliederschmerzen, Zittern in den Füßen und Übelkeit. Schließlich war er so entkräftet, dass er nicht einmal mehr ohne Hilfe vom Pferd steigen konnte. Seine Begleiter betteten ihn auf eine Ochsenhaut. Als sich sein Zustand tagelang nicht besserte, machte sich Verzweiflung und Ratlosigkeit breit. Wie sehr Pohl die Sammelleidenschaft verinnerlicht hatte, beweisen die Notizen, die er später über diese bangen Tage machte:

»... denn mein Zustand war wirklich höchst beunruhigend. Um ihn fast in das Unerträgliche zu steigern, so ward ich während der ganzen langen Zeit, als ich, meiner Erlösung harrend, hier unter meinem Palmendache lag, von Millionen Muskiten gequält. Fast jede Stunde erschien eine andere Art, und sie lösten sich fast regelmäßig ab. Trotz des qualvollen Zustandes, in dem ich mich befand, konnte ich den Wunsch nicht unterdrücken, eine Sammlung dieser Quälgeister machen zu können. Leider musste ich unter den gegenwärtigen Umständen natürlich jedem Wunsch dieser Art entsagen.« [1]

Ansicht von Cidade de Goiás, dem ehemaligen Vila-Boa. Radierung von Josef Axmann, Thomas Ender und Johann Emanuel Pohl, 1830.

Pohl überstand die schwere Krankheit. Kaum genesen, nahm er seine Arbeit wieder auf. Insgesamt forschte er 50 Monate im Inneren Brasiliens. Er kam mit Indianerstämmen in Kontakt, unter anderen mit Kraho, Apinajé, Botocuden und Kayapo. Ganz der Wissenschaftler seiner Zeit, hielt er sie zwar für kulturlose Wesen, allerdings dennoch für Menschen, denen die »richtige« Kultur beigebracht werden müsse. Wo er in Missionen auf sie traf, schilderte er ihre Lebenssituation als traurig. Er beobachtete, dass sie oft nicht genug zu essen hatten, dass sie die harte Arbeit auf den Pflanzungen schwer ertrugen, zu der sie gezwungen wurden, dass sie in den ärmlichen Siedlungen an Heimweh litten, ihre frühere Freiheit, das Fischen und Jagen vermissten und deshalb oft die Flucht ergriffen. Wenn Pohl in der Wildnis lebende Indianer beschrieb, dann oft in ähnlicher Manier, wie er auch eine neu aufgefundene Tier- oder Pflanzenart inventarisiert hätte. Über die Kayapo zum Beispiel vermerkte er:

Die Farbe dieser Indier ist röthlichbraun, ihre Haare sind schwarz, steif, dicht, bis an die Schultern herabhängend. An der Stirne sind dieselben nahe an den Augenliedern in gerader Linie abgeschnitten, oder besser zu sagen, mittels einer glühenden Kohle abgebrannt. Das Gesicht ist rund, breit, die Augen klein, die Nase breitgedrückt, die Lippen sind hoch aufgeworfen, der Mund gross, die Zähne weiss und schön ... die Füsse sind platt und breit, mit auswärts weit abstehenden Zehen, ein Umstand, wodurch man die Fussstapfen der Indier vor andern, besonders an den Ufern der Flüsse, im Sande unterscheiden kann ... sie sind sehr unreinlich und schmutzig, die Weiber sind ebenfalls sehr hässlich, und die tief herunterhängenden schlappen Brüste verunstalten sie noch mehr. [2]

Pohl kehrte im Februar 1821 nach Rio zurück. Im April schiffte er sich nach Europa ein. Mit 111 Kisten als Gepäck, alle prall gefüllt mit den Objekten seiner naturkundlichen Sammlung. Pohl hatte überdies zwei Indianer, Botocuden, einen 20-jährigen Mann und eine 21-jährige Frau, dazu bewogen, mit ihm nach Europa zu reisen. Das sorgte in Wien naturgemäß für größtes Aufsehen. Die Wiener kamen aus dem Staunen nicht heraus, als sie in der Beilage einer Zeitung das Bild der beiden »unmittelbar aus den Händen der Natur in die Mitte eines verfeinerten Volkes« gelangten Menschen sahen. Sie trugen zwar europäische Kleidung, »das Gepränge ihrer ursprünglichen Stammeigenthümlichkeit« aber war unübersehbar: Lippen- und Ohrenscheiben. Die beiden Botocuden sollten in den Gärtnereien von Schönbrunn arbeiten. Die Frau verstarb jedoch schon bald und der Mann wurde 1824 nach Brasilien zurückgebracht.

Da sich für die Sammlungen aus Brasilien, die immerhin 150.000 Objekte umfassten, in dem bereits Anfang 1821 restlos überfüllten »Naturaliencabinet« kein Platz mehr fand, wurden sie im Harrach'schen Stadtgebäude in der Johannesgasse untergebracht. In dem Gebäude standen sieben Räume für die Zoologie, drei für die Botanik, eines für die Mineralogie und zwei für die ethnographischen Objekte zur Verfügung. Zusätzlich wurden hier die 800 im Auftrag von Pohl von den Malern Ender und Sandler angefertigten Pflanzenbilder präsentiert. Dieses vom nunmehr zum Kustos bestellten Dr. Pohl geleitete »Brasilianum« entwickelte sich bald zu einer viel besuchten Wiener Attraktion. Es erlitt allerdings in den folgenden Jahren ein trauriges Schicksal: 1836, als der Mietvertrag für die Räumlichkeiten auslief, wurde es geschlossen. Die Sammlungen wurden dem »Naturaliencabinet« einverleibt, zahlreiche Objekte landeten, verpackt in Transportkisten, in Lagerräumen. Im Revolutionsjahr 1848 ging ein Großteil der Bestände zu Grunde. Und von den Gesteinen und Mineralien wurde viel in Laxenburg verbaut.

Seine wissenschaftlichen Erkenntnisse publizierte Pohl in zwei von Michael Sandler illustrierten Bänden, *Planetarum Brasiliae icones et descriptiones hactenus ineditae*. Seine Reiseerlebnisse veröffentlichte er in dem Buch *Reise im Inneren von Brasilien*, dessen zweiter, auf Notizen und Tagebucheintragungen basierender Band erst 1837, drei Jahre nach seinem Tod, erschien.

[1] J. E. Pohl: Reise im Inneren von Brasilien, Bd. 2, Wien 1837, S. 37, zitiert aus: Die Entdeckung der Welt – Die Welt der Entdeckungen, herausgegeben von Karl Seipel, KHM Wien 2002

[2] J. E. Pohl: Reise im Inneren von Brasilien, Bd. 2, Wien 1837, S. 402, zitiert aus: Die Entdeckung der Welt – Die Welt der Entdeckungen, herausgegeben von Karl Seipel, KHM Wien 2002

*Kämpfte in Brasilien mit schweren
Erkrankungen: Johann Natterer,
Assistent am »Naturaliencabinet«
in Wien.*

18 Jahre Sammeln in Brasilien

Das Präparieren von Tieren, das Anlegen von Sammlungen und
das Erforschen der Natur, all diese Tätigkeiten waren Johann Baptist Natterer von frühester Jugend an vertraut. Er kam in Laxenburg als Sohn des Tierpräparators Joseph Natterer zur Welt, des
letzten berittenen Falkners in kaiserlichen Diensten. Dieser hatte
im Laufe der Jahre eine beachtliche Sammlung von Vögeln, Säu-
getieren und Insekten angelegt, und er verstand es, auch bei seinen
beiden Söhnen Johann und dem ein Jahr älteren Joseph diese Leidenschaft zu wecken.

Als Kaiser Franz I. (II.) die Falknerei in Laxenburg auflöste, kaufte
er die schon recht beachtliche Sammlung Josef Natterers an, ließ
sie 1794 nach Wien bringen und als »Tiercabinet« mit dem »k. k.
physikalisch-astronomischen« und dem »Kunstcabinet« zusam-
menlegen. Diese Sammlung, das »Naturaliencabinet«, wurde der
Öffentlichkeit zugänglich gemacht. Zu ihrem Leiter wurde 1806
Karl Anton von Schreibers bestellt. Mit ihm stieg auch der Einfluss der Familie Natterer in dieser Institution. Josef Natterer
senior wurde noch im selben Jahr zum ersten Aufseher ernannt,
sein Sohn Josef wurde vorerst mit der Betreuung der Vogel- und
Säugetiersammlung betraut.

Auch Johann Natterer, der mittlerweile das Gymnasium abgeschlossen, an der Universität naturwissenschaftliche Vorlesungen
gehört und ein umfangreiches Wissen in Zoologie, Mineralogie
und Botanik erworben hatte, übernahm Aufgaben. Nachdem er
bereits gemeinsam mit seinem Vater das Gebiet um den Neusiedler See bis zum Banat erforscht hatte, unternahm er im Auftrag
Schreibers eine Reise zum Neusiedler See und zum Plattensee,
um Sumpf- und Wasservögel für die kaiserliche Sammlung zu
beschaffen. Es folgten Sammelreisen nach Ungarn, Kroatien, in
die Steiermark, nach Mähren und an das adriatische Küstenland.
1808 nahm er in Triest eine Sammlung aus Ägypten in Empfang
und sammelte bei dieser Gelegenheit auch gleich fleißig Fische
und Würmer. Grund genug, dass er feierlich belobigt und offiziell

zum freiwilligen Mitarbeiter der Sammlung ernannt wurde. Auch das folgende Jahr arbeitete er noch als unbezahlter Praktikant für Gottes Lohn, bis ihm dann endlich, 1809, eine Bezahlung von 300 Gulden jährlich gewährt wurde.

Während sein Bruder Josef bereits ab 1810 Kustos des »Wiener Naturaliencabinets« war und sich als Ornithologe einen Namen machte, stieg Johann die Karriereleiter langsam, Schritt für Schritt, nach oben. 1810 fiel ihm die schwierige Aufgabe zu, die Bestände der Sammlung vor den Truppen Napoleons nach Temesvár in Sicherheit zu bringen. Von dort aus unternahm er gemeinsam mit dem Jäger Dominik Sochor eine Forschungsreise an die Grenzen der Türkei. Und weil er seine Aufgabe bei der Evakuierung so gut gemacht hatte, ernannte ihn Schreibers zum k. k. Rat. 1814 verdiente er sich noch bei der Überführung einer Sammlung aus Tripolis Lorbeeren und zwei Jahre später bei der Rückführung verschleppter Objekte aus Frankreich. Das trug ihm eine weitere Beförderung ein, ab nun war er Assistent am »Naturaliencabinet«. Als die Vorbereitungen für die Österreichische Brasilien-Expedition anliefen, wies alles darauf hin, dass mit der wissenschaftlichen Leitung vor Ort Johann Natterer betraut werden würde. Sowohl Schreibers als auch Metternich höchstpersönlich hatten sich für den tüchtigen, mittlerweile auch im Ausland erfahrenen und sachkundigen jungen Wissenschaftler ausgesprochen. Dann kam jedoch alles ganz anders. Auf Antrag des Staatsrates und Leibarztes von Stifft wurde der Botaniker Johann Christian Mikan aus Prag mit dieser verantwortungsvollen Aufgabe betraut. Damit war das Klima von allem Anfang an vergiftet.

Auch der Beginn der Brasilien-Reise verlief alles andere als reibungslos. Die beiden Fregatten *Austria* und *Augusta*, auf denen sich der eine Teil des wissenschaftlichen Stabes eingeschifft hatte, liefen zwar pünktlich am 9. April 1817 aus Triest aus. Schon zwei Tage später gerieten sie aber in einen heftigen Sturm, wurden schwer beschädigt und mussten in unterschiedliche Häfen gebracht werden. Die *Augusta*, auf der sich Natterer befand, wurde, aller Masten beraubt, nach Chioggia geschleppt. Während die *Austria* ihre Fahrt relativ bald fortsetzen konnte und bereits am 14. Juni in Rio de Janeiro eintraf, musste Natterer in Gibraltar auf die beiden portugiesischen Schiffe warten, die Leopoldine, die spätere Kaiserin, nach Brasilien brachten. Ihnen folgte die Fregatte *Augusta*, und alle zusammen erreichten am 4. November Rio de Janeiro.

Natterers erklärtes Ziel war es, wie er es selbst formulierte, »Entdeckungen, Beobachtungen und Sammlungen im zoologischen Abschnitt des Naturreiches zu machen ... und durch Aufsuchung und Einsammlung der mannigfaltigen Naturprodukte die Wissenschaft und die sie betreffenden öffentlichen Anstalten der Monarchie zu bereichern ...«[1]

Zu diesem Zweck kaufte er zwei Sklaven – gegen Sklavenhaltung hatte er nicht das Geringste einzuwenden –, engagierte Diener und beschaffte Tragtiere für sein umfangreiches Gepäck. Allein für die drei Windbüchsenpumpmaschinen, die es ihm ermöglichten, so gut wie lautlos mehrere Schüsse hintereinander auf Vögel abzugeben, waren jeweils zwei Tragtiere nötig. So setzte sich eine richtige kleine Expeditions-Karawane in Gang. Das war der Beginn einer 18 Jahre dauernden unermüdlichen Sammeltätigkeit für das »Wiener Naturaliencabinet«. Natterer sammelte, klassifizierte, inventarisierte. So sehr ihn die Naturwelt Brasiliens in ihrer ganzen Vielfalt faszinierte, so wenig positiv betrachtete er jedoch ihre Bewohner. Er teilte die »Indier«, in »wilde« und, sofern sie versuchten, sich der brasilianischen Gesellschaftsordnung anzupassen, in »zivilisierte« oder »zahme« ein. Immer wieder erwähnte er ihre Faulheit und Ungeschicktheit, ließ erkennen, dass er ihre Nacktheit als Mangel an Zivilisation betrachtete, und kommentierte die Gewalt völlig indifferent, mit der sie von der europäischen Zivilisation überrollt wurden, schließlich galt es sie zu erziehen.

Nach kleineren Exkursionen in die Umgebung von Rio brach Natterer im Februar 1818 zu seiner ersten großen Erkundungsfahrt auf. Gemeinsam mit Dominik Sochor reiste er auf dem Wasserweg nach Septiba und Santa Cruz, dann weiter zur Insel Marambaia und in das Tal der Serra de San João. Das nächste Ziel, Mato Grosso, rückte vorerst in unerreichbare Ferne, die portugiesische Regierung erteilte auf Grund unerfreulicher Vorkommnisse mit französischen Reisenden keine Reise-Genehmigung. In die Provinz São Paulo und nach Goiás und Minas Gerais hingegen durfte er reisen.

Im November 1818, endlich genesen von schwerer Krankheit, brach er zur nächsten großen Reise auf. Nach insgesamt 25 Stationen erreichte er im Jänner 1819 die Stadt São Paulo und unternahm in den folgenden Wochen Exkursionen in die Umgebung, zu Eisensteinbrüchen und Goldwäschereien. In den folgenden Monaten hatte er immer wieder mit ungünstigen Wetterverhältnissen und Einschränkungen der Behörden zu kämpfen. Er musste seine Routen mehrmals abändern und entschloss sich schließlich dazu, den Süden der Provinz zu bereisen.

Auf dem Weg nach Rio Grande do Sul erreichte ihn im Oktober 1820 in Curitiba eine Botschaft, die alles verändern sollte. Er erhielt Befehl, sofort nach Rio de Janeiro zurückzukehren, um mit

Baron Stürmer, dem österreichischen Geschäftsträger in Rio, die Reise nach Mato Grosso zu planen. Natterer ließ Sochor und das gesamte Gepäck in Ipanema zurück und reiste nach Rio. Dort angekommen, wurden alle Vorbereitungen für die Reise getroffen, an der auch Schott und der Maler Frick teilnehmen sollten. Sogar die Pässe lagen bereit. Dann, plötzlich und unerwartet, kam aber alles ganz anders. Im Land waren Unruhen aufgeflammt, König Johann VI. hatte Brasilien verlassen und die gesamte Expedition wurde aufgelöst. Baron Stürmer und Schott schifften sich nach Europa ein, Natterer erhielt Befehl, Sochor und seine gesamten Effekten in Ipanema abzuholen und ebenfalls nach Europa abzureisen.

Natterer dachte nicht daran, diesem Befehl zu gehorchen. Er teilte Direktor Schreibers in Wien seinen Entschluss mit, die Reise nach Mato Grosso allein zu unternehmen, bat ihn, dafür die kaiserliche Genehmigung einzuholen, borgte sich von Oberstleutnant Feldner, einem Freund der Wissenschaft, einen Geldbetrag aus, der seine Reisekosten fürs Erste abdeckte, und machte sich auf den Weg zurück nach Ipanema.

Im Sommer 1822 kamen schließlich die Genehmigung für die Fortsetzung der Reise und eine Geldanweisung. Die Abreise verzögerte sich aber, da die Geldsumme nicht flüssig gemacht werden konnte. Natterer war gezwungen, an Geldes statt 110 »wilde Maultiere« anzunehmen, und die kleinen Biester mussten erst gezähmt und zugeritten werden, ehe sie zu verkaufen waren. Im Herbst 1822 endlich konnte er mit Sochor zu seiner langen Reise nach Goiás aufbrechen, das er im August 1823 erreichte. Im Dezember 1823 schließlich langten sie an ihrem eigentlichen Ziel an, in der Stadt Cuiabá. Hier endete die lange Reise vorerst. Natterer erkrankte an einer schweren Leberentzündung. Bis sie ausgeheilt war, vergingen lange Monate. Die Forscher blieben bis zum August 1825 in Cuiabá. Auf das Sammeln

von Vögeln und Insekten verzichteten sie aber auch in dieser Zeit nicht.

Das nächste Ziel war Mato Grosso, das sie im Oktober 1826 erreichten. Hier traf die österreichischen Wissenschaftler ein schwerer Schlag: Sochor erkrankte nach einer Exkursion zu einer Zuckermühle und einer Goldwäscherei in São Vicente schwer an »hitzigem Fieber«. Am 12. Dezember verlor er den Kampf gegen die Krankheit und starb. Auch Natterers Gesundheit war schwer angeschlagen. Er erkrankte in dem feuchten, ungesunden Klima an »nervösem Fieber« und war zweimal dem Tod nah. Es dauerte bis zum August 1827, dass er nach Cuiabá zurückreisen konnte, um dort seine Sammlungen und Effekten abzuholen und seine weiteren Reisen zu planen.

Anfang 1828 traf Natterer in Mato Grosso ein. Zu seiner größten Enttäuschung musste er feststellen, dass für seine weitere Reise zum Rio Negro keinerlei Vorbereitungen getroffen worden waren und man ihn aus Geldmangel lediglich hingehalten hatte. Mit Hilfe von Freunden gelang es ihm dennoch, sich einer Expedition anzuschließen, und er gelangte nach beschwerlichen Wochen im November 1829 nach Borba am Rio Madeira. Wieder erkrankte er, wurde die gesamte Regenzeit hindurch von »kaltem Fieber« geschüttelt und konnte im August 1830 endlich nach Barro do Rio Negro, dem heutigen Manaus, weiterreisen. Dort traf er Anstalten zur Fahrt den Rio Negro aufwärts. Im Februar 1831 erreichte er Marabitanas, die nördlichste Grenze von Brasilien.

Einblick in den Alltag der Forscher geben die Bruchstücke aus Natterers Reisetagebuch, die 1883 von der zoologisch-botanischen Gesellschaft in Wien herausgegeben wurden. Für den 26. Juni 1831 notierte Natterer:

Nach dem Frühstück unter Regen von der Cachoira do Tunuhy abgefahren, gegen Mittag erreichten wir die zwei Hütten, wo wir auf der Hinreise übernachteten, ich hatte dort Farinha bestellt und erhandelte eine

Angelschnur und ein Matiri (kleine Netztasche); nach etwa zwei Stunden passierten wir die Cachoeira Tajaçu, später blieb das hohe Gebirge des Tunuhy im Westen, es ist nicht zackig, sondern lang und abgeflacht. Um 4 Uhr in einer Malloca angelangt, wo beim Abladen ein kleines Tau riss und die Barke auf einige Stöcke trieb, die aber brachen. Diese Povoaçao besteht aus sechs Häusern, der Principal heißt Joao und war abwesend. Diese Leute wohnten früher an der Cachoeira do Tunuhy, die sie vor fünf Jahren verließen, weil dort der Höhe wegen das Wasserholen sehr beschwerlich war. Ein alter Indier, Jao Valenti, liess gleich einen Weg nach dem Canot durch das hohe Gras hauen durch drei Indier, wovon nur zwei Röcke anhatten, der dritte trug blos ein Stück Baumbast am Leibe. Als der Weg fertig war, beschenkte ich die Indierinnen mit Glaskorallen und Ringen und besuchte den Alten, der, wie fast alle übrigen Indier, die lingua geral sprach. Sein Haus war geräumig, im Hintergrunde sassen die Weiber um einen Ofen, wo sie Farinha dörrten. Ich beschenkte die Hausfrau mit einer Scheere und den Mann mit Fischangeln und tauschte ein Blasrohr und Farinha ein; er hatte einen ungeheuer großen Trog, aus einem Baumstamme gefertigt, im Hause, in welchem die Mandiokmasse oder Beschus, in Wasser eingeweicht, eine Woche lang gährt, welches dann Caschiri heisst und ein berauschendes Getränk ist. Die Beschus (Bejus), die sehr gross sind, werden zuerst im Wasser angefeuchtet und auf Bananenblättern auf dem Boden ausgebreitet und mit selben gedeckt, wo sie acht Tage lang bleiben, bis sie süss werden, dann kommen sie acht Tage in den Trog. Nachts wurde ein Tanz veranstaltet; es waren vier Indier, ein jeder mit einem langen Blasinstrumente, Buzin, brüllend, auf und nieder tanzend und mit dem Kopfe auf und nieder nickend und das Horn nach unten haltend; es gesellten sich auch drei Indierinnen dazu, die immer zwischen zwei Männern an ihren Armen sich anhielten. Ich bewirthete alle mit Branntwein. Die Weiber waren alle mit Baumwolltüchern und blauen Röcken, die aber sehr schmutzig waren, bekleidet, doch alle ohne Hemd; der alte Principal war auch zugegen. Der Tanz war im Hause einer gewissen Violante, die etwas civilisirt war und ein Hemd anhatte; für mich zum Sitze hatte sie eine Hängematte aufgehängt. Ich beschenkte sie mit einem Schnupftuche, welches ihr so wohl gefiel, dass sie es mir abkaufen wollte, worüber sie eine grosse Freude hatte. Etwas um Mitternacht ging ich auf das Schiff zurück; zwei von den Tänzern hatten eine Schnur, an welcher grosse halbe Kerne eines Cipos befestigt waren, um den Knöchel des einen Fusses gebunden, was ein starkes Geklapper während des Tanzes verursachte ... [2]

Aus Wien war mittlerweile eine Weisung an Natterer ergangen, er solle so rasch wie möglich nach Europa zurückkehren, mit finanziellen Zuwendungen könne er nicht mehr rechnen. Ob der Forscher, der mittlerweile nicht nur mit den Launen des Wetters zu kämpfen hatte, sondern immer mehr auch in politische Unruhen, Aufstände und Gefechte verwickelt wurde, diese Nachricht je erhalten hat, ist fraglich. An Rückkehr jedenfalls dachte er vorerst noch nicht. Er befuhr die Flüsse Xié, Icana und Uaupés, erwarb von den dort lebenden Stämmen Waffen und Federschmuck und kehrte im Oktober 1832, nachdem die Rebellen vertrieben und die Unruhen abgeebbt waren, nach Barra zurück. Dort erreichte ihn ein mit August des Vorjahres datiertes Schreiben des Barons von Daiser: der nachdrückliche Befehl zur Rückkehr nach Europa.

So sehr Natterer gewillt war, diesem Befehl nachzukommen, so ungünstig war der Zeitpunkt für die Rückreise. Den Weg nach Santarem machten Horden von Rebellen unpassierbar, Plünderungen und Morde waren an der Tagesordnung, das Land war in Aufruhr, in Para, dem heutigen Belém, waren 200 Portugiesen grausam ermordet worden. Erst als sich die Lage im Mai 1834 beruhigt hatte und Natterer auch von einer langen Krankheit wieder genesen war, trat er seine Rückreise an. Er langte Ende September in Pará ein – und geriet abermals in höchst turbulente Geschehnisse. Der Präsident und Militär-Kommandant war ermordet worden, Rebellen hatten die Stadt besetzt und lieferten sich untereinander blutige

Gefechte. Natterer gelang in letzter Sekunde die Flucht auf ein englisches Kriegsschiff, sein Haus aber wurde geplündert, die Vorräte von den Rebellen gestohlen und große Teile seiner Sammlungen zerstört. Nur der Hilfe des Kommandanten des Kriegsschiffes war es zu verdanken, dass zumindest ein Teil seiner Sammlungen verschont blieb und auf das Schiff gebracht werden konnte. Am 15. September 1835 endlich segelte Natterer aus Pará ab. Er reiste über London und traf im August 1836 in Wien ein. Die Sammlungen, die Natterer während seines 18-jährigen Aufenthaltes in Brasilien zusammengetragen hatte, waren immens: 1146 Säugetiere, 12.294 Vögel, 1678 Amphibien, 1621 Fische, 32.825 Insekten, dazu Samen, Holzmuster, Mineralien. Ein Großteil dieser Sammlungen fiel 1848 einem Brand zum Opfer. Erhalten sind hingegen rund 1800 Ethnografica von »wilden und zahmen Indiern«, sie zählen heute zu den kostbarsten Schätzen des Wiener Völkerkundemuseums.

Was in Wien überdies für großes Aufsehen sorgte, war seine brasilianische Frau Mario do Rego. Sie hatte ihm schon in Brasilien drei Töchter geboren. Sowohl Mario als auch die zwei jüngeren Töchter starben bald nach ihrer Ankunft in Wien. Auch Natterer selbst war keine lange Lebenszeit mehr vergönnt. Er starb 1843, viel zu früh, als dass er seine Sammlungen selbst bearbeiten und seine Reiseerlebnisse noch niederschreiben hätte können. Seine Aufzeichnungen und Notizen aber, die er in regelmäßigen Abständen an Schreibers geschickt hatte, nutzten Wissenschaftler aus aller Welt.

[1] Zitiert aus: Kurt Schmutzer: «… jene Begierde zu reisen und zu sammeln …» in: Die Entdeckung der Welt – Die Welt der Entdeckungen, herausgegeben von Karl Seipel, KHM Wien 2002, S. 209

[2] Pelzeln, August von: Brasilianische Säugethier. Resultate von Johann Natterer's Reisen in den Jahren 1817–1835, Wien 1883; darin enthalten: Bruchstücke aus Natterers Reisetagebuch, S. 131

Auf Goldsuche in Brasilien

Gold spielte im Leben Johann Carl Hocheders immer eine glänzende Rolle. Als Sohn einer alten Bergmannsfamilie im Tiroler Zillertal geboren, war das Goldwaschen von frühester Jugend an Teil seines Lebens. Und es faszinierte ihn ebenso wie seinen Vater, Martin Hocheder, der sogar eigene Verfahren zur Aufbereitung und Förderung des Edelmetalls entwickelt hatte.

Schon mit 19 Jahren hatte sich Johann Carl ein so umfangreiches Wissen angeeignet, dass er bei der Hof- und Landesdirektion Innsbruck eine Prüfung im Baufach mit Bravour bestand. Er erhielt eine Stelle in Fügen, arbeitete dann in Hall in Tirol und erhielt schließlich ein Stipendium an der Bergakademie Schem-

Die Goldminen von Morro Velho, einer der Stationen Johann Carl Hocheders in Brasilien. Ansicht aus dem Jahre 1907.

Wertvolles Eisenerz: Siderit aus dem Minas Gerais.

nitz. Bis 1830 war er beim Hüttenwesen in Böckstein, Brixlegg, Sterzing und Fügen tätig. Dann schlug sein Lebensweg eine völlig neue, aufregende Richtung ein.

Eine englische Bergwerksgesellschaft bot Hocheder einen Fünfjahresvertrag zur Erforschung von Goldminen in Brasilien an. Der junge Tiroler bewies Mut und Unternehmungslust. Gemeinsam mit einem Schemnitzer Studienkollegen fuhr er von Fügen nach London, unterschrieb den Vertrag und schiffte sich im Juni 1830 von Falmouth aus nach Brasilien ein.

In Rio angelangt, ging es auf Pferden und Maultieren landeinwärts in die Provinz Minas Gerais. Hocheder begann in der Umgebung von Caeté, Roca grande und Gongo sogleich mit geologischen Untersuchungen. Und dann erfuhr er, dass auch sein Bruder Franz von der »General Mining Company« engagiert worden war und sich samt Familie in St. José aufhielt.

In Brasilien war schon zu jener Zeit nicht alles Gold, was glänzte. In Ouro Fino an der Grenze zur Provinz São entdeckte Hocheder, dass sein unmittelbarer Vorgesetzter Gesteinsproben Gold beigemischt hatte, um diese Mine dem Firmenstammsitz in London zu verkaufen. Aber bald änderte sich ohnehin vieles. Im Frühjahr 1832 wurde das englische Unternehmen aufgelöst, seine Besitzungen in Brasilien wurden verkauft. Hocheder reiste unverzüglich nach London, 83 lange Tage auf einer altersschwachen Brigg.

Bevor Hocheder die nächste Stufe seiner Karriereleiter, den Posten als »Chief Mining Manager« in Diensten der »Imperial Mining Association« in den berühmten Goldbergwerken von Gongosoco, erklomm, regelte er noch sein Privatleben. Er heiratete in Tirol Leokadia, die Tochter des Referenten der k. k. Berg- und Salinendirektion. Sie trat mit ihm und einer Magd am 4. Dezember 1832 die Reise nach Brasilien an. Anfang Mai brach die kleine Reisegesellschaft von Rio auf, von nun an ging es zu Pferd drei Wochen lang durch Urwälder und über die steilen Gebirgspfade der Serra da Mantiqueira zum Rio das Elvas, nach St. José zu Hocheders Bruder und dann weiter über die Serra do Plamital nach Gongosoco. Von nun an forschte Hocheder unermüdlich. Zuerst in Gongosoco selbst, wo im Dezember seine erste Tochter geboren wurde, dann in Morro Velho und schließlich im Diamantendistrikt, den später Virgil von Helmreichen erforschen sollte, für dessen Förderung sich Hocheder einsetzte.

Im Mai 1835 machte sich die Familie Hocheder auf den Rückweg nach Europa. Drei Tag nach Weihnachten traf sie in Hall in Tirol ein – höchste Zeit, denn schon zwei Wochen später kam dort die zweite Tochter zur Welt.

Viel Zeit zur Erholung war der Familie nicht gegönnt. Schon im Mai 1836 machte sich Hocheder, nunmehr als Superintendent der »Minas Geraes Mining Company«, von Tirol nach Brasilien auf den Weg. Gemeinsam mit seiner Frau, der älteren Tochter, einer Magd und Virgil von Helmreichen traf er Ende August 1836 nach einer 103 Tage dauernden Reise in Morro das Almas bei Gongosoco ein. Diesmal blieb die bald um eine weitere Tochter und einen Sohn vergrößerte Familie vier Jahre. Zeit genug für Hocheder, eine umfangreiche Sammlung von Gesteinsproben und Mineralien anzulegen.

Im Juli 1840 ging es endgültig zurück nach Europa. Die gesamte Familie schiffte sich samt umfangreichem Gepäck in Rio nach London ein und erreichte ihr Ziel glücklich und wohlbehalten. Die Überfahrt nach Le Havre erschwerte allerdings ein heftiger Sturm, und in den Turbulenzen wurde eine Kiste mit wertvollen goldhaltigen Erzen gestohlen.

Hocheder erhielt nach seiner Rückkehr noch das Angebot eines englischen Unternehmens, als Generaldirektor der Bergwerke nach Indien zu gehen. Er lehnte aber ab. Stattdessen wurde er im November 1841 Honorar-Bergamts-Assessor und zwei Jahre später Ministerial-Sekretär im Ministerium für Landeskultur und Bergwesen. Hocheder starb 1864 in Wien. Seine Sammlung ist zum Teil im Naturhistorischen Museum Wien zu sehen.

Überrest aus alten Goldgräberzeiten: Der „Goldweg" (Caminho do Ouro) führte über 1400 Kilometer von der Küste ins Landesinnere.

Emanuel von Friedrichsthal

GEBOREN: 12. Jänner 1809 in Urschitz bei Brünn
GESTORBEN: 13. März 1842 in Wien

Maya-Forscher und
Pionier der Daguerreotypie

Emanuel von Friedrichsthal wuchs in wohlgeordneten Verhältnissen auf. Seine Familie verfügte dank ausgedehnter Güter in
Mähren über erhebliche finanzielle Mittel. Der Vater, wenige Jahre
nach seiner Geburt in den Ritterstand erhoben, legte großen Wert
auf seine Ausbildung am Wiener Theresianum. Und so schien
für ihn eine glänzende Karriere im zivilen Staatsdienst geradezu
vorgezeichnet. Wäre da nicht sein leidenschaftliches, von frühester Jugend an nahezu grenzenloses Interesse an naturwissenschaftlichen Dingen gewesen.

*Figur aus der Maya-Ruinenstadt
Mayapan auf Yucatán. Daguerreotypie
von Emanuel von Friedrichsthal.*

Nach Abschluss des Theresianums trat Emanuel von Friedrichs-thal vorerst tatsächlich in den österreichischen Staatsdienst ein. Nach wenigen Jahren Schreibtischarbeit aber verließ er die k. k. Kanzleien für immer. Fest dazu entschlossen, die zwar gesicherte, aber eintönige Beamtenlaufbahn gegen ein spannendes und der Wissenschaft dienendes Leben als Forscher und Reisender einzu-tauschen.

Seine erste Reise unternahm Emanuel von Friedrichsthal 1834–1835 nach Griechenland. Er durchquerte Korfu und den Pelo-ponnes und sammelte mit größter Umsicht und Genauigkeit. Seine botanische Kollektion übergab er später dem Wiener »Naturaliencabinet«. 1836 durchstreifte er gemeinsam mit dem Geologen Ami Boué Serbien und Mazedonien, bestieg den Berg Athos und reiste über Lemnos nach Istanbul. Bald musste er am eigenen Leib erfahren, mit welch großen Gefahren zu jener Zeit das Reisen verbunden war. Er erkrankte am Bosporus schwer, konnte 1837 aber dennoch nach Wien zurückkehren. Die wis-senschaftlichen Erkenntnisse dieser Reise veröffentlichte er unter dem Pseudonym »E. Thal«.

In Wien gönnte sich Friedrichsthal nur eine kurze Erholungs-pause. Dann machte er sich daran, die Reise seines Lebens zu pla-nen. Sie sollte ihn nach Amerika führen. Für die Finanzierung des

Die Pyramide des Kukulcán in Chichén Itzá in einer Darstellung des britischen Forschungsreisenden Frederick Catherwood, 1843. Erstmals beschrieben wurde die gewaltige Ruinenstadt jedoch von Emanuel von Friedrichsthal.

Unternehmens sorgte er selbst. Kanzler Metternich gewährte ihm lediglich einen Zuschuss von 3.000 Gulden. Als Gegenleistung dafür hatte der frisch ernannte »Attaché der k. k. österreichischen Gesandtschaft in den Vereinigten Staaten von Nord-Amerika« monatliche Berichte aus der Neuen Welt zu liefern.

Im Jahr 1837 reiste Friedrichsthal nach Irland, überquerte den Atlantik, machte Station auf den Antillen, führte umfangreiche botanische Sammlungen durch und reiste 1839 nach Mittelamerika weiter. Dort entfaltete er eine umfangreiche Forschertätigkeit. Er reiste in zu jener Zeit noch völlig unbekannte Gegenden von Nikaragua, Costa Rica und Panama. Und er war der Erste, der dort naturwissenschaftliche Studien trieb, Landkarten zeichnete und Sammlungen anlegte.

Rechte Seite: Eingang zur »Casa del Gobernador« (Gouverneurspalast) in der Mayastadt Uxmal. Lithografie von Frederick Catherwood.

Auch die Ergebnisse dieser Forschungsreise übergab Friedrichsthal dem Wiener »Naturaliencabinet«. Allein das Herbar, das heute noch im Naturhistorischen Museum gezeigt wird, umfasste 1500 Pflanzen. In Wien wurde alles mit großem Interesse aufgenommen. Eine Ausnahme bildete der 504 Kilo schwere und 186 cm hohe »Monolith«, eine indianische Stele aus Nikaragua. Das Oberstkämmereramt weigerte sich, die Transportkosten für das nicht bestellte und unerwünschte Ungetüm zu übernehmen. Erst drei Monate vor seinem Tod erhielt Friedrichsthal die 89 Gulden ersetzt, die er für den Transport des heute im Völkerkundemuseum gezeigten Stückes ausgelegt hatte.

1839 reiste Friedrichsthal nordwärts, über New Orleans und Washington nach New York. Kanzler Metternich in Wien durfte mit seinem »Attaché« zufrieden sein. Auch auf diesem Abschnitt seiner Reise lieferte er pünktlich Bericht um Bericht.

In New York traf Friedrichsthal mit einem Wissenschaftler zusammen, der seine weitere Arbeit einschneidend verändern sollte. Er lernte John William Draper kennen, einen Naturwissenschaftler und Historiker, der sich schon lange mit Untersuchungen zur Wirkung von Licht auf chemische Substanzen beschäftigte. Die immer wieder aufgetauchte Behauptung, er hätte schon zwei Jahre vor Daguerre Aufnahmen gemacht, lässt sich zwar nicht beweisen, fest steht jedoch, dass er der Erste war, der Porträts von lebenden Personen anfertigte.

Friedrichsthal war fasziniert von dieser neuen Technik. Als er sich 1840 von New York aus nach Belize einschiffte, hatte er in seinem Gepäck bereits die nötigen Ausrüstungsgegenstände, um Daguerreotypien anzufertigen.

Zurück in Mittelamerika, scheute der leidenschaftliche Forscher keine Strapazen. Von Bacalar an der Südostküste aus durchquerte er die mexikanische Halbinsel Yucatán Richtung Westen. Am

stärksten faszinierten ihn Ruinenstädte der Maya. Oft musste er die Ruinen von üppigen Dschungelpflanzen befreien, die im Lauf der Jahrhunderte die steinernen Zeugnisse der Maya-Kultur überwuchert hatten, bevor er seine archäologischen Untersuchungen durchführen konnte. Für diese Arbeiten Helfer zu finden, erwies sich oft und oft als riesiges Problem. In den abgelegenen, ohnehin dünn besiedelten Gegenden fanden sich kaum Einheimische, die bereit dazu waren, in den sumpfigen Gebieten zu arbeiten.

Wie Recht sie hatten, musste Friedrichsthal bald selbst erfahren, er begann unter heftigen Fieberschüben zu leiden. Seine Arbeit setzte er dennoch fort. Oft krank und geschwächt, ließ er sich dennoch nicht davon abhalten, in den von Malaria verseuchten Gebieten die Ruinen von Izamal und Uxmal zu vermessen und zeichnerisch festzuhalten. Und – er fertigte Daguerreotypien an. Friedrichsthal war der erste Europäer, der die Ruinenstadt Chichén Itzá beschrieb, heute eine der interessantesten Sehenswürdigkeiten Mexikos. Fasziniert von den Pyramidenbauten, Tempeln und Säulenhallen, arbeitete er wochenlang, immer wieder geschüttelt von heftigen Fieberanfällen. Umso härter traf es ihn, dass er später, im Süden von Yucatán, überfallen wurde. Die Räuber erbeuteten einen Großteil seiner unter so großen Mühen zusammengetragenen Sammlungen und Geräte. Krank, erschöpft und verzweifelt, musste er 60 Meilen zu Fuß nach Belize gehen. Dort gelang es ihm noch, die verbliebenen Ergebnisse seiner Forschungstätigkeit zu verpacken und in die Heimat zu verschiffen. Dann endlich konnte er die Heimreise antreten.

Schwer krank, vom Fieber geschwächt, hielt Friedrichsthal in London und Paris noch Vorträge, in denen er über seine Forschungen berichtete. Größtes Aufsehen erregte er dabei jedoch weniger durch seine Berichte, sondern durch die gezeigten Daguerreotypien.

Ende Oktober 1841 traf Friedrichsthal in Wien ein. Schwer krank begab er sich auf seine Güter in Mähren. Seine Hoffnung, in der Heimat zu genesen, erfüllte sich jedoch nicht. Er starb im März 1842. Lange nach seinem Tod trafen archäologische Objekte in Wien ein, die er aus Mittelamerika verschickt hatte. Seine Mutter ließ sie ausstellen, um sie zu veräußern. Viele der fragmentarischen Aufzeichnungen Friedrichsthals waren nicht zu entziffern und gingen verloren. Ebenso wie seine Daguerreotypien.

Martin Gusinde

GEBOREN: 29. Oktober 1886 in Breslau (Wrocław)
GESTORBEN: 10. Oktober 1969 in Mödling bei Wien

Bei den Feuerlandindianern

Dem Sohn eines Breslauer Fabrikanten schien ein bürgerliches Leben in Wohlstand bestimmt. Martin Gusinde aber interessierte sich nicht für Geschäfte. Schon in frühester Jugend setzte er sich in den Kopf, ferne Länder zu bereisen, fremde Völker zu erforschen und naturwissenschaftliche Studien zu betreiben. Also verließ er seine Heimat nach Abschluss des Gymnasiums und begann Philosophie und Naturwissenschaften zu studieren, anschließend

»Feuerlandindianer« vom Stamm der Selk'nam auf der Jagd. Ihre Lebengewohnheiten und ihre Kultur wurden von Martin Gusinde umfassend dokumentiert.

DIE HALAKWULUP

VOM LEBEN UND DENKEN
DER WASSERNOMADEN IN WEST-PATAGONIEN

VON
MARTIN GUSINDE

MIT 40 ABBILDUNGEN IM TEXT,
14 TIEFDRUCKTAFELN
UND 1 GEOGRAPHISCHEN KARTE

MÖDLING BEI WIEN
VERLAG ST. GABRIEL
1974

Titelseite von Martin Gusindes 1974 in Mödling posthum erschienenem Werk über die Halakwulup, die Wassernomaden in Westpatagonien. Seine Arbeit in der Tierra del Fuego, Feuerland, ist der Öffentlichkeit seit 1975 in einem hübschen kleinen Museum in Puerto Williams, Chile, zugänglich. Und zum Beweis dafür, dass Martin Gusinde in Chile unvergessen ist, trägt ein Hotel in Puerto Natales seinen Namen – es liegt gleich gegenüber vom Casino.

Theologie im Missionshaus St. Gabriel bei Mödling. St. Gabriel galt als »Hochschule des Missionswesens« und bereitete im Lauf der Zeit über 1.000 Missionare ethnologisch und sprachwissenschaftlich auf ihre Aufgabe vor.

Gusinde wurde Priester, unterrichtete zunächst in St. Gabriel und ging dann als Biologielehrer an das Deutsche Gymnasium in Santiago de Chile. Das war der geeignete Ort für ihn, um sich nach Herzenslust ethnologischen, archäologischen, botanischen und zoologischen Forschungen zu widmen. Ende 1916 wurde er als Professor an die Katholische Universität Santiago berufen. Im gleichen Jahr trat er als Abteilungsleiter des Museums für Anthropologie und Ethnologie in die Dienste des Staates Chile ein.

1916/1917 unternahm Gusinde seine erste Expedition. Vier Monate lang studierte er die Lebensweise der Araukaner, eines

Die Zwergvölker dieser Welt waren eines der Lieblingsthemen Gusindes. In seinen späten Lebensjahren forschte er bei den Pygmäen Afrikas und Neuguineas. Mit seiner ruhigen, freundlichen Art gewann er das Vertrauen der Menschen, lebte mit ihnen zusammen in ihren bescheidenen Verhältnissen und hatte so Gelegenheit, ihre Lebensgewohnheiten aus nächster Nähe zu studieren.

Indianervolkes, das erst in der zweiten Hälfte des 19. Jahrhunderts besiegt worden war. Ein Jahr später betraute ihn die chilenische Regierung mit der Erforschung der Feuerlandindianer. Zu diesem Zweck unternahm Gusinde bis 1924 vier große Expeditionen in die *Tierra del Fuego*, nach Feuerland, wo er insgesamt zweieinhalb Jahre verbrachte. Zwischendurch machte er auch noch mit einer chilenisch-argentinischen Expedition einen Abstecher ins damals noch völlig unerforschte Inlandeis des südlichen Patagonien.

1928 wurde der geistliche Forscher zum XXIII. Internationalen Amerikanisten-Kongress in New York eingeladen. Im Anschluss daran verbrachte er einige Monate bei den Pueblo-Indianern in Neu-Mexiko und Arizona.

In den folgenden Jahren wandte sich Gusinde anderen Erdteilen zu. 1934/1935 unternahm er eine besonders schwierige Expedition nach Afrika. 14 Monate lang studierte er am Ituri im östlichen Belgisch-Kongo die Pygmäen. Von dort ging er nach Zentralafrika, in den Sudan und nach Ägypten. 1949 wurde er als Professor an die Universität Washington berufen. In seinen späten Lebensjahren widmete er sich vor allem der Ergründung der menschlichen Zwergformen, forschte bei den Pygmäen in Neuguinea, bei den Buschmännern und Hottentotten.

Martin Gusinde publizierte seine Forschungsergebnisse in zahlreichen Büchern und Abhandlungen. Seine allgemein verständlich geschriebenen Werke wie *Urmenschen im Feuerland* oder *Urwaldmenschen am Ituri* fanden viele Leser.

Geister gebannt auf Zelluloid: Martin Gusinde fotografierte auf seinen Forschungsreisen viel. Der modernen Technik entzog sich nicht einmal der Yincihaua-Geist mit seiner Phallusmaske.

OCEANVS ATLANTICVS

Cum Privilegio

Golfo de las yeguas

Estrecho de Gibraltar

HISPANIA.

MARE

COR. SICA.

MEDITER

BARBARIA

Canariæ insulæ ol. Fortunatæ.

TROPICVS CANCRI

BILEDVLGERID.

LYBIÆ DESERTA incolis Sar dǔ ta

GVALATA

NIGRITARVM REGIO.

NVBIA

Insulæ Cap. Viridis, olim Gorgades siue Hesperides

TONBVTO.

GVBER

GAGO

MELLI

ZANFARA

Sola

C. Roxo

GVINEA

TEMIAN. DAVMA

BENIN.

BIAFAR

AMAZE.

MAR DEL NORT.

C. de Verga

MEDRA

AEQVINOCTIALIS CIRCVLVS.

S. Paulo

Santa Croce

S. Matheo

ysla de Nobon

DAMVT.

Y de Fernando de Loronj

La Ascencion

C. Primero

OCEANVS ÆTHIO

PICVS.

AFRICAM GRÆCI LIBYAM APP.

MANI CON GO

Deserta

ZANZI BAR hęc pars Africæ meridionalis quę veteribus incognita fuit, a Persis Arabibusq; scrip toribus vocatur.

BRESILIÆ PARS

AFRI= CAE TA= BVLA NOVA.

TROPICVS

Rio de la plata, id est argenteus fluvius

EDITA ANT: VERPIÆ 1570.

C. de Buona sperança.

350 340 350 360 10 20 30 40 50

Afrika

SLATIN PASCHA
RUSSEGGER
PALLME
WELWITSCH
MARNO
HOLUB
PAULITSCHKE
LENZ
HÖHNEL
BAUMANN
WICKENBURG
BIEBER
SCHEBESTA
BERNATZIK

Das Abenteuer Afrika.
Die weißen Flecken
auf der Landkarte des
Schwarzen Kontinents als
Herausforderung: Öster-
reicher haben sie ange-
nommen. Trotz unzähliger
Gefahren, trotz Hitze,
Fieber und Krankheit.
Der Sudan. Der Rudolf-
und der Stephaniesee.
Die Bodenschätze von
Nubien und Kordofan.
Die geheimnisvolle
Pflanzenwelt Angolas. Die
obere Nilregion und der
Giraffenfluss. Das Innere
des Sambesibogens.
Der Weg nach Timbuktu.
Der Gottkaiser der Kaffa.
Die Eingeborenen West-
afrikas. Harrar und die
Gallaländer. Österreichi-
sche Forscher trugen
wesentlich dazu bei,
Europa das fremde Afrika
näher zu bringen.

Slatin Pascha

GEBOREN: 7. Juni 1857 in Ober-St. Veit bei Wien
GESTORBEN: 4. Oktober 1932 in Wien

Feuer und Schwert im Sudan

Er war ein Frauenliebling und eine Persönlichkeit mit großen politischen und militärischen Fähigkeiten: Freiherr Rudolf Carl von Slatin aus Wien amtierte als ägyptischer Provinzgouverneur im Sudan, als religiöse Fanatiker das Land in blutige Unruhen stürzten. Sein Leben geriet ab diesem Zeitpunkt zu einem Abenteuer-

Rudolf von Slatin 1902 bei einem Besuch in Wien. Zu diesem Zeitpunkt war er bereits in den britischen Adelsstand erhoben und übte schon seit zwei Jahren das Amt des Generalinspektors im Sudan aus. Der Bruder Slatin Paschas war einige Jahre zuvor in der Heimat übrigens auch mit einer heiklen Mission betraut worden: Er war 1889 ein Mitglied der kaiserlichen Kommission zur Aufklärung des Todes von Kronprinz Rudolf und Marie Vetsera in Mayerling.

roman: Kämpfe mit den Derwischen, Monate in Ketten, über zehn Jahre in Gefangenschaft, eine spektakuläre Flucht und schließlich das hohe Amt des angloägyptischen Generalinspektors im Sudan.

Rudolf Slatin war kein guter Schüler. Der Sohn einer zum Christentum konvertierten jüdischen Kaufmannsfamilie, die Anfang des 19. Jahrhunderts von Böhmen nach Wien gezogen war, fiel seinen Lehrern weder durch geistige Brillanz noch durch Fleiß auf. Sein Notendurchschnitt lag im unteren Drittel, bei Geographie und Geschichte haperte es besonders. Wie sein Leben aussehen sollte, wusste der aufgeweckte Junge aber trotzdem recht bald: Abenteuerlich sollte es werden.

Vater Michael Slatin, von Beruf erst Seidenfärber, dann Obsthändler und schließlich Hausbesitzer, musste bald erkennen, dass eine akademische Ausbildung für seinen zweitältesten Sohn wohl kaum in Frage kam. Aber als Kaufmann, so hoffte er, würde er seinen Weg machen. Also schickte er ihn in die Handelsakademie am Wiener Karlsplatz. Dort bestand er 1873 die Abschlussprüfung, ein solides Fundament für ein bürgerliches Leben.

Doch als der Sekretär der Handelsakademie dem gerade 16-jährigen Rudolf von einem Buchhändler in Kairo berichtete, der einen jungen Mitarbeiter aus Österreich suchte, ergriff dieser die Gelegenheit. Er hatte gehört, dass man in Kairo als aufstrebender junger Mann recht rasch sein Glück machen konnte. Also reiste er allein nach Ägypten, trat seine Stelle an, verpflichtete sich, nach Dienstschluss die beiden Söhne des Buchhändlers zu unterrichten – und langweilte sich zu Tode.

Wenige Monate später hörte er, dass der deutsche Forscher Theodor von Heuglin eine Expedition in den Sudan unternehmen wollte. Er schloss sich Heuglin begeistert an und gelangte mit ihm bis Khartum. Dort platzte das Expeditionsprojekt.

Der junge, mittellose Slatin wurde aber von der europäischen Kolonie freudig aufgenommen. Bei der einen Familie aß er zu Mittag, bei der anderen zu Abend, und bei Geselligkeiten erwies er sich als besonders lustig und ausgelassen. Eine kurze Expedition unternahm er doch noch: Zusammen mit dem Freiburger Rosset reiste er im Herbst 1874 nach Süden, bis in die Nubaberge.

Als »Sudan« wurden damals die südlich an die Niloase anschließenden, hauptsächlich von Schwarzen und Arabern bewohnten Gebiete bezeichnet. Viel wusste man über diese Gegend in Europa nicht. Ein Engländer beschrieb sie daher vor allem als unzugängliche *terra incognita*: »Diese zweieinhalb Millionen Quadratkilometer Sand und Wüste sind ein riesiges, schwarzes Fragezeichen der Unfruchtbarkeit, der Steinwüsten, Steppen- und Sumpflandschaften. Ein Land ohne Eisenbahn und Straßen. Eine infernali-

Muhammad Ahmad Ibn Abd Allah (1844–1885) nach einer zeitgenössischen Darstellung. Er erklärte sich zum »Mahdi«, zu dem von den Sunniten seit dem 8. Jahrhundert erwarteten »Erlöser«, und sammelte die Anhänger des Derwischordens der Sammanja um sich. Ab 1881 führte er mit ihnen im Sudan den Mahdi-Aufstand gegen die ägyptische Regierung an. Die Mahdisten schlugen 1883 die ägyptische Armee, eroberten 1885 Khartum und konnten erst nach dem Tod des Mahdi 1899 durch Lord Kitchener unterworfen werden.

AFRIKA

Der Sklaven- und Elfenbeinhändler Hamad Ibn Muhammad al-Murdschibi, bekannt als Tippu Tip (um 1840–1905), einer der mächtigsten Männer Ostafrikas in jener Zeit.

sche Region, eine Einöde, die nur Unkraut, Moskitos, Fliegen und Fieber hervorbringt.«

Die politischen Verhältnisse in dieser Region Afrikas waren zu jener Zeit mehr als turbulent. 1820 hatte Ägypten Nubien, Sennar und Kordofan besetzt, später folgten Darfur, Faschoda, Bahr el-Ghasal und die ganz im Süden liegenden Äquatorialprovinzen. Diese Gebiete wurden von Gouverneuren verwaltet, die wiederum einem Generalgouverneur unterstellt waren.

Ägypten war zu jener Zeit kein eigenständiger Staat. Rechtlich gesehen war es eine Provinz des Osmanischen Reiches und wurde vom Vizekönig, dem Khediven, regiert. Im Laufe des 19. Jahrhunderts erlangte es zwar weitgehende Selbstständigkeit, durch den Erwerb eines entscheidenden Anteils an Suez-Aktien durch Großbritannien geriet es jedoch in Abhängigkeit vom Empire. Als es 1882 in Ägypten zu europafeindlichen Ausschreitungen kam, mischten sich England und Frankreich ein. England bombardierte Alexandria und besetzte das Land. So ergab sich eine merkwürdige Konstellation: Ägypten unterstand dem Osmanischen Reich, wurde vom Vizekönig regiert, alle wichtigen politischen Entscheidungen aber traf Großbritannien, vertreten durch den britischen Generalkonsul.

Die Bevölkerung des Sudan lehnte die Besatzer aus dem Norden verständlicherweise ab. Der Khedive entsandte daher immer nur wenige Männer in den Süden, um mit ihnen die Führungspositionen zu besetzen. Diese aber stellten eine höchst interessante Mischung dar. Immer mehr abenteuerlustige Europäer mischten sich unter sie, viele in der Hoffnung auf eine rasche Militärkarriere oder auf schnelles Geld. Das Sammelbecken dieser schillernden Gruppe, der auch der oberschlesische Arzt Dr. Eduard Schnitzer, »Emin Pascha«, und die beiden Österreicher Ernst Marno, Zoologe, und Richard Buchta, Zeichner und Fotograf, angehörten, war Khartum. Auch General Charles George Gordon, der sich schon beim T'ai-P'ing-Aufstand in China einen Namen gemacht hatte, war einer dieser Europäer. »Chinese Gordon« oder »Gordon Pascha« stand als Generalgouverneur von Sudan, Darfur und den Äquatorialprovinzen in ägyptischen Diensten.

Als sich Rudolf Slatin in Khartum aufhielt, plante Dr. Schnitzer eine Reise in den Süden. Der unternehmungslustige junge Wiener war von diesem Plan fasziniert. Gemeinsam mit Schnitzer ersuchte er Gordon Pascha, seine Gebiete besuchen zu dürfen. Zwei Monate später kam eine Einladung nach Lado. Zu spät: Slatin konnte sie nicht mehr annehmen; er war zum Militärdienst einberufen worden und musste in die Heimat zurückkehren.

Druck von F.A.Brockhaus. Leipzig.

Rudolph C. Slatin

*Rudolf Slatin erlebte einen märchenhaften
Aufstieg: Schon mit 24 wurde er vom
kleinen österreichischen Leutnant zum
Regierungsbeauftragten im Sudan mit dem
märchenhaften Titel »Bey«. Wenig später
allerdings musste er gegen die religiösen
Fanatiker des Mahdi kämpfen. Er besiegte
die Mahdisten in 27 Gefechten, musste
sich ihnen dann jedoch ergeben. Zehn Jahre
lebte er als Gefangener der Mahdisten,
dann gelang ihm die Flucht.*

Rudolf Slatin diente zwei Jahre lang, er war Rekrut in einem Feld-
jägerbataillon und wurde 1877 zum Leutnant im 19. Infanterieregiment Kronprinz Rudolfs befördert. Als Offizier wurde er sehr
gut beurteilt: »Kommandiert einen Zug und eine Kompanie gut;
heiteres Gemüt, ehrenhafter Charakter, sehr weite Geistesgaben;
gegen Untergebene von guter Einwirkung, versteht sie zu behandeln.«
All diese Eigenschaften sollten ihm später zugute kommen. Vorerst eröffneten sie ihm nur die Aussicht auf eine Offizierslauf-
bahn – die in einer langweiligen Garnison an der bosnischen
Grenze begann.

Darauf aber hatte Slatin keine Lust. Umso gelegener kam ihm 1878 ein Schreiben Gordon Paschas, das ihn auf Empfehlung Dr. Schnitzers einlud, nach Khartum zu kommen.

Gordon Pascha machte seinen neuen jungen Mitarbeiter zum Finanzinspektor. Mit dem Auftrag, den Grund für die Unzufriedenheit der Bevölkerung mit dem Steuersystem zu ergründen, schickte er ihn den Blauen Nil aufwärts. Dort lernte Slatin die ägyptische Art der Steuereintreibung kennen. Sie bestand aus Bestechung, Gewalt und Raub. Slatin war außer sich. Er ersuchte um sofortige Entlassung.

Sie wurde ihm gewährt. Seine Tätigkeit in ägyptischen Diensten aber war damit nicht beendet. Gordon Pascha, überzeugt von seinen Fähigkeiten, bestellte ihn zum Mudir von Dara und 1881 zum Generalgouverneur der neu eroberten Provinz Darfur. Als Krönung seines märchenhaften Aufstiegs vom kleinen österreichischen Leutnant zum Regierungsbeauftragten erhielt der erst 24-Jährige den Titel eines Bey.

Das war für Slatin der Beginn einer 35 Jahre dauernden Verbundenheit mit dem Sudan — und der Beginn eines sagenhaften Lebens unter Aufständischen, Sklavenhändlern und religiösen Fanatikern. Der Beginn der Amtszeit Slatins war dadurch belastet, dass Gordon von seinem Posten als Generalgouverneur zurücktrat und nach England ging. Doch das war noch das geringste Übel. Der große Mahdi-Aufstand brach los, und in weiten Teilen des Sudan brachen Unruhen aus.

Der Wanderprediger Muhammad Ahmad versammelte Anhänger des Derwischordens der Sammanja hinter sich, indem er sich für »Mahdi« ausgab, den von den Sunniten für das Ende der Zeiten erwarteten Erlöser. Allah habe ihn gesandt, um die Ungläubigen zu bekehren oder zu vernichten, eine gerechte Verteilung der Güter herbeizuführen und den Sudan von der ägyptischen Herrschaft zu befreien.

Die ägyptischen Behörden unterschätzten den Einfluss, den der Mahdi auf seine Anhänger ausübte. Der Khedive suchte ihn als falschen Propheten zu brandmarken, aber das führte nur zu einer weiteren Fanatisierung. Der Mahdi eroberte eine Stadt nach der anderen.

Slatin besiegte die Aufständischen in 27 Gefechten. Nach einer Niederlage zog er sich nach Dara zurück. Dort erreichte ihn im Jänner 1883 die Schreckensbotschaft, dass die Mahdisten El-Obeid, die wichtigste Stadt der Provinz Kordofan, eingenommen hatten.

Die Truppe Slatins war inzwischen auf 700 Mann zusammengeschmolzen, sein Munitionsvorrat war so gut wie erschöpft. Hoffnung auf Nachschub und Entsatz hatte er kaum mehr. Auch der Kampfgeist seiner Soldaten schien von Tag zu Tag nachzulassen. Schließlich fand er heraus, dass seine Leute von den Mahdisten aufgehetzt worden waren. Man hatte ihnen weiszumachen versucht, dass er als Christ in diesem Krieg niemals einen endgültigen Sieg erringen könne. Also entschloss er sich zu einem drastischen Schritt: Er trat zum Islam über. Diesen Akt beschreibt er in seinem Buch *Feuer und Schwert im Sudan*:

»Soldaten«, sprach ich, »wir haben schwere Zeiten durchzumachen, doch in der Gefahr zeigt sich der Mann. Ihr habt bisher tapfer und treu bei mir ausgehalten, und ich bin überzeugt, ihr werdet es auch ferner tun. Wir kämpfen für den Herrn des Landes, den Khediven, wir kämpfen aber auch für unser Leben. Ich habe stets Leid und Freud mit euch geteilt, euch auch in der Gefahr nicht allein gelassen, und so werde ich es auch fernerhin halten. Mein Leben ist nicht mehr wert als das eure!« – »Allah daul umrak, allah chalik!« (Gott verlängere dein Leben, Gott erhalte dich!), riefen die Soldaten.

»Ich habe zu meinem Erstaunen gehört, dass viele von euch mich als einen Fremden und einen Ungläubigen betrachten! Auch ihr gehört nicht alle demselben Stamm an, und wenn auch mein Geburtsland weit von hier liegt, bin ich kein Fremder mehr im Land, sondern längst der Eurige geworden. Ich bin nicht ungläubig, sondern gerade so gläubig wie ihr selbst!«

Die Soldaten schwangen freudig ihre Waffen und riefen Glück-
wünsche. Die Offiziere schüttelten Slatin die Hand. Er versprach,
von nun an jeden Freitag mit ihnen das Gebet zu verrichten.
Der Herr des Landes, der Khedive, schreckte noch vor drastischen
Maßnahmen zurück. Als er sich im Sommer 1883 endlich dazu
durchrang, war es zu spät und die Mittel waren zu gering. Die
ägyptische Regierung betraute den pensionierten britischen
Oberst Hicks mit einem Feldzug gegen die Mahdisten. Was sie
dabei nicht bedachte, war die unglaubliche Schlagkraft der Rebellen. Tatsächlich gerieten Oberst Hicks und seine Truppe in einen
Hinterhalt und wurden praktisch niedergemetzelt. Nur wenige
überlebten das Blutbad. Die Mahdisten aber hatten einmal mehr
Oberwasser: Jetzt umgab sie der Nimbus der Unbesiegbarkeit.
Für Slatin Pascha hatte diese Niederlage verheerende Folgen. Er
konnte sich in Dara nicht länger halten. So blieb dem jungen

*Khartum, in einem später kolorierten
Stahlstich um 1850. Die Stadt war
in der zweiten Hälfte des 19. Jhdts.
ein wahres Sammelbecken für schillernde
Persönlichkeiten aus Europa, für
Abenteurer ebenso wie für ernsthafte
Forscher und Entdecker. 1885 eroberten
die Mahdisten die Stadt, ein Blutbad war
die Folge, dem auch der österreichische
Konsul Martin Hansal zum Opfer fiel.*

Österreicher, der inzwischen Abd el Kadr genannt wurde, nur die Kapitulation. Er richtete einen Brief an den Mahdi:

Im Namen Gottes des Gütigen und Barmherzigen! Vom Sklaven seines Gottes Abd el Kadr Saladin (Slatin) an den Seid Mahamed el Mahdi; möge ihn Gott beschützen und seine Feinde besiegen! Amen.

Seit langer Zeit verteidige ich das mir von meiner Regierung anvertraute Gut, doch gegen Gottes Willen ist nicht zu kämpfen. Ich erkläre hiemit, mich demselben und dir zu unterwerfen, doch nur unter der Bedingung, dass du einen deiner Verwandten zu mir sendest, der durch dich genügend Autorität besitzt, das Land von mir zu übernehmen und in Ruhe zu beherrschen. Ich verlange von dir das Versprechen, sämtliche in der Befestigung befindlichen Männer, Frauen und Kinder an Leib und Leben zu schützen. Alles andere bleibt deiner Großmut anheim gestellt.

Der Mahdi nahm das Angebot an. Für den zu diesem Zeitpunkt erst 26 Jahre alten Slatin begann damit eine Gefangenschaft von mehr als zehn Jahren.

Mitte Juni 1884 erhielt er den Befehl, zum Mahdi nach Rahat nahe El-Obeid zu kommen. Slatin erreichte den Ort nach tagelangem Marsch und wurde dem Rang eines ehemaligen Gouverneurs entsprechend in Ehren empfangen. Zum Mittagsgebet wurde er dem Mahdi vorgestellt. Dieser nahm ihm den Treueschwur ab und überantwortete ihn dem Chalifa Abdullah, der ihn zum Mitglied seiner Leibgarde machte. In den folgenden Monaten gelang es ihm, das Vertrauen des Mahdi und seines Chalifa zu gewinnen.

Die englische Regierung hatte inzwischen Oberst Gordon nach Khartum geschickt, um die Ruhe im Sudan wieder herzustellen. Im Herbst 1884 begann der Mahdi mit der Belagerung von Khartum. Slatin Pascha schrieb mit Wissen des Mahdi mehrere Briefe an Gordon und den österreichischen Konsul in Nubien,

Martin Hansal. Gordon antwortete nicht. In seinem Tagebuch notiert er, dass er seinem ehemaligen Untergebenen nicht wegen der Kapitulation und der Übergabe der Länder an den Mahdi zürnte, sondern wegen seines Religionswechsels. Die Nichtbeantwortung seiner Briefe begründete er damit, dass er den Gefangenen nicht zum Bruch des Gelöbnisses verleiten wollte, das er seinem neuen Herrn geleistet hatte. Hansal dagegen antwortete Slatin und versprach eine Zusammenkunft.

So belanglos die Briefe auch waren, für Slatin Pascha hatten sie schwer wiegende Folgen: Sie schürten das Misstrauen des Mahdi und des Chalifa. Sie ließen den Gefangenen in Eisen schlagen, um einem Fluchtversuch vorzubeugen. Slatin Pascha erinnerte sich später:

Meine Beine wurden in dicke eiserne Fußringe gesteckt, die so weit geöffnet waren, dass das Fußgelenk durchgezwängt werden konnte, dann durch eine mehrere Spannen lange eiserne Stange miteinander verbunden, die hierauf zugehämmert wurden; um den Hals wurde mir ein starker Eisenring gelegt, von welchem eine lange plumpe Kette herabhing. Der Ring wurde vorn genietet und machte es mir zunächst fast unmöglich, den Hals zu bewegen.

Den Rest der Belagerung von Khartum erlebte Slatin Pascha in Ketten. In der Nacht vom 25. auf den 26. Jänner ließ Gordon ein Feuerwerk abbrennen, um seine Soldaten vom Ernst der Lage abzulenken. Als der Mahdi über den Fluss setzte, stiegen gerade die ersten Raketen auf und überzogen den Himmel mit einem prächtigen Farbenspiel, dazu erklang Musik. Als das Feuerwerk abgebrannt und die Musik verklungen war, begaben sich die Verteidiger zur Ruhe. Wenig später wurden sie grausam geweckt. Die Mahdisten hatten zum Sturm auf die Stadt angesetzt.

Slatin erfuhr am Morgen, dass Khartum gefallen und General Gordon und Konsul Hansal tot waren.

Ich konnte diese Hiobspost nicht glauben und trat aus meinem Zelt. Eine
große Menschenmenge hatte sich vor den Quartieren des Mahdi und seiner
Chalifas angesammelt, sie schien sich in Bewegung zu setzen und sich mir
zu nähern, und nun sah ich deutlich, dass sie die Richtung gegen mein Zelt
nahm. Ich konnte jetzt einzelne Personen unterscheiden. Voran schritten drei
Negersoldaten, von denen einer – er hieß Schetta und war früher Leib-
sklave von Achmed Bey Dasallah – ein blutiges Bündel in den Händen
trug; hinter ihnen drängte sich die heulende Menge. Die Sklaven traten in
meine Seriba, blieben mit grinsender Miene vor mir stehen, Schetta schlug
das Tuch auseinander und zeigte mir – das Haupt General Gordons!
Das Blut schoss mir zu Kopf, mein Atem stockte; mit großer Anstrengung
behielt ich aber so viel Selbstbeherrschung, ruhig in das fahle Antlitz zu
sehen. Die blauen Augen waren halb geöffnet, der Mund hatte seine natür-
liche Form behalten, das Gesicht war ruhig, die Züge nicht verzerrt; das
Kopfhaar und der kleine Backenbart waren beinahe weiß.
»Ist das nicht der Ungläubige, dein Onkel?«, sagte Schetta, den Kopf
emporhaltend.
»Und was weiter?«, antwortete ich ruhig. »Jedenfalls ein tapferer Soldat,
der auf seinem Posten gefallen ist und ausgelitten hat. Wohl ihm!«
»Du lobst den Ungläubigen noch! Du wirst die Folgen schon erfahren«,
murrte Schetta und entfernte sich langsam mit dem schrecklichen Wahr-
zeichen des Triumphs des Mahdi. Die Menge wälzte sich heulend hinter
ihm her.

Der Tod von General Hicks, aus Slatin Paschas Buch »Feuer und Schwert im Sudan« (Leipzig 1898). Die ägyptische Regierung hatte die Mahdisten von Anfang an unterschätzt. Als sie sich endlich zu Maßnahmen entschloss und Oberst Hicks 1883 gegen die Mahdisten losschickte, war es zu spät. Hicks geriet in einen Hinterhalt und wurde mit seinen Leuten niedergemetzelt.

Die Eroberung von Khartum wurde auch für Slatin zum Desaster. Unter dem Verdacht, Gordon Informationen über die Stärke der Belagerer zugespielt zu haben, wurde er in das allgemeine Gefängnis geworfen und mit einem dritten, überaus schweren Fußeisen gefesselt. Zu essen bekam er nur noch rohes Getreide. Bei Sonnenuntergang wurde er zusammen mit etlichen Sklaven, die beschuldigt wurden, ihre Herren ermordet zu haben, mit einer langen Kette gefesselt, die zwischen den Beinen durchgezogen und an einem Baumstrunk festgemacht wurde. Er schlief auf der Erde, den Kopf auf einem Stein. Erst als er ein Stück vom Gestell eines Eselssattels fand, das sich als Kopfpolster benützen ließ, konnte er wieder ohne Schmerzen schlafen, »wie ein König«.

Über acht Monate verbrachte Slatin in Ketten. Er litt Hunger und Durst und überstand eine Pockenepidemie. Dann endlich holte ihn der Chalifa Abdullah aus dem Gefängnis und machte ihn in Omdurman zu seinem Haussklaven; einerseits, weil er ihm immer noch misstraute und ihn dauernd unter Aufsicht haben wollte, andererseits, weil es seiner Eitelkeit schmeichelte, einen früheren Beamten der Regierung, der über seinen Stamm geboten hatte, zum Diener zu haben.

Tag für Tag musste Slatin Pascha nun vor der Tür seines Herrn stehen und sie bewachen. Das allein war nicht schlimm, doch er lebte immer in der Angst, beim ersten falschen Wort wieder im Gefängnis zu landen.

Die Angst war nicht unbegründet. Chalifa Abdullah war aufbrausend, jähzornig und unberechenbar. Er konnte nicht lesen und schreiben und wusste von den Ländern außerhalb seines Erfahrungsbereichs nichts.

Der Chalifa führte ein ausschweifendes Leben, hatte einen riesigen Harem und war auch beim Essen zügellos. Mit den Jahren wurde er so unförmig, dass er von zwei Sklaven aufs Pferd gehoben werden musste. Wenn er auf seine Inspektionsreisen ging, musste Slatin zu Fuß in angemessener Entfernung hinter seinem Pferd herlaufen. Einmal war der Wüstensand so heiß, dass seine Fußsohlen aufrissen und stark bluteten. Slatin versorgte die Wunden notdürftig, dann lief er weiter durch den heißen Sand, ohne zu klagen. Diese tapfere Haltung beeindruckte den Chalifa so sehr, dass er Slatin ein Pferd schenkte. Von nun an durfte er hinter ihm her reiten.

Auch der Mahdi führte in Omdurman ein ausschweifendes Leben. Wie der Chalifa war er im Laufe der Jahre so fett geworden, dass er ohne fremde Hilfe nicht mehr in den Sattel kam. Sein Harem war rapide gewachsen, Sklavinnen und Konkubinen umschwärmten ihn Tag und Nacht. Sie salbten seinen heiligen Körper mit duftenden Ölen und hüllten ihn in kostbare Gewänder, die stark parfümiert waren, um einen Vorgeschmack auf paradiesische Düfte zu geben. Der Mahdi ließ sich die Augenränder mit Antimon schminken, damit seine Augen feuriger wirkten.

Der Mahdi war noch keine vierzig Jahre alt, als er im Juni 1885 an Typhus starb. Chalifa Abdullah wurde sein Nachfolger. Für Slatin änderte sich nicht viel, außer dass das Misstrauen des Chalifa ihm gegenüber wuchs – nicht zu Unrecht, denn immerhin gelang zu dieser Zeit einigen Europäern die Flucht, darunter Pater Josef Ohrwalder und Emin Pascha. Auch Slatin versuchte mehrmals zu entkommen, aber vergebens.

1895 gelang es ihm endlich. Oberst Wingate hatte von Kairo aus die Flucht vorbereitet. Am 20. Februar geleiteten zwei Araber Slatin nach dem Nachtgebet heimlich aus dem Haus und brachten ihn an einen Ort, an dem Reittiere versteckt waren. Nach einem 24-tägigen Marsch mit kaum vorstellbaren Strapazen erreichte er Assuan. Am 16. 3. 1895, einem Sonntag, stand er am Nil und sah im Licht der aufgehenden Sonne die angloägyptische Militärgarnison. Er war gerettet.

Gegen Mittag meldete ein Ordonnanzoffizier dem Oberbefehls-
haber der Garnison, Colonel Hunter, ein zerlumpter Mann unbekannter Herkunft wünsche ihn zu sprechen. Hunter ließ ausrich-
ten, der Besucher habe sich bis nach Mittag zu gedulden. Der
Offizier kehrte aber nach Minuten zurück und erklärte, der Mann
lasse sich nicht vertrösten und wünsche »im Namen Gottes« vor-
gelassen zu werden. Oberst Hunter unterdrückte mit Mühe einen
Wutanfall und befahl seinem Adjutanten, dem aufdringlichen Kerl
nochmals dezidiert zu erklären, dass er zu warten habe. Der Offizier kehrte sehr schnell zurück und erklärte, der Mann weigere
sich, seinen Namen zu nennen, und habe sich vor der Türe aufgebaut.

Ein englischer Major, der zu diesem Zeitpunkt bei Colonel Hunter war, hielt die folgende Szene fest:

*Ein schmutziger kleiner Araber mit bloßen Füßen und einer schmierigen
Kappe auf dem Kopf trat ein. Er blieb stehen, verbeugte sich und verharrte
mit über die Brust gelegten Händen und niedergeschlagenen Augen. »Wer
bist du«, fragte ich ihn auf Arabisch. »Ich bin Abd el Kader«, flüsterte er
ohne mich anzusehen, und das war alles, was ich aus ihm herausbekommen
konnte. Aber nun stand Archibald Hunter, der sich bis jetzt für den Vor-
gang nicht interessiert hatte, auf und trat neben mich. Er sah den kleinen
Araber an und fragte ihn auf Arabisch: »Hast du keinen anderen Namen?«
Keine Antwort. Plötzlich ging Hunter ein Licht auf. »Gott im Himmel!«,
rief er und fragte dann auf Arabisch: »Bist du Slatin?« Es folgte eine
Pause und dann antwortete der kleine Araber immer noch im Flüsterton:
»Ja, ich bin Slatin!«*

Ein Buch, das zum Welterfolg wurde und
zahlreiche Auflagen erlebte: Slatin Paschas
hochdramatischer Bericht über seine
Abenteuer im Lande des Mahdi.

Slatins Ankunft löste in Europa eine Welle von Begeisterung aus.
Praktisch über Nacht wurde der einstige Gouverneur und lang-
jährige Gefangene des Chalifa zu einer Berühmtheit. Besonders
die Engländer unterstützten ihn bei seiner Rückkehr ins zivilisierte Leben. Nach seinem Eintreffen in Kairo ernannte ihn der
Khedive zum Pascha. Oberst Reginald Wingate, später Chef des
Geheimdienstes im Sudan, wurde ein treuer Freund. Er regte Slatin an, seine Erlebnisse niederzuschreiben. Das Buch erschien
1896 in englischer Sprache unter dem Titel *Fire and Sword in the
Sudan*. Im selben Jahr holte England zum großen Militärschlag
gegen den Sudan aus. Slatin nahm als Leiter des militärischen
Nachrichtenwesens im Stab General Kitcheners am Sudanfeldzug
teil, der 1899 mit dem Tod des Chalifa endete, was einen Sieg
der Engländer und Ägypter bedeutete. Slatin Pascha wurde in den
britischen Adelsstand erhoben und im Jahr 1900 zum Generalin-
spektor des Sudan ernannt.

Während der Belagerung Khartums lag Slatin Pascha in Ketten. Am Morgen des 26. Jänner 1885 traten Sklaven grinsend in seine Seriba, schlugen ein Tuch auseinander und zeigten ihm – das Haupt Gordon Paschas. Slatin in seinem Buch »Feuer und Schwert im Sudan« (Leipzig 1898): »Das Blut schoss mir zu Kopf, mein Atem stockte!«

Der Kriegsausbruch von 1914 brachte Slatin Pascha in eine schwierige Situation: Er hätte auf Seiten Englands in den Krieg ziehen können, entschied sich aber in alter Loyalität für sein Vaterland. Als Freiherr von Slatin – Kaiser Franz Joseph hatte ihm diesen Titel 1907 verliehen – übernahm er allerdings keine militärischen Aufgaben, sondern stand an der Spitze der Kriegsgefangenenhilfe des Roten Kreuzes. Nach Kriegsende berief ihn Dr. Karl Renner in die österreichische Friedensdelegation in St. Germain. Die folgenden Jahre verbrachte er hoch geachtet teils in England, teils in Österreich.

Slatin Pascha starb am 4. Oktober 1932 in Wien. Sein Jugendtraum von einem abenteuerlichen Leben hatte sich erfüllt.

Auf der Suche nach Bodenschätzen

Josef von Russegger war Geologe, Montanist und Naturforscher.
Der geborene Salzburger studierte 1822–1826 an der Berg- und
Forstakademie in Schemnitz (Banská Štiavnica/Slowakei), kehrte
dann nach Salzburg zurück und wurde Verwalter des Gold- und
Silberbergwerks von Böckstein bei Gastein.

*Die Geognostische Karte von Ägypten,
Wien 1842: Russegger organisierte im
Auftrag des Vizekönigs von Ägypten die
österreichisch-ägyptische Bergwerks-
expedition, um die Bodenschätze von
Nubien und Kordofan zu untersuchen.*

Oben: Josef v. Russegger (1802–1863), Lithographie von Johann Fischbach. Rechts: Monumente einer großen Vergangenheit: 1836 reiste Russegger im Libanon und besuchte hier die Ruinen von Baalbek. Lithographie aus »The Holy Land, Syria, Idumea, Egypt, Nubia« (London 1842/49) von David Roberts.

1836 bereiste er den Taurus und den Libanon. Der Vizekönig von Ägypten beauftragte ihn mit der geologischen Untersuchung des Landes, also organisierte Russegger eine österreichisch-ägyptische »Bergwerksexpedition«, an der auch der Botaniker Theodor Kotschy teilnahm. Russegger erforschte die Bodenschätze von Nubien und Kordofan, Syrien und der Sinaihalbinsel.

Spätere Reisen führten Russegger wiederum in den Libanon, nach Griechenland, in die Türkei, nach Italien und England. Sein sechsbändiges Werk (mit Atlas) *Reisen in Europa, Asien und Afrika*, das 1841–1850 in Stuttgart erschien, bot der Fachwelt wichtige geographische und geologische Erkenntnisse.

Russegger kehrte nach Salzburg zurück, wurde 1850 aber als Direktor an die Bergakademie Schemnitz berufen, an der er einst studiert hatte.

Ignaz Samuel Pallme

GEBOREN: 1. Februar 1806 in Rumburk,
Nordböhmen
(oder 1. Februar 1807 Steinschönau)
GESTORBEN: 11. Juni 1877 in Hainburg an der Donau

Gegen den Sklavenhandel

Aufgewachsen in Böhmen, erfuhr der Sohn eines böhmischen
Glaswarenhändlers, Ignaz Samuel Pallme, seine kaufmännische
Ausbildung in der damals florierenden Hafen- und Handelsstadt
Triest. Ende 1837 unternahm er eine Handelsreise nach Ober-
ägypten. Sein klares Ziel war es, Handelsbeziehungen anzuknüp-
fen. Dafür scheute er keine Mühen, er erlernte sogar Arabisch.
Eineinhalb Jahre später reiste er von Ägypten aus abermals südwärts. Im Auftrag europäischer Handelshäuser und der böhmischen Glasindustrie, die sich auf dem afrikanischen Kontinent
gute Chancen erhofften, bemühte er sich 19 Monate lang in Kordofan, Absatzmärkte in Ost- und Zentralafrika zu erschließen.
Meist allein, oft aber auch in Begleitung einheimischer Führer,
durchquerte Pallme weite Teile des Sudan und hielt sich in Darfur und dessen Hauptstadt Kobe auf. Neben seiner eigentlichen
Aufgabe, dem Knüpfen von Handelsbeziehungen, nützte er die
Zeit, um die Sitten und Gebräuche der Gegend zu studieren, sich
mit der Geschichte des Landes zu beschäftigen und Orte aufzusuchen, die bis dato völlig unbekannt waren. So beschreibt er zum
Beispiel die Nuba:

»Diese Neger, vorzugsweise Nuba, haben einen guthmütigen Charakter, sind sehr gastfreundlich, lieben ihre Kinder außerordentlich
und besitzen Ehrgefühl; in ihrem Benehmen sind sie sehr redlich,
und hat man es mit einem derselben zu thun, so kann man versi-
chert seyn, nicht übervortheilt zu werden, auch hat man in ihren
Wohnungen weniger zu befürchten als in so manchen anderen viel
sicherer scheinenden europäischen Orten ... Ihre Geistesfähigkei-
ten sind jedoch sehr beschränkt, und sie stehen eigentlich zu sagen
auf der untersten Stufe. Auch ist nicht die geringste Wahrschein-
lichkeit vorhanden, daß sie je an Geistesbildung vorwärts schrei-
ten werden, denn wie etwas vor hundert Jahren geschah, so machen
sie es auch noch jetzt. Ihre Wohnungen, ihre Geräthe, kurz alles
ist so wie es zu Zeiten ihrer Voreltern war ...« [1]

*Schilderte die grausamen Details der
Menschenjagden: Ignaz Samuel Pallme
und seine Frau Antonia. Foto im Besitz
von Thusnelda Palme, Klagenfurt.*

Pallme teilte oft das Leben der Eingeborenen und gilt als der Europäer, der sich am längsten im Sudan aufgehalten hat. Mit Entsetzen und Grauen beobachtete er die regelrechten Menschenjagden der Sklavenjäger. Er schrieb:

»Der Vicekönig von Ägypten läßt jährlich ein- bis zweimal eine förmliche Jagd in den Gebirgen Nuba's und den angränzenden Orten veranstalten, um sich entweder mit List oder Gewalt einer großen Anzahl dieser unglücklichen Geschöpfe zu bemächtigen, und mit solchen werden statt des baaren Geldes seine Truppen in Kordofan bezahlt, theils aber die Staatseinkünfte durch den Verkauf vermehrt ... Die Grausamkeit, mit welcher hierbei zu Werke gegangen wird, kann keine Feder beschreiben ... Dieses blutige Loos trifft am meisten die unglücklichen Bewohner der Gebirge Nuba's. Im Jahr 1825, also vier Jahre nach der Eroberung, schätzte man die Zahl der in die Sklaverei Abgeführten gegen 40.000, und bis zum Jahr 1839 sind es zum wenigsten 200.000 ...« [2]

Pallme schilderte die grausamen Details dieser Menschenjagden:

»Allein nichts schreckt diese Menschenräuber; von Habsucht und Rache beseelt achten sie kein Hindernis, selbst den Tod nicht, auf die Leiche seines Cameraden tritt der Nachfolgende und hat für nichts anderes Sinn als Raub und Mord; so wird endlich das Dorf ungeachtet der furchtbarsten Vertheidigung genommen. Aber nun ist die Rache schrecklich: Greise, Kranke, Weiber, ja sogar das Kind im Mutterleibe werden nicht verschont, die Hütten geplündert, das geringe Hab und Gut dieser Unglücklichen geraubt oder verwüstet, und was lebend in die Hände der Würger fällt, als Sklaven in das Lager abgeführt. Wenn die Neger nun sehen, daß ihre

Eine Sklavenkarawane unterwegs zur Küste. Aus »Expedition zum Sambesi« von David Livingstone.

*Skrupelloser Sklavenjäger: Ägyptens
Vizekönig Mehmet Ali. Gemälde von
Louis-Charles-Auguste Courder. Musée
national du Château et des Trianons.*

Vertheidigung nichts mehr nützt, wählen sie, wenn man sie nicht
daran hindert, öfters den Tod, um der Sklaverei zu entgehen, und
es geschieht nicht selten, daß der Vater seinem Weibe, dann den
Kindern und zuletzt sich selbst den Bauch aufschlitzt, um nicht
lebend seinen Feinden in die Hände zu fallen …« [3]

Auch darüber, wie es den einmal Gefangenen später erging, informierte Pallme seine Leser:

»Das Loos dieser Unglücklichen ist aber auch schrecklich, denn
ihres besten Gutes, der Freiheit beraubt, müssen sie auch alle
schweren Arbeiten und zwar in Fesseln verrichten, welche man
ihnen anlegt um sie an der Flucht in ihre oft sehr nahen heimath-
lichen Gebirge zu hindern. Diese Fesseln sind jedoch nicht so wie
bei uns die sogenannten Springeisen der Sträflinge, sondern bestehen aus einem Ringe an beiden Füßen, welche durch eine eiserne
Spange auseinander gehalten sind, die sich in zwei kleinen, an die

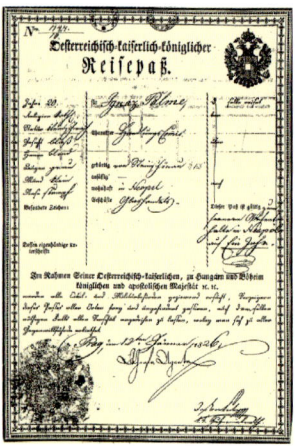

Der Reisepass Ignaz Samuel Pallmes
Staatsarchiv Decín.

[1] Ignaz Pallme: Beschreibung von Kordofan und einigen angränzenden Ländern, Verlag der Cotta'schen Buchhandlung, Stuttgart und Tübingen 1843, S. 67

[2] Ignaz Pallme: Beschreibung von Kordofan und einigen angränzenden Ländern, Verlag der Cotta'schen Buchhandlung, Stuttgart und Tübingen 1843, S. 189

[3] Ignaz Pallme: Beschreibung von Kordofan und einigen angränzenden Ländern, Verlag der Cotta'schen Buchhandlung, Stuttgart und Tübingen 1843, S. 194

[4] Ignaz Pallme: Beschreibung von Kordofan und einigen angränzenden Ländern, Verlag der Cotta'schen Buchhandlung, Stuttgart und Tübingen 1843, S. 68

größeren angebrachten Ringen bewegt, und dem Sklaven nur einen Schritt machen läßt, ohne daß er je die Füße zusammenbringen kann. Die großen Ringe sind auf einer Seite so weit offen, daß das Fußgelenk hineingehen kann, und werden sodann aus Mangel eines Hammers mit einem Steine zusammengeschlagen, wozu man den Sklaven auf die Erde legt und ihm unter den Fuß einen Stein schiebt, welcher als Amboß dient. Es wird wohl alle mögliche Vorsicht hierbei angewandt, allein bei jedem Schlag empfindet der Unglückliche einen Schmerz ...« [4]

In Kobe stand Pallme in engem Kontakt mit Abumenides, dem jüngeren Bruder des Sultans. Dieser machte ihn mit den wichtigsten Persönlichkeiten des Landes bekannt, und im Laufe der Zeit wurde aus der Geschäftsbeziehung Freundschaft. Bis ein schrecklicher Unfall alles schlagartig veränderte: Abumenides spielte mit Pallmes Gewehr, dabei löste sich plötzlich ein Schuss und verletzte ihn schwer. Der Sultan war außer sich vor Wut, er gab Pallme die Schuld an diesem Unfall und diesem blieb nichts anderes übrig, als so schnell wie möglich die Flucht zu ergreifen. Über Nubien gelangte Pallme nach Kairo. Von dort kehrte er nach Böhmen zurück. In der Heimat überarbeitete er die Tagebucheintragungen und Notizen, die er während seiner Reise gemacht hatte. Sein Buch *Beschreibung von Kordofan und einigen angränzenden Ländern* erschien im Jahr 1843. Pallme erhob damit keinen wissenschaftlichen Anspruch, im Vorwort betonte er, die Tendenz seiner Reise sei ganz »mercantilisch« gewesen, er sah es als »kleinen Leitfaden« für spätere Forscher. Große Wirkung hatte es dennoch. Die Schilderungen der überaus grausamen Sklavenjagden bewogen den Papst dazu, die Missionierung des Sudan in Angriff zu nehmen, bevor sich der Islam weiter ausbreitete.

Für den in die Heimat zurückgekehrten Pallme war die Zeit der Abenteuer endgültig vorbei. Er trat 1846 als Handelsagent in den Dienst der österreichischen Donau-Dampfschifffahrts-Gesellschaft und führte bis 1877 in Hainburg ein bürgerliches Leben.

Pate der berühmten Wüstenpflanze

Als die ersten Exemplare der Pflanze *Welwitschia mirabilis* vor rund 150 Jahren aus Angola in Europa eintrafen, wurden sie als die größte botanische Entdeckung des Jahrhunderts gefeiert. Das Gewächs verdankt seinen Ruhm – und seinen Namen – einem Österreicher.

Friedrich Welwitsch, der Sohn eines Gutsbesitzers aus Maria Saal in Kärnten, hatte ursprünglich in Wien Jus und Medizin studiert. Er promovierte 1836 zum Doktor der Medizin, ging als Arzt nach Laibach (Ljubljana) und wurde dann nach Cerknica versetzt. In dieser Karstregion hatte er zum ersten Mal Gelegenheit, seinen botanischen Interessen nachzugehen. Er untersuchte die Flora in Karsthöhlen und präsentierte seine Forschungsergebnisse 1837 bei einem Symposium in Prag.

Zwei Jahre später beauftragte der Württembergische Reiseverein den jungen Wissenschaftler mit der botanischen Erforschung der Pyrenäenhalbinsel. Das kam Welwitsch gerade recht. Er hatte nebenbei als Theaterkritiker gearbeitet, war in einen Gesellschaftsskandal verwickelt worden und wollte ohnehin nichts als weg. Seine Abreise glich einer Flucht, und kaum in Portugal angekommen, stürzte er sich in die Arbeit. Er studierte Flora und Fauna der Pyrenäenhalbinsel, der Azoren und Kapverden. Seine Mühe blieb nicht unbelohnt, er wurde zum Direktor des Botanischen Gartens in Lissabon ernannt.

Im Alter von 47 Jahren sah sich Welwitsch am Ziel seiner Träume: Die portugiesische Regierung schickte ihn 1853 als wissenschaftlichen Begleiter einer Expedition nach Angola. Welwitsch blieb zwölf Jahre in den westafrikanischen Kolonien Portugals, er untersuchte die Flora und Fauna von Landstrichen, in die vor ihm noch nie ein europäischer Wissenschaftler gekommen war. Ständig geplagt von Tropenkrankheiten, Fieber und Durchfall, arbeitete er dennoch unermüdlich. 1854 traf er mit Livingstone zusammen, der ihn von seinem Plan abbrachte, den afrikanischen Kontinent bis zu den portugiesischen Besitzungen in Ostafrika zu durchqueren. Also bereiste er das angolanische Gebiet von

Friedrich Welwitsch: Der Kärntner Pflanzengeograph, Begründer des Herbars in Portugal und Erschließer der Flora Angolas, führte sein Interesse für die Botanik auf seine Jugendzeit in Kärnten zurück, wo sich ihm »die wunderbare Pracht der Alpen-Flora in ihrer ganzen vollen Herrlichkeit erschloss«.

Entdeckung von Friedrich Welwitsch in Angola: der Zwergbaum Welwitschia.

Pungo-Andongo, das er als »wahren botanischen Garten« erlebte, und untersuchte die Küstenflora von Benguela. Auf einem Plateau südlich von Kap Negro machte er seine bemerkenswerteste Entdeckung: einen Zwergbaum, dessen rübenförmiger Stamm bis zu einem Meter Durchmesser haben kann, aber nie höher als 30 Zentimeter wird. Außer den beiden Keimblättern hat er nur zwei lange, ledrige, an der Spitze zerschlissene Blätter, die auf dem Boden liegen. Der Baum kann mehrere hundert Jahre alt werden. Dieses seltsame Gewächs nannte er *Welwitschia mirabilis*.

Als Welwitsch nach Europa zurückkehrte, brachte er 42 Kisten mit insgesamt 5.000 Exemplaren der Flora und 3.000 der Fauna Angolas mit. Er ließ sich in London nieder, denn zum einen hatte er sich mit der portugiesischen Regierung längst überworfen und zum anderen boten ihm Kew Garden und das Natural History Museum die besten Möglichkeiten, seine Studien fortzusetzen. Dass er nur wenige Werke publizierte, lag an seinem Perfektionismus. Er war mit seinen Forschungsergebnissen nie zufrieden und recherchierte immer weiter.

Friedrich Welwitsch starb 1872 in London. Kurz danach entbrannte zwischen Portugal und England ein heftiger Kampf um seine Sammlungen. Drei Jahre dauerte der Prozess, dann wurde ein Kompromiss gefunden.

Karl Mays Ghostwriter

Forschungsreisen nach Schwarzafrika, erste Durchquerungen des
Kontinents, die Suche nach den Nilquellen, der Sklavenhandel –
diese Themen fesselten Europa in der zweiten Hälfte des 19. Jahrhunderts. Reiseberichte verkauften sich in hohen Auflagen, ein-
schlägige Romane wurden zu Bestsellern. Grund genug für Karl
May, die Handlung einiger seiner Bücher in Afrika anzusiedeln.
Tatsächlich spielen *Die Sklavenkarawane* und die Trilogie *Im Lande
des Mahdi* im südlichen Ägypten und im Sudan. Karl May selbst
war nie dort gewesen. Ägypten bereiste er zwar in seinem letzten
Lebensjahrzehnt, aber so weit nach Süden kam er auch da nicht.
Ernst Marnos 1874 in Wien erschienenes Buch *Reisen im Gebiete
des blauen und weißen Nil, im egyptischen Sudan und den angrenzenden
Negerländern in den Jahren 1869 bis 1873* war daher eine perfekte
Vorlage.
Marno hatte in Wien Zoologie studiert, bevor er 1866 im Alter
von 22 Jahren zum ersten Mal nach Afrika reiste. Er ging als Tier-
händler in den ägyptischen Sudan und zog auf schon bekannten
Karawanenwegen vom Roten Meer zur äthiopischen Grenze. Drei
Jahre später kam er wieder, diesmal mit dem ehrgeizigen Ziel, von
Alexandria aus nilaufwärts zu reisen und durch das Land der Galla
an den Indischen Ozean zu gelangen. Er erreichte Khartum im
Jänner 1870, fuhr den Blauen Nil und den Tumat aufwärts,
erreichte Beni Schongul und, 80 Kilometer weiter, Fadasi, das vor

*Führte spektakuläre Expeditionen in die
Sumpfgebiete des Blauen und Weißen Nil
und wurde zum »Inspektor zur Unter-
drückung des Sklavenschmuggels« ernannt:
Ernst Marno. Zeitgenössischer Holzstich.*

*»Umgeben von stinkendem Morast und
Sumpf«, Hütten aus Gras und Gestrüpp,
Termiten, Ameisen, Moskitos und
Schlangen: Sieben Monate saß Ernst
Marno auf der Insel Dabbed Hanakhi
im Giraffenfluss fest. Illustration aus
seinem Werk »Reisen im Gebiete des
blauen und weißen Nil (…)«, 1874.*

Ernst Marno starb 1883 an einer Lungenentzündung in Khartum, sein Werk lebte jedoch weiter: In der so genannten »Mahdi-Trilogie« und auch in der »Sklavenkarawane« stützte sich Erfolgsautor Karl May hauptsächlich auf die Berichte dieses österreichischen Abenteurers und Forschers.

Karl Mays Roman »Die Sklavenkarawane« – dieser Text bewirkte, dass die von Marno beschriebenen Regionen des Sudan bereits jugendlichen Lesern vertraut wurden.

ihm noch kein Europäer betreten hatte. Die Bewohner dieses Gebietes, die Bertat, traten ihm in offener Feindschaft gegenüber und verdächtigten ihn der Spionage. Marno musste umkehren. Aber immerhin: Der Landstrich zwischen Beni Schongul und Fadasi, das »wundervoll schöne, sehr gebirgige Land mit seiner herrlichen, noch größtenteils unbekannten Fauna und Flora«, das lange als weißer Fleck auf der Landkarte gegolten hatte, war nun erforscht.

Marno wandte sich als Nächstes dem Savannenland zwischen dem Blauen und dem Weißen Nil zu, wo er bis August 1871 blieb. Von Ende 1871 bis April 1873 bereiste er die Sumpfgebiete des Bahr el-Seraf (Giraffenfluss), der Bergnil und Weißen Nil miteinander verbindet. Marno kartografierte das gesamte Gebiet, was ihm später das Lob einbrachte, er habe die obere Nilregion mit einem »völlig neuen Gesicht« versehen. Er folgte den Windungen des Flusses und gelangte an eine breitere Stelle, an der das Wasser von dichtem Schilf bedeckt war. Bald zwangen ihn seichte Stellen, die Schiffe zu entladen und zu Fuß weiterzugehen. Marno: »So ging es fort bis zum 1. März. Zu einer Strecke von einer halben Stunde benötigten wir zehn bis zwölf Tage unter den größten Anstrengungen. Wobei die Leute mit allen möglichen Werkzeugen und den bloßen Händen arbeiteten, von Blutegeln angesaugt, von Moskitos zerstochen und vom Grase zerschnitten wurden.« Schließlich musste er die Schiffe zurücklassen und seinen Weg mit einer flachen Feluke fortsetzen. Obwohl das Wasser bald nur noch knöcheltief war, gelang es Marno, an die Mündung des Giraffenflusses vorzudringen. Er kehrte zu den Schiffen zurück. Da aber fiel das Wasser rasant und er saß fest. Marno musste sich auf eine Insel im Fluss, Dabbed Hanakhi, zurückziehen. Sieben Monate verbrachte er »umgeben von stinkendem Morast und Sumpf« unter furchtbarsten Umständen. Nachts lag dichter Nebel über dem Fluss, tagsüber regnete es oft heftig. Es gab kein Holz für Hütten, also zog man Dächer über die Schiffe und baute Hütten aus Gras und Gestrüpp. Nicht einmal Brennholz war zu finden. Ab Mitte Juni wurden die Regenfälle immer heftiger. Zum Wasser von oben kam das schnell ansteigende Wasser von unten. Termiten, Ameisen, Moskitos und Schlangen waren eine ständige Pein. Fieberanfälle und Durchfall quälten die Männer zusätzlich. Dementsprechend schlecht war die Stimmung; Streit und Raufereien waren an der Tagesordnung. Marno schrieb später: »Unsere Siedlung war nur mehr ein Spital. Nachts Stöhnen, Weinen, Fantasieren, Beten und Fluchen der Kranken, während die Übrigen soffen, spielten, rauchten und stritten, dass man nicht schlafen konnte.«

Auch Marno selbst litt unter schwerem Fieber. In eine Ochsenhaut gehüllt, arbeitete er zähneklappernd weiter. Er vermaß und zeichnete die Eingeborenen eines Stammes, der in der Nähe lebte, und legte sogar ein kleines Wörterbuch an. Die Erlösung kam Ende August mit den Schiffen der bakerschen Expedition. Sie befreiten Marno aus seinem Kerker unter freiem Himmel.

Im Oktober 1874 reiste er abermals nach Khartum, um an einer Dampferexpedition auf dem Albert-Nyanza-See teilzunehmen, die der neue Gouverneur der ägyptischen Äquatorialprovinz, Charles Gordon, angeregt hatte. Das Unternehmen kam aber nicht zustande.

Marno zog stattdessen im April und Mai 1875 durch Kordofan und ergänzte die Karte dieser Gegend um wichtige Details.

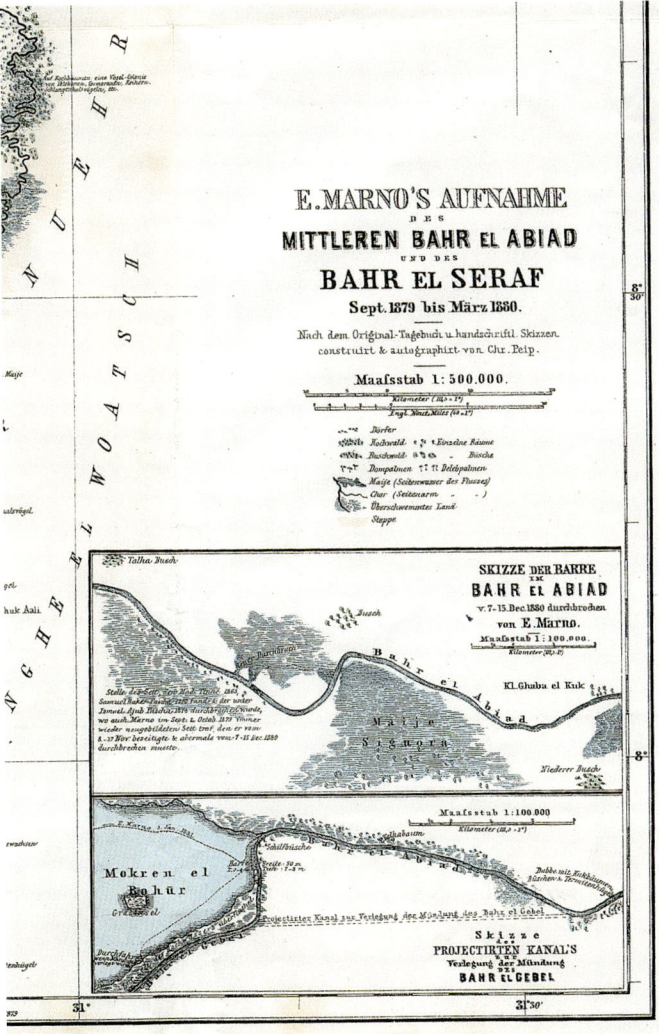

Kartenskizzen Marnos zu seinen bahn-brechenden Forschungen am Bahr el-Abiad und Bahr el-Seraf, veröffentlicht in »Petermanns Mitteilungen« 1881, 27. Band.

Exakte Dokumentation: ein sogenannter »Tukul« der Bertat. Illustration in Ernst Marnos Buch »Reisen im Gebiet des blauen und weißen Nil, im egyptischen Sudan und den angrenzenden Neger-ländern in den Jahren 1869 bis 1873« (Wien 1874).

Im Herbst 1877 ging er noch einmal nach Ostafrika. Er wollte sich einer internationalen Expedition der »Belgischen Ostafrika-Gesellschaft« anschließen, die von Sansibar landeinwärts ziehen sollte. Doch er erkrankte schwer und musste in Sansibar zurück-bleiben. Dort erreichte ihn das lang erwartete Angebot des Vize-königs von Ägypten, wieder in den Sudan zu kommen und den Posten eines Gouverneurs von Galabat zu übernehmen. Eine sei-ner wichtigsten Aufgaben in diesem Amt war es, die Fahrrinne des Weißen Nils von den Pflanzenmassen zu befreien, die sie per-manent zu blockieren drohten. Marno tat dies unter Einsatz von Dampfschiffen, mehreren hundert Arbeitern und des neuen Wun-dermittels Dynamit.

1880 wurde Marno beauftragt, von Faschoda aus energisch gegen den Sklavenhandel vorzugehen, dem zu jener Zeit Millionen von Schwarzen zum Opfer fielen. Er war von dieser Aufgabe nicht sehr begeistert, denn er war nicht grundsätzlich gegen die Sklaverei, sondern trat nur für eine Milderung der Härten ein.

Auf Grund seiner Verdienste wurde Marno 1881 – mit dem Titel eines Bey – zum Gouverneur der Provinz Fazughli ernannt, wo er vor allem die Abwehr gegen die Mahdisten zu organisieren hatte. Mitten in dieser Arbeit erkrankte er während eines Besuches in Khartum an Lungenentzündung und starb. Seine Leistungen haben ihm den Rang eines »hochverdienten Forschers« einge-bracht, und seine Reiseberichte haben überlebt – nicht zuletzt dank Karl May.

Besessen von Afrika

*Emil Holub in Forscher-Adjustierung.
Illustration aus »Sieben Jahre in Süd-
Afrika« (Wien 1881).*

»Der gute Vater hatte dem Knaben das Körnlein ›Naturliebe‹ ins
Herz gepflanzt, Livingstones Tagebuch hatte es zum Keimen
gebracht, Wohltäter, auch Lehrer genannt, bewirkten ein ersprieß-
lich Gedeihen.« So erklärte Emil Holub den Beginn seiner For-
scherleidenschaft, die ihn von früher Jugend an mit erstaunlicher
Zielstrebigkeit ans Werk gehen ließ. Er studierte in Prag Medizin,
promovierte 1872 und reiste mit äußerst geringen Barmitteln nach
Südafrika. Dort ließ er sich als Arzt im Diamantendistrikt Kim-
berley nieder, mit dem Ziel, innerhalb kurzer Zeit genügend Geld
für eine Expedition ins Innere Afrikas zu verdienen – was ihm
auch gelang. Schon nach sieben Monaten, im Februar 1873,
konnte er zu einer ersten Reise längs des Vaal ins Bantugebiet aufbrechen und im Herbst desselben Jahres nach Transvaal ins Bet-
schuanaland. Im März 1875 machte er sich zum mittleren Sambesi im heutigen Simbabwe auf, mit der Absicht, dem Strom bis
in sein Quellgebiet zu folgen. Diese Reise fand am 4. Dezember
1875 ein jähes Ende, weil sein Boot in den Stromschnellen oberhalb von Seseke kenterte und seine wichtigsten Ausrüstungsgegenstände und Medikamente verloren gingen. Für Holub aber
stand fest: »Du kommst wieder, um das fortzusetzen, was du
begonnen hast!«

Vorerst kehrte Holub aber nach Europa zurück. Er ließ sich in
Prag nieder und veröffentlichte in Wien eine Reihe von Werken,
das bekannteste davon *Sieben Jahre in Süd-Afrika.*

Die folgenden vier Jahre nützte Emil Holub zur Vorbereitung seiner nächsten Expedition, einer Durchquerung des afrikanischen
Kontinents von Kapstadt nach Kairo. 1883 landete er mit seiner
jungen Frau Rosa – Holub hatte das 18-jährige Mädchen, die
Tochter des Verwalters der Wiener Rotunde, während einer Ausstellung im Prater kennen gelernt – und sechs Assistenten in Kapstadt. Sie erreichten die Viktoriafälle Mitte Oktober (teilweise
auf Holubs alten Spuren) und marschierten im folgenden Juli in
das Innere des Sambesibogens weiter. Weit kamen sie allerdings

*Der farbenprächtige Bericht über das
Scheitern von Emil Holubs geplanter
Afrikadurchquerung: »Von der Capstadt
ins Land der Maschukulumbe«
(Wien 1890).*

155

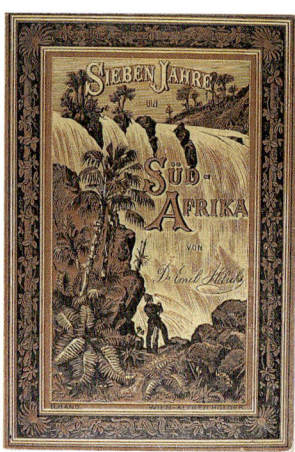

Oben: Holubs Bericht über seinen ersten
Aufenthalt in Südafrika, erschienen 1881
in Wien. Im Mittelpunkt des Buchs steht
sein Vorstoß auf dem Sambesi, der nach
dem Verlust der Ausrüstung in den
Stromschnellen oberhalb von Seseke
(4. Dezember 1875) abgebrochen
werden musste.

Rechts: Emil Holub auf der Jagd nach
Zulu-Hartebeeste. Illustration aus:
»Sieben Jahre in Südafrika«, 1881.

nicht, denn Anfang August überfielen Maschukulumbe-Krieger
ihr Lager, zerstörten Holubs Instrumente und einen Großteil seiner Tagebücher. Die Expedition musste umkehren.
1887 traf Holub wieder in Europa ein, mit 80 prall gefüllten Kisten. Insgesamt hatte er auf seinen beiden großen Expeditionen
rund 30.900 natur- und völkerkundliche Sammelstücke zusammengetragen, die er an 113 Museen und Institutionen verschenkte.
Sein Verdienst ist es, damit die Kenntnis von der Natur und den
Eingeborenen Südafrikas entscheidend bereichert zu haben.

Herr Professor auf Afrika-Tour

Der Sohn eines mährischen Revierförsters musste infolge der finanziellen Notlage seiner Familie schon früh lernen, auf eigenen Beinen zu stehen. Getrieben von unglaublichem Ehrgeiz studierte der sprachlich Hochbegabte an den Universitäten Graz und Wien Altphilologie, Geschichte und Geographie, wurde in Znaim (Znojmo) Gymnasialprofessor und promovierte 1879. Schon sein Dissertationsthema zeigt, wo seine Hauptinteressen lagen: Er beschäftigte sich mit der geographischen Erforschung des afrikanischen Kontinents.

In den Sommerferien 1880 hatte er zum ersten Mal Gelegenheit, ein Stück des Erdteils, mit dem er sich seit zehn Jahren intensiv beschäftigte, mit eigenen Augen zu sehen. Er reiste nach Ägypten und Nubien und führte dort Höhenmessungen durch. Ende 1884 lud ihn ein Freund, der Arzt und Gutsbesitzer Dominik Kammel

Bahnbrechende Expedition in Ostäthiopien und ein »Glück für die Erdkunde« (Georg Schweinfurth): die Mitglieder der österreichischen Expedition nach Harrar. Foto aus: »Die geographische Erforschung der Adal-Länder und Harar's in Ost-Afrika. Mit Rücksicht auf die Expedition des Dr. med. Dominik Kammel, Edlen von Hardegger« (Leipzig 1888).

AFRIKA

Edler von Hardegger aus Grusbach (Hrušovany nad Jevišovkou) in Mähren, zu einer gemeinsamen Reise nach Afrika, in die Somali- und Gallaländer, ein. Der ursprüngliche Plan, die Gegend um Faschoda und die Nubaberge zu erkunden, musste fallen gelassen werden, denn in diesen Gebieten tobte der Mahdi-Aufstand. Also wandten sie sich den Adalländern und Harrar zu, dem »Timbuktu des Ostens«. Am 15. Februar 1885 erreichten sie ihr Ziel.

Während ihres Aufenthalts in Harrar, der bis Mitte März dauerte, unternahmen die beiden Forscher zwei größere Exkursionen in die Gallaländer im Süden. Eine führte zu den nahen Seen von Haramaja und Adele, die andere zur Ruinenstätte Bia Woraba. Etwas nördlich davon entdeckten sie den schauerlichen Felsabsturz Alejo dible. Als österreichische Patrioten nannten sie dieses Naturwunder »Franz-Josephs-Schlucht«.

Paulitschkes Expedition dauerte zwar nicht lange, für die Wissenschaft war sie aber von größter Bedeutung. Astronomische und metereologische Beobachtungen, eine geologische Routenkarte und wichtige Erkenntnisse über verschiedene Somali- und Gallastämme sowie die erstmalige Aufzeichnung der Harrari-Sprache waren ihr Ergebnis. Die Reise wurde deshalb auch als eine der bedeutendsten der Neuzeit bezeichnet.

Danach arbeitete Paulitschke wieder als Lehrer, diesmal am Gymnasium Hernals und am Piaristengymnasium in Wien. Außerdem hielt er an der Wiener Universität zahlreiche völkerkundliche Vorlesungen. Er war einer der ganz Großen der Geographie und der Völkerkunde. Unter seinen zahlreichen Werken fanden vor allem *Die geographische Erforschung des afrikanischen Kontinents* (1976), *Die geographische Erforschung der Adal-Länder und Harar's in Ost-Afrika* (1888) und *Die Ethnographie Nordost-Afrikas* (2 Bde., 1893–1896) große Beachtung.

Ein Leberleiden, das als Folge seiner Reisen auftrat, setzte Paulitschkes Leben ein sehr frühes Ende. 1899 starb er, erst 45-jährig, in Wien.

Nach Timbuktu

Der Sohn eines Leipziger Schuhmachermeisters wuchs in ärmlichen Verhältnissen auf, die eine lange Ausbildung von vornherein ausschlossen. Doch gerade als Oskar Lenz im richtigen Alter war, wurde in Leipzig das »Moderne Gesamt-Gymnasium« eröffnet und er erhielt einen Freiplatz. Zu seinen Lehrern zählte der deutsche Zoologe und Forschungsreisende Alfred Brehm, der Verfasser des berühmten Werkes *Brehms Tierleben*. Als dieser in seiner derben Art immer wieder von seinen Erlebnissen in Afrika erzählte, war für Lenz klar, dass auch er Forschungsreisender werden wollte. Vorerst aber studierte er in Leipzig Naturwissenschaften, im Speziellen Zoologie, Mineralogie und Physikalische Geographie.

Durchquerte 1879 die westliche Sahara von Marokko nach Timbuktu: Oskar Lenz. Porträtzeichnung von Johann Vinzenz Weixlgärtner nach einem Foto.

1872 erhielt Lenz eine Anstellung als Privatlehrer in Wien-Döbling, wenig später wurde er Praktikant an der k. u. k. Geologischen Reichsanstalt in Wien. Er arbeitete in Ungarn, Slawonien und Vorarlberg, wurde 1873 fix in den Staatsdienst übernommen und erhielt wenig später auch die Staatsbürgerschaft der Donaumonarchie. 1874 hatte er die ehrenvolle Aufgabe, die Gesteinssammlung der zweiten deutschen Nordpolarexpedition von Karl Koldewey zu bearbeiten.

Als 1874 die Deutsche Afrikanische Gesellschaft eine Expedition nach Gabun ausrüstete, wurde Lenz auf Empfehlung Ferdinand von Hochstetters die Leitung übertragen. Er betrat als erster Geologe dieses Gebiet, forschte und sammelte unermüdlich und schickte große Mengen von Gesteinsproben nach Hause an die Geologische Reichsanstalt. Auch seine ethnologischen Forschungen brachten interessante Ergebnisse. Er fuhr den Fluss Ogowe aufwärts durch das Land der Okanda, stieß auf Obongopygmäen und oberhalb der Einmündung des Ivindo auf den kannibalischen Stamm der Fan. Am 5. Juli 1876 erreichte er auf dem Ogowe nach der Einmündung des Sébé seinen äußersten Punkt. Dort fand sich kein Mensch mehr, der ihn in das gefährliche und unbekannte Gebiet weiterbegleitet hätte. »Das war der unangenehmste

*Der Geleitbrief Seiner Scherifischen
Majestät des Sultans Muley Hassan von
Marokko für Oskar Lenz. Der Herrscher
befahl u. a. darin, »den Inhaber desselben,
den deutschen Gelehrten, durch Leute
begleiten zu lassen, geeignet, ihm für seine
Zwecke nützlich zu sein, ihm zu helfen
und ihn zu schützen, so lange als er in
ihren Bezirken reist, um Pflanzen zu
sammeln, deren er bedarf; ihn mit guten
Empfehlungen zu versehen und ihm während seiner Reise in ihren Gebieten alle
schuldige Rücksicht zuteil werden zu
lassen, stets, Tag und Nacht, mit
Aufmerksamkeit für seine Sicherheit
zu sorgen . . .«*

*Das eigentliche Ziel der österreichischen
Kongoexpedition 1885/86,
die Befreiung von Emin Pascha
(= Eduard Schnitzer), dem Gouverneur
der Äquatorialprovinz, aus der
Umklammerung durch die Mahdisten,
wurde zwar verfehlt, die wissenschaftlichen
Ergebnisse der Reise waren allerdings
beachtlich. Oscar Baumann, der Koautor
des Expeditionsberichts, erkrankte und
musste an den Stanleyfällen umkehren.*

Tag während meines ganzen dreijährigen Aufenthalts in Afrika!«,
schrieb Lenz in sein Tagebuch – und kehrte um. Mit rund 400
völkerkundlichen Objekten und zahlreichen kleinen Wörterbüchern verschiedener Eingeborenensprachen im Gepäck.

Auf seine bedeutendste Reise ging Lenz im Herbst 1879. Wieder hatte ihn die Deutsche Afrikanische Gesellschaft mit einer
Expedition beauftragt, diesmal zur Durchquerung der westlichen
Sahara von Marokko nach Timbuktu. In maurischen Kleidern
und getarnt als Militärarzt aus Konstantinopel, zog er sechs
Monate durch die Sanddünen der Sahara, bis er am 1. Juli mit
einem »unsäglichen Gefühl der Befriedigung und Dankbarkeit«
die viel gerühmte Stadt Timbuktu, die »Königin der Wüste«,
erreichte, die seit Jahrzehnten kein Europäer mehr betreten hatte.

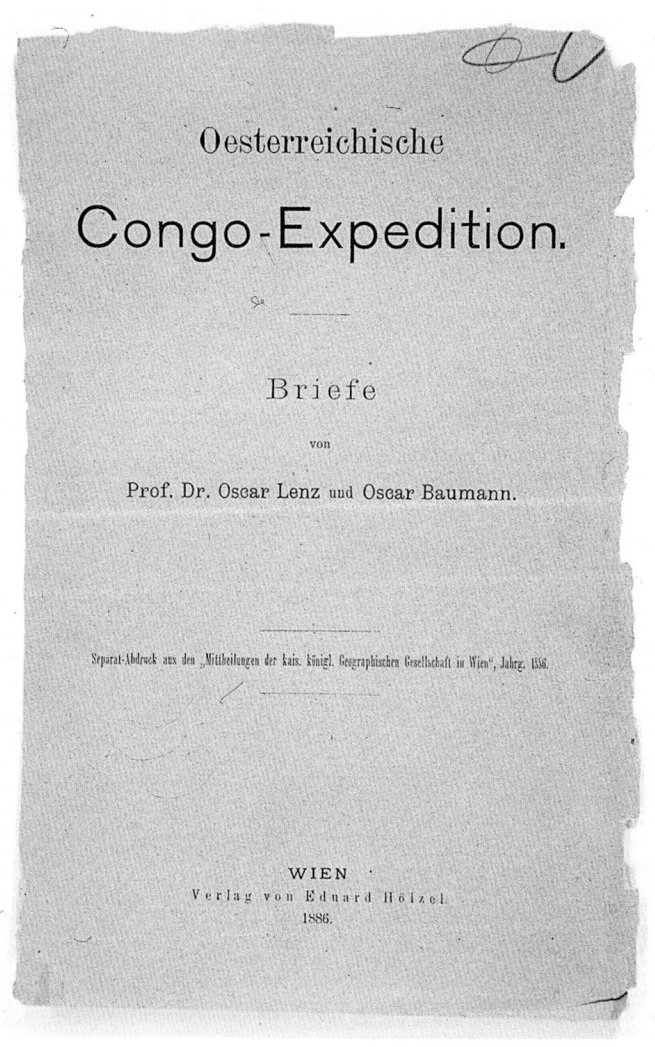

Er blieb 18 Tage und zog dann, wieder als erster Europäer, zur Senegalmündung an der afrikanischen Westküste weiter.

Nach seiner Rückkehr nach Wien wurde Lenz zum Generalsekretär der Geographischen Gesellschaft ernannt. 1885/86 durchquerte er als Leiter der österreichischen Kongoexpedition den afrikanischen Kontinent noch einmal, diesmal von der Kongo- zur Sambesimündung. Diese Expedition verlief aber nicht glücklich: Bei den Stanleyfällen musste Oscar Baumann, der Begleiter von Lenz, umkehren, weil er krank war. Auch das Vorhaben, zu den im Zuge des Mahdi-Aufstands in Gefangenschaft geratenen Europäern, darunter Emin Pascha, vorzudringen, scheiterte. Die wissenschaftlichen Ergebnisse dieser Reise aber waren beachtlich. Lenz hatte eine vollständige Karte des unteren Kongo erstellt.

Die Karawane. Gemälde von Alexandre-Gabriel Decamps (1803–1860), Öl auf Leinwand, Louvre, Paris. In seinem Werk »Timbuktu« (2 Bde., Leipzig 1884) schreibt Lenz: »Anfangs reisten wir noch bei Tag, hernach, als es immer unerträglicher heiß wurde, machten wir nur mehr Nachtreisen, zumeist von 6 Uhr abends bis 6 oder 7 Uhr früh. Untertags ruhten wir in unseren Zelten, schlafend, rauchend, Kaffee schlürfend, ich allerdings auch oft an meinen Tagebüchern schreibend, von den Strapazen der vorhergegangenen Reise aus.« Alexandre-Gabriel Decamps lebte 1827/28 im Orient und gilt als einer der wichtigsten Entdecker orientalischer Motive für die Kunst.

Ludwig von Höhnel

GEBOREN: 6. August 1857 in Pressburg (Bratislava)
GESTORBEN: 23. März 1942 in Wien

Leitete die aufwendigen Vorbereitungen für die große Ostafrika-Expedition mit Umsicht: Ludwig Ritter von Höhnel. Foto, um 1930.

Der Entdecker des Rudolfsees

Eine unendliche Schlange von Trägern auf dem Marsch ins Innere des Schwarzen Kontinents. An ihrer Spitze Samuel Graf Teleki von Szék, ein passionierter Jäger, reich genug, sich den Luxus einer Expedition leisten zu können. Neben ihm Ludwig von Höhnel, der wissenschaftliche Leiter des Unternehmens: So zog die Karawane der österreichisch-ungarischen Ostafrika-Expedition zum Kilimandscharo, zum Mount Kenya und schließlich nordwärts nach Njems (Njamusi). Sie gelangte in Gegenden von bizarrer Schönheit, durchquerte mörderisch heiße Salzsteppen und sah Tiere, die nie zuvor ein Europäer erblickt hatte, kämpfte gegen Hitze, Wassermangel und unbekannte Krankheiten. Teleki und Höhnel entdeckten zwei Seen und nannten sie nach dem Kronprinzenpaar Rudolf- und Stephaniesee. Als die Expedition nach 22 Monaten mit großen Verlusten die Küste bei Mombasa erreichte, hatte sich das geographische Bild Afrikas verändert.

Ludwig von Höhnel entstammte einer altösterreichischen Beamtenfamilie. Der Vater kam aus Ostpreußen, die Mutter aus Bruck an der Leitha, er selbst wurde in Pressburg geboren. Als er im Alter von sechs Jahren zum ersten Mal das Meer sah, schlug ihn die unendlich scheinende Weite in ihren Bann. Von da an stand für ihn fest, dass er einmal zur See fahren wollte. Dem Vater war das recht. Er schickte ihn an die Marineakademie in Fiume. Im Alter von 19 Jahren wurde er als Seekadett ausgemustert. In den folgenden Jahren diente er in verschiedenen Funktionen in der k. u. k. Marine, unter anderem als Schiffsfähnrich und Navigationsoffizier auf der Yacht »Greif«, die dem Kronprinzen, Erzherzog Rudolf, zur Verfügung stand.

So sehr Höhnel das Meer auch faszinierte, so sehr ödete ihn jedoch mit der Zeit das Leben in diversen Hafenstädten an. Er vertrieb sich die Zeit immer öfter mit dem Glücksspiel, hatte Schulden und träumte von einem sinnvolleren Leben. Sein »angeborenes lebhaftes Interesse für die Naturwissenschaften«, wie er später schrieb, und seine alte Sehnsucht nach der Ferne ließen ihn »Reisewerke ohne Zahl und Wahl verschlingen«. Was ihn beson-

Graf Samuel Teleki.

Der Begleiter Höhnels in Ostafrika: Graf Samuel Teleki von Szék (1845–1916). Teleki stammte aus einer vermögenden ungarisch-siebenbürgischen Adelsfamilie und lernte Höhnel 1886 auf der »Greif«, der Yacht des Kronprinzen Rudolf, kennen. Zeichnung nach einem zeitgenössischen Foto.

ders faszinierte, waren die Berichte der großen Afrikaforscher. Bald brannte er darauf, sich auf einer Reise in das Innere des dunklen Kontinents zu bewähren und sich einen Namen zu machen. Er begann sogar, sich durch intensives Training körperlich darauf vorzubereiten.

Dass ein anderer Altösterreicher, Samuel Graf Teleki von Szék, ein sehr begüterter Edelmann aus Siebenbürgen, zur selben Zeit dieselben Träume hatte, konnte er freilich nicht ahnen.

Teleki war ein passionierter Jäger und Sportler. Er hatte schon zahlreiche Jagdexpeditionen unternommen, nun aber hatte er sich eine Forschungsreise in das Innere Afrikas in den Kopf gesetzt. Als er Kronprinz Rudolf von diesem Projekt berichtete, reagierte dieser sofort sehr interessiert und lud Teleki Anfang 1886 zu einem Gespräch auf die Insel Lacroma bei Ragusa ein.

Höhnel führte es später schlicht auf seinen »guten Stern« zurück, dass er gerade auf der »Greif« Dienst tat, als der Kronprinz damit nach Lacroma segelte. Er hörte von Telekis Vorhaben, bat den

Kronprinzen, ihn zu empfehlen – und erfuhr schon am nächsten Tag, dass sein sehnlichster Wunsch in Erfüllung gehen sollte.

Teleki und Höhnel wurden sich rasch einig. Nun begann die hektische Zeit der Vorbereitung. Teleki fuhr nach Frankreich und England, um spezielle Ausrüstung zu besorgen, Höhnel war für die Organisation in der Heimat zuständig. Sie verabredeten sich für Oktober in Sansibar.

Höhnel war als Erster an Ort und Stelle. Er war mit der »Titania«, einem der schönsten Schiffe des Österreichisch-Ungarischen Lloyd, nach Aden gereist und dann mit all seinem Gepäck, 140 Kisten und Ballen an Expeditionsausrüstung, auf einem britischen Dampfer nach Sansibar. Seine Aufgabe war es nun, das Gepäck zu sortieren, zu ordnen und auf Traglasten von 35 Kilo zu verteilen. Das war keine Kleinigkeit. Schließlich gab es Zelte, Stühle, Tische, Betten, Instrumente, Sägen, Äxte, Messer, Proviant, Gewehre, Munition, Boote, Masten, Segel, Tauwerk, Plachen und noch hunderterlei andere Dinge. Es stand ihnen eine mehrjährige Reise bevor, und Teleki wollte auch auf Reisen nicht auf einen gewissen Komfort verzichten.

Ein eigenes Kapitel waren die Waren für den Tauschhandel. Mit ihrer Beschaffung betraute Höhnel den »Küstenneger« Dschumbe Kimemeta, den er als Führer der »Expedition nach den Massailändern« gewonnen hatte. Die Tauschwaren bestanden unter anderem aus 600 weißen und 100 roten Stoffballen, 2,8 Tonnen Glasperlen, 100 Traglasten Eisendraht und 15 Traglasten Messing- und Kupferdraht.

Die Träger wurden erst nach der Ankunft Telekis rekrutiert. Auch das war keine leichte Aufgabe, denn zur gleichen Zeit rüstete Sir Henry Morton Stanley gerade eine Expedition aus, um Emin Pascha, den aus Deutschland stammenden ägyptischen Gouverneur, der in die Hände der Mahdisten gefallen war, zu befreien, wofür er mindestens 500 Mann brauchte. Außerdem boten sich auch viele Menschen an, bei denen schon von vornherein klar war, dass sie den Strapazen nicht gewachsen wären.

Im Jänner 1887 konnten die Vorbereitungen dennoch abgeschlossen werden. 200 Träger waren angeworben worden und 450 Traglasten lagen bereit. Ein großer Teil davon wurde in Lagern deponiert, er sollte als Nachschub dienen.

Am 21. Jänner 1887 brach die Expedition auf. Per Schiff ging es von Sansibar nach Pangani an der Mündung des gleichnamigen Flusses. Von dort sollte die Reise am Kilimandscharo vorbei durch das Massailand zu dem von Joseph Thomson 1883 entdeckten Baringosee und weiter nach Norden führen, in ein Gebiet, das bis zum südäthiopischen Bergland als *terra incognita* galt. Teleki und Höhnel hatten von Karawanenleitern gehört, dass dort zwei weitere Seen liegen sollten. Diese machten sie zu ihrem Ziel.

Schon die ersten Tage waren turbulent. Die Karawane zog den Panganifluss aufwärts, am Usambarabergland entlang Richtung Osten. Nicht nur, dass die Esel ihre ungewohnte Last ständig abwarfen und ausrissen, es machten sich auch ganze Scharen von Trägern aus dem Staub. Es gelang ihnen jedoch nicht, mit ihrem Vorschuss von drei Monatslöhnen zu türmen. Höhnel kehrte nach Sansibar zurück, erwirkte dort bei den Behörden die Verfolgung und Festnahme der Männer und machte sich mit ihnen noch einmal auf den Weg – diesmal allerdings kettete er jeweils vier Träger aneinander.

Teleki war mit der Karawane inzwischen weitermarschiert – nicht ohne Zwischenfälle. Einmal zettelten seine Leute unterwegs wegen einer Dorfschönen einen regelrechten Krieg an, bei dem es Tote und Verletzte gab, dann wieder wurde die Karawane von Wanderameisen und Bienen überfallen.

Sobald die Karawane in die Nähe von Siedlungen kam, wurde mit dem Dorfältesten ein *schauri* abgehalten, ein Gespräch, das dazu diente, Geschenke auszutauschen. Die Geschenke galten als eine Art »Passierschein« und als Auftakt für einen Markt, bei dem die Eingeborenen ihre Lebensmittel zum Kauf anboten. Die Männer der Karawane bezahlten mit Glasperlen und Stoffbahnen, die sie jede Woche als Lohn erhielten.

Für die Träger brachte die Reise große Strapazen mit sich. Sie mussten bei glühender Hitze mit einer Last von 35 Kilo auf dem Rücken marschieren. Außerdem hatten viele Doppellasten zugeteilt bekommen, kantige Gegenstände oder Kisten. So gab es kaum eine Nacht, in der nicht einige Männer »desertierten«. Einmal gelang sogar drei von vier Aneinandergeketteten die Flucht – ohne dass der vierte etwas bemerkt hätte, er schlief nämlich tief und fest. Ein weitaus schwererer Schlag war die Flucht jenes Mannes, der die wertvollste aller Lasten zu tragen hatte: die Bücher- und Kartenkiste. Alle Bemühungen, ihn einzuholen und zurückzubringen, schlugen fehl. Höhnel beschrieb die Folgen später so: »Und so kam es, dass wir trotz sorgfältigster Ausrüstung unsere Reise ohne alle wissenschaftlichen Hilfsbücher, ja selbst ohne das kleinste Kärtchen von Afrika auszuführen gezwungen waren.«

Teleki und Höhnel gingen streckenweise getrennte Wege. In Mikotscheni, einem 500 Meter hoch gelegenen Lagerplatz am Pangani, trafen sie sich wieder. Wenige Tage später trennten sie sich abermals. Teleki marschierte die rund 70 Kilometer lange Strecke zwischen Mikotscheni und Upuni, die vor ihm noch kein Europäer zurückgelegt hatte, am Pangani entlang, und Höhnel passierte das Paregebirge auf der Westseite. Gemeinsam zogen sie dann entlang des Dschipesees nach Taweta.

Die Männer waren unglaublichen Belastungen ausgesetzt. Es kam vor, dass sie aus Erschöpfung neben dem Pfad liegen blieben. Auch die Verpflegung war nicht immer gesichert. In unbewohnten Gebieten, wo es keine Gelegenheit zum Tauschhandel gab, mussten sie sich mit Getreidebrei zufrieden geben. Es sei denn,

Teleki hatte Glück beim Jagen, dann gab es Fleisch. Teleki legte seine Büchse oft und gern an. Auf Impalas, Antilopen, Nilpferde, Krokodile, Nashörner, einmal sogar auf einen dreieinhalb Meter langen Python.

Mitte April marschierte die Karawane am Fuß des Kilimandscharo durch waldige Ebenen westwärts in Richtung des Berges Meru. Es regnete jetzt häufig, vor allem nachts. Die Pfade waren schlüpfrig, die Bäche wurden bald zu reißenden Flüssen, in denen es von Krokodilen wimmelte, Gras und Büsche troffen vor Nässe und die Männer kamen tagelang nicht aus den feuchten Kleidern heraus. Dazu kamen Begegnungen mit Wamerukriegern. Sie tauchten in Scharen auf, versperrten der Karawane mit Schilden und Lanzen den Weg und forderten in stundenlangen *schauri* Geschenke. Teleki und Höhnel hatten aber in Taweta reichlich Geschenke verteilt und deshalb keine auf den Marsch mitgenommen. Sie hatten geglaubt, damit die Genehmigung zum Aufenthalt in diesem Gebiet erwirkt zu haben.

Die Situation verschlimmerte sich. Es regnete Tag und Nacht. Teleki und Höhnel gaben ihr Vorhaben, den Meru zu besteigen, auf und kehrten auf einer südlichen Route, über Klein-Aruscha und Kahe, nach Taweta zurück. Höhnel konnte trotzdem zufrieden sein. Ihm war es auf dieser Tour gelungen, eine detaillierte hydrographische Karte dieses wasserreichen Gebietes anzufertigen.

In Taweta war es Zeit für eine Bestandsaufnahme. Teleki und Höhnel öffneten alle Kisten und sahen, dass nicht mehr viel da war. Also musste für Nachschub gesorgt werden. Ein Teil der Männer wurde zurück zu den Lagern geschickt, in denen die Waren deponiert worden waren. Sie fanden viele Kisten aufgebrochen vor. Da es jedoch eine regelmäßige Postverbindung der Church Mission Society in Motschi am Kilimandscharo mit Mombasa gab, konnten besonders wichtige Waren nachbestellt werden.

Am 9. Juni 1887 brachen Teleki und Höhnel mit 62 Trägern zur Besteigung des Kibo, des Hauptgipfels des Kilimandscharo, auf: »Ein wolkenloser Himmel blaute über uns, und der Kibo, das Ziel, welches uns vorschwebte, stand während des ganzen ersten Marschtages klar und rein vor unseren Augen – ein Anblick, durch den selbst das prosaische Karawanenvolk zu stiller, bewundernder Betrachtung gestimmt wird.«

Mit 15 Trägern, die die Instrumente, zwei kleine Bergzelte, Decken und Proviant trugen, stiegen sie in neun Tagen in eine Höhe von 4.000 Metern auf und errichteten dort ihr höchstes Lager. In der Nacht wurde es bitterkalt: Das Thermometer fiel auf −11 Grad, das Wasser fror in den Flaschen ein. Früh am nächsten Morgen machten sich Teleki und Höhnel mit Steigeisen, Eispickeln und Bergstöcken auf den Weg. Bald aber zeigte sich, dass Teleki für diese Tour die besseren Voraussetzungen mitbrachte. Höhnel beschrieb seine Schwierigkeiten so:

Die Kleinigkeiten, welche ich zu tragen hatte, schienen mir Zentnerlasten, die dicken Kleider fielen lästig und dazu kam ein sich fortwährend steigerndes, schließlich ganz unerträgliches Durstgefühl. Immer häufiger musste ich halten, um auszuruhen, hauptsächlich aber um meine Lungen mit der dünnen Luft voll zu pumpen, während Graf Teleki noch hurtig von Fels zu Fels sprang. Ein Gefühl völliger Gleichgültigkeit gesellte sich dann dazu, und wenn ich mich schließlich dennoch weitermühte, so war nicht das Erreichen des Kibogipfels mein Ziel, sondern ein Schneefleck, der in der Ferne winkte, an dem ich meinen brennenden Durst löschen wollte.

Am späten Vormittag gab Höhnel auf. Teleki marschierte weiter und konnte die 5.000-Meter-Grenze überschreiten. Dann begannen ihn heftiges Ohrensausen und ein großes Schlafbedürfnis zu quälen, also kehrte auch er um. Samuel Graf Teleki war der erste Mensch, dem es gelungen war, den Kibo bis in eine Höhe von rund 5.300 Metern zu besteigen.

Am Kilimandscharo sollte übrigens zwei Jahre später, 1889, wieder ein Österreicher eine wesentliche Rolle spielen: Ludwig Purtscheller aus Innsbruck fungierte bei der Erstbesteigung des höchsten afrikanischen Berges als Bergführer des deutschen Geographen Dr. Hans Meyer.

Teleki und Höhnel marschierten nun an der Ostseite des Kilimandscharo ins Massailand weiter. Wasserlöcher gab es nur in großen Abständen. Hier hatten sie reichlich Gelegenheit zur Jagd auf Büffel und Giraffen, Hyänen, Zebras, Nashörner und Elefanten. Am 27. August erreichte die Karawane Ngongo Bagass, einen an der Grenze zwischen Massai- und Kikujuland gelegenen Lager-

platz, wo man Lebensmittel kaufen konnte. Über diesen Ort wagten sich Handelskarawanen nie hinaus. Bisher war noch keine durch das Land der Kikuju in Richtung Mount Kenya weitermarschiert. Angeblich lauerten dort Eingeborene mit vergifteten Pfeilen.

Doch Telekis und Höhnels Karawane brach am 7. September ins Kikujuland auf. Diesmal gab es eine strenge Marschordnung, an der Spitze ging Teleki, gefolgt von Dschumbe Kimemeta und den anderen Anführern, den Trägern, den Lasttieren und dem Proviantvieh, die Nachhut bildete Höhnel. Alle hatten ihre Waffe stets schussbereit zu halten. Die ersten Begegnungen mit den Kikuju verliefen überraschend harmlos. Tauchten Eingeborene auf, riefen sie schon von weitem: »Freund, wir wollen keinen Kampf!« Auch wenn die Karawane ihr Lager aufschlug, erwiesen sie sich als friedfertige Leute, die in Scharen kamen, um Waren zum Kauf anzubieten. Später, auf dem Marsch über lang gezogene Bergrücken und beim Überqueren von rund 60 reißenden Bächen, änderte sich die Situation. Immer wieder kam es vor, dass Kikujukrieger, oft zu Hunderten und schwer betrunken, der Karawane den Weg versperrten, sie einkreisten und bedrohten. Dreimal war die Situation besonders brenzlig.

Höhnel war während der letzten Wochen des Marsches krank. Nur mit Mühe bewältigte er die Tagestouren. Daher konnte er

Elefantenjagd am Njiroberge: Höhnel, wie Graf Teleki ein passionierter Weidmann, berichtet über dieses »Vergnügen«: »Die Jagd auf diese Tiere war für uns von um so größerem Reiz, als sich uns dabei bezüglich derselben immer neue und überraschende Erfahrungen aufdrängten. Einmal ließen sie sich hinschlachten wie Schafe, verloren, wenn gejagt, vollständig den Kopf und schienen blind und taub für alles um sie herum zu sein. Dann wieder gaben sie uns Beweise einer ganz erstaunlichen Behendigkeit und zielbewussten Angriffslust.« Illustration aus Höhnels Reisewerk »Zum Rudolph-See und Stephanie-See« (Wien 1892).

Teleki auch nicht begleiten, als dieser am 17. Oktober bei strömendem Regen zur Besteigung des Mount Kenya aufbrach. Er schaffte es bis auf 4.680 Meter und konnte von dort den schneegefüllten Krater überblicken. Er war der erste Mensch, der am Mount Kenya diese Höhe erreichte.

Auch Höhnel konnte bald einen schönen Erfolg verbuchen. Während Teleki mit der Karawane in Richtung Njemss weiterzog, unternahm er mit nur wenigen Trägern eine 17-tägige Exkursion zum Fluss Guasso Njiro, an dem er den Loriansee vermutete. Damit war er der Erste, der ein größeres Stück des Oberlaufs dieses Flusses erkundete. Besonders weit kam er in dieser »unbekannten, unbewohnten und schauderhaft schwierigen Wildnis« allerdings nicht, bevor er umkehren musste. Erst 1892, als er mit der Expedition des Amerikaners William Astor Chanler wiederkam, hatte er Gelegenheit, den See zu erforschen.

Gemeinsam zogen Teleki und Höhnel nun über das Plateau von Leikipia in Richtung Norden. Sie erreichten Njems, einen Ort, den sie sich ähnlich wie Taweta vorgestellt hatten. Die Enttäuschung war groß, als es sich nur um eine ärmliche Ansiedlung handelte, in der es ausgesprochen schwierig war, die nötigen Lebensmittel zu beschaffen. Teleki nützte die Zeit zu Jagdausflügen. In der Umgebung des Baringosees stieß er auf Nashörner, Elefanten, Büffel, Waldantilopen und Löwen. Die Männer ernährten sich zu dieser Zeit fast ausschließlich von Fleisch. Getreide bekamen sie nur in Ausnahmefällen zu sehen.

Für Höhnel war es eine schwere Zeit. Er litt an Durchfällen, Fieber und Schlaflosigkeit, war ans Bett gefesselt und Ende Jänner dem Tod näher als dem Leben. Doch im Februar erholte er sich endlich.

Die Weiterreise sollte sie nun in Gebiete führen, die noch kein Europäer betreten hatte. Es war ihnen erzählt worden, dass es dort einen großen See gebe, vielleicht sogar zwei. Einmal hieß

es, für die Umrundung des Sees brauche man einen Monat, einmal, ein Jahr. Entsprechend schwierig war die Entscheidung über die mitzunehmende Ausrüstung.

Am 10. Februar 1888 traten Teleki und Höhnel von Njems aus den Marsch ins Unbekannte an. Sie passierten den Baringosee, erreichten durch wild zerklüftete Schluchten das Plateau von Leikipia und marschierten durch die Savanne zu den dicht bewaldeten Loringhibergen. Was der Expedition in dieser Gegend das Leben besonders schwer machte, war ein heftiger Wind, der vormittags aufkam und sich bis zum Abend steigerte. Das Unangenehmste war, dass er ungeheure Mengen an Sand und Staub mit sich führte, sodass man morgens von einer dichten Staubschicht überzogen aufwachte, kein Essen genießbar war und die Instrumente kaputtgingen.

Aber es kam noch schlimmer. Bald kam die Karawane in eine absolut trockene Steppe. Tag um Tag verging, ohne dass ihnen ein Wasserloch unterkam. 80 Kilometer mussten Männer und Tiere in glühender Hitze zurücklegen, bis sie endlich am Fuß des Berges Njiro Wasser fanden.

Ein junger Mann aus dem Norden, der bei Verwandten am Njiro zu Besuch war, führte Teleki und Höhnel schließlich zum lang gesuchten See. Am 5. März 1887, nach einem langen Marsch über vulkanische Plateaus und Bergrücken, hielt die Karawane auf einer Anhöhe. Unter ihr lag der See, der *basso narók*, der »Schwarze See«.

Afrikas fünftgrößter See zeigte sich seinen europäischen Entdeckern an diesem Punkt von seiner schönsten Seite. Am Ostufer lag ein breiter, sanft ansteigender Vulkan, der Kuláll, dessen Hänge in flaches, wüstenähnliches Terrain ausliefen. Im Süden lagen mehrere ringförmige Hügel, die bläulich-gelbe Wolken ausstießen und deren Umgebung aus schwarzem Lavagestein bestand – Vulkane. Auch eine Insel im südlichen Teil des Sees trug 16 Vulkankrater.

Teleki und Höhnel waren sich bewusst, dass dies die Krönung ihrer Expedition war. Teleki erinnerte sich daran, wie wohlwollend Kronprinz Rudolf seinen Reiseplänen begegnet war. Er nannte das Gewässer »in tief gefühlter Dankbarkeit für das hohe Interesse, das S. k. Hoheit Erzherzog Kronprinz Rudolph unserer Forschungsreise entgegenbrachte«, Rudolfsee – heute heißt er Lake Turkana.

So schön und lieblich der See von oben auch wirkte, er bot den müden Reisenden eine böse Überraschung, wie Höhnel notierte:

Wiewohl aufs Äußerste erschöpft durch den siebenstündigen Marsch bei versengender Hitze, kam doch wieder die Freude zum Durchbruche, als wir den Strand betraten und das schöne, kristallklare Wasser vor uns hatten. Jubelnd eilte die Menge, sich in die Fluten zu stürzen, kam jedoch bitter enttäuscht bald wieder zurück: Das Wasser schmeckte salzig! – Nach dieser Enttäuschung drängte sich mit einem Male die ganze, grauenhafte Öde der Landschaft wie ein drohendes Schreckgespenst vor unsere Augen. In welche Wüste waren wir da geraten! Kein Lebewesen teilte die düstere Einsamkeit mit uns, und so weit unsere Fernrohre reichten, überall Wüste, nichts als Wüste!

Außerdem fegten glutheiße Sandstürme das Ufer entlang. Teleki und Höhnel begriffen langsam, warum diese Gegend unbewohnt war. Sie ahnten, dass ihnen die kommenden Tage ungeahnte Qualen bescheren würden. Fünfzehn Tage würden sie bis zum Stamm der Reschiat brauchen, ihr Proviant aber reichte nicht einmal für zehn.

Die Umgebung des Sees erwies sich als wahre Hölle. Glühende Hitze, Sandwolken, kein Tropfen Trinkwasser. Schon am nächsten Morgen wollten sie nichts wie weg – doch das war nicht so einfach. Auf dem Marsch liefen die durstgeplagten Menschen und Tiere immer wieder zum Wasser, tranken ein paar Schlucke und machten sich nass. Bald aber zeigte sich die abführende Wirkung des Wassers. Außerdem

schnitten sich die Männer an den scharfkantigen Steinen am Ufer die Füße auf. Zwei Rinder mussten geschlachtet werden, zwei Kälber wurden in Tragematten weitertransportiert.

Am Kuláll endlich stieß die Karawane auf Süßwasserquellen. Essbares fand sich aber auch hier nicht, ebenso wenig wie im Norden des Sees, wo man auf eine Gruppe von Fischern traf. Die Karawane zog weiter, von Hitze, Hunger und Durst geplagt. Schließlich gingen die Lebensmittelvorräte zur Neige und die mitgeführten Rinder wurden geschlachtet.

Erst nach einem unvorstellbar anstrengenden Marsch von zwölf Tagen besserte sich die Situation. Nahe der Bucht von Alia tauchte statt des öden Bodens Erde auf, bald waren die ersten Büsche und Bäume zu sehen, und hier fanden sie auch endlich Jagdbeute.

Das Nordende des Sees erreichte die Karawane Anfang April. Die hier lebenden Reschiat empfingen sie freundlich. Bald aber wurde es nasskalt, erste Schauer kündigten die bevorstehende Regenzeit an. Jetzt zeigte sich das ganze Ausmaß der Erschöpfung. Höhnel:

Die Leute begannen zu zittern und zu wanken; fast die Hälfte wehklagte und weinte, dass die Tränen in hellen Strömen über ihre aschgrauen Backen herabliefen. Mechanisch und halb gelähmt, gleich Kindern jammernd, folgten sie dem Pfade durch die überflutete Gegend. Zwei Leute kamen ganz von Sinnen. Sie warfen ihre Lasten ab und rannten, so schnell sie konnten, in wilder Hast querfeldein durchs Gebüsch; einen der beiden gelang es einzuholen und zur Vernunft zu bringen. Den anderen fanden wir zwei Monate später als Skelett.

Die Karawane marschierte sieben Tage lang nach Osten. Am 20. April 1888 stieß sie auf einen zweiten, weitaus kleineren See, den *basso ebór* (»Weißer See«) – ebenso ohne Vegetation, auch sein Wasser salzig. Die Ufer waren von Marabus und anderen Wasservögeln bevölkert. Teleki nannte dieses Gewässer Stephaniesee.

Nach einem kurzen Aufenthalt am Südufer trat die Karawane am 10. Mai den Rückmarsch an. Wieder gepeinigt von Hunger und Durst, zog sie in das Gebiet der Turkana. Hier führte der Weg durch vulkanisches Terrain. Einer der »Feuerberge« erhielt den Namen »Graf-Teleki-Vulkan«.

Nun waren die Nahrungsmittelreserven endgültig verbraucht. Also zog die Karawane weiter flussaufwärts, in das Gebiet der Suk. Aber auch dort gab es nichts zu essen. Und so begannen die Männer abends auszuschwärmen, stundenlange Fußmärsche auf sich zu nehmen und weit entfernte Getreidefelder zu plündern. Einmal stahlen sie sogar eine Viehherde.

Über den Baringosee erreichte die Karawane am 30. Juli 1888 das alte Lager bei Njemss. Sie marschierte nach Taweta und von dort an die Küste. Am 25. Oktober 1888 traf sie in Mombasa ein und setzte nach Sansibar über – erschöpft und stark dezimiert.

Die Expedition von Teleki und Höhnel war eine der großen Pioniertaten in der Entdeckungsgeschichte Ostafrikas. Ihre wissenschaftliche Bedeutung ist immens. Die nach Höhnels Angaben gezeichneten Karten vom Ostafrikanischen Graben gelten als die besten eines Afrikareisenden. Seine wissenschaftlichen Beobachtungen, seine botanischen, geologischen und völkerkundlichen Sammlungen waren Meilensteine.

Höhnel setzte sich nach dieser Expedition nicht zur Ruhe. Schon 1892 begleitete er den Amerikaner William Astor Chanler in das Gebiet des Mount Kenya. Auf dieser Expedition verletzte ihn ein Nashorn so schwer, dass er 54 Tage auf einer Bahre getragen werden musste, todkrank an der Küste eintraf und nur durch eine Operation gerettet werden konnte. Zwei Jahre später trat er wieder in die k. u. k. Marine ein. Er diente auf den Fregatten »Tegetthoff« und »Laudon«, war vier Jahre lang Flügeladjutant des Kaisers und kommandierte 1905 den Kreuzer »Panther«, auf dem eine österreichische Delegation nach Äthiopien zu Kaiser Menelik reiste. Die »Panther« fuhr später weiter nach Australien, zu Forschungen für das Naturhistorische Museum, und nach Neuseeland, um dort im Auftrag des Kaisers österreichische Gämsen anzusiedeln.

Höhnel beendete seine Laufbahn als Konteradmiral und Kommandant der k. u. k. Marine in Pola. Im Ruhestand widmete er sich seiner wissenschaftlichen Arbeit.

Oscar Baumann

GEBOREN: 25. Juni 1864 in Wien
GESTORBEN: 12. Oktober 1899 in Wien

Zwei Rinnsale als Quellen des Nils

Ein unfehlbarer Instinkt scheint es gewesen zu sein, der Oscar Baumann, den Sohn eines hohen Beamten der Österreichisch-Ungarischen Bank, dazu brachte, Forschungsreisender zu werden. An der Universität entschied er sich für keine bestimmte Studienrichtung, sondern hörte historische Vorlesungen ebenso wie naturwissenschaftliche. Dann ging er an das Wiener Militärgeographische Institut, um sich im topographischen Arbeiten zu üben.

Glaubte 1892 im Ruwuwu, einem Nebenfluss des Kagera, den Quellfluss des Nils gefunden zu haben: Oscar Baumann. Foto, um 1895.

Schon mit 19 unternahm Baumann seine erste Forschungsreise. 1883 ging er nach Montenegro, erkundete das Durmitorgebirge und überraschte die Fachwelt in Wien mit seinen Ergebnissen — so sehr, dass ihn Oskar Lenz zwei Jahre später als Topographen für seine österreichisch-ungarische Kongoexpedition engagierte. Auf dieser Reise erkrankte Baumann so schwer, dass er von den Stanleyfällen an die Küste zurückkehren musste. Zuvor aber hatte er am linken Kongoufer die Strecke von Ango Ango bis Léopoldville, dem heutigen Kinshasa, in 42 Marschtagen dreimal zurückgelegt, um Träger zu beschaffen. Dabei hatte er das Kongoufer mit Kompass und Uhr so genau aufgenommen, dass er eine exakte Kartenskizze anfertigen konnte. Sie diente später als Grundlage für alle Karten dieses Gebietes.

Auf der verfrühten Rückreise vom Kongo erholte sich Baumann rasch. So konnte er im September 1886 noch auf Fernando Póo, einer Insel im Golf von Guinea, Station machen. Er erforschte sie gründlich und verwertete die Ergebnisse 1887/88 in seiner Doktorarbeit.

1888 wandte sich Baumann der Erforschung Ostafrikas zu. Seine erste Reise führte ihn mit der Expedition Hans Meyers von Pangani ins Usambara-Bergland, das dabei zum ersten Mal von Europäern der Länge nach durchquert wurde. Nicht ohne Turbulenzen, denn an der Küste waren Araberunruhen ausgebrochen und hatten das Land in Aufruhr versetzt. Meyer und Baumann fielen Rebellen in die Hände und kamen erst gegen ein Lösegeld frei, der Hauptteil ihrer Karawane verschwand, und ihre komplette

Ausrüstung und das mühsam erstellte Kartenmaterial gingen verloren. Baumann konnte sich nach Pangani retten, und später gelang es dem englischen Konsul in Sansibar, wenigstens seine wissenschaftlichen Aufzeichnungen wieder zu beschaffen.

Diese Erfahrungen schreckten Baumann nicht ab. Schon 1890 war er im Auftrag der Deutschen Ostafrika-Gesellschaft wieder in Usambara. Seine Aufgabe bestand diesmal in der genauen Kartierung des Landes. Acht Monate lang erforschte er das Gebiet zwischen der Ostafrikanischen Küste und dem Kilimandscharo, den Panganifluss, dessen Stromschnellen er »Höhnel-Katarakte« nannte, und die bis dahin unerforschte Mangrovenküste. Das topographische Ergebnis war sensationell. Baumanns Karte machte das Land zwischen Pangani und dem Kilimandscharo zum ersten »vollkommen durchgearbeiteten Gebiet« von Deutsch-Ostafrika. Er schuf damit auch die Voraussetzung für die wirtschaftliche Erschließung. Doch seine größte Leistung als Entdecker sollte Baumann erst zwei Jahre später vollbringen.

1892/93 rüstete das Deutsche Antisklaverei-Komitee eine Expedition aus und übertrug die Leitung Oscar Baumann. Seine Aufgabe bestand »in der geographischen und wirtschaftlichen Erforschung der weiten, unbekannten Striche, die sich noch im Norden der deutschen Interessenssphären ausdehnten«.

Am 15. Jänner 1892 brach Baumann mit einer Karawane von 200 Mann von Tanga auf. Er zog im Osten der Usambara- und Pareberge nach Unter-Aruscha. Dort begann das eigentlich unbekannte Land. Baumann gelangte nach Urundi, »von dem bisher nur dunkle Gerüchte ins Ausland« gedrungen waren, und nach Ruanda, »jenes Fabelland, von dem viele Reisende gehört, das aber noch keiner betreten hat«. In Urundi folgte er am 19. September 1892 dem Fluss Ruwuwu bis zu seinen Quellen, »zwei kleinen, kaum einen halben Meter breiten Rinnsalen«. Sie flossen in den Kagerá, den wichtigsten Zufluss des Victoriasees, und waren für Baumann somit die lang gesuchten Quellen des Nils. Die Wissenschaft allerdings schloss sich seiner Meinung nicht an.

Vorbereitungen zum Aufbruch in Tanga, Anfang Jänner 1892: Oscar Baumann (Mitte) mit seinen Karawanenführern Mzimba bin Omari (links) und Mkamba (rechts). Baumann über das Verhältnis zu seinen Begleitern: »Von einschneidender Wirkung für das Gelingen einer Expedition ist die Wahl guter Karawanenführer. Für mich war dies umso mehr der Fall, als ich beschlossen hatte, keinen europäischen Begleiter mitzunehmen, sondern allein zu reisen. Vor allem brachte mich zu diesem Entschluss der Umstand, dass ich, wie ich offen gestehe, mich in Afrika unter Schwarzen am wohlsten fühle.«

Blick über die Altstadt von Sansibar. Foto von Oscar Baumann, der hier ab 1896 das Amt eines österreichisch-ungarischen Honorarkonsuls bekleidete.

Als Baumann im Februar 1893 nach einem Marsch von 4.000 Kilometern (davon zwei Drittel durch geographisches Neuland) wieder in Pangani eintraf, durfte er mit Recht sagen: »Die riesigen weißen Flecken, welche die Karte des nördlichen Deutsch-Ostafrika aufwies, [sind] ausgefüllt.«

Oscar Baumann kehrte nach Wien zurück, fasste seine wissenschaftlichen Erkenntnisse in dem Werk *Durch Massailand zur Nilquelle* zusammen und begab sich 1895 wieder auf Reisen. Zuerst erforschte er den Sansibar-Archipel, dann – für das Zuckersyndikat Deutsch-Ostafrikas – den unteren Panganifluss.

Im Februar 1896 wurde Baumann zum österreichisch-ungarischen Konsul in Sansibar ernannt. Nach drei Jahren erkrankte er schwer und musste nach Wien zurückkehren. Geschwächt von den Strapazen seiner vielen Reisen, starb er im Alter von 35 Jahren in seiner Heimatstadt.

Entdecker des Forole in Äthiopien

Der 3. Juli 1866 war ein schicksalsträchtiger Tag. Im Umland der Festung Königgrätz standen sich die Truppen Preußens und Österreichs gegenüber, 400.000 Mann. Die überaus verlustreiche Schlacht endete mit dem Sieg der preußischen Armeen, sie gilt als entscheidende Wegmarke für die Gründung des Deutschen Reichs wenige Jahre später. Einer der tausenden Verwundeten war der k. k. Generalmajor Eduard Graf Wickenburg. Er war an diesem Tag Vater geworden.

Der kleine Eduard Wickenburg wuchs in Rohrbach auf und absolvierte dann die Kadettenschule in Mährisch-Weißkirchen. Er stieg zum Oberleutnant des Husarenregiments Nr. 3 auf und hatte eine glänzende Militärkarriere vor sich. 1893 aber quittierte er den Militärdienst. Er hatte sich dazu entschlossen, ein Leben als Forscher und Reisender zu führen.

Tatsächlich gelang es Wickenburg, diese Träume zu realisieren. Er reiste in den Jahren 1893–1896 nach Indien, Ceylon, Australien, Siam und Indochina, auf die Malayische Halbinsel, nach Sumatra, Java, China und Japan, und dann auch noch nach Nordamerika. In den Jahren 1897/98 und 1901/02 war er auf dem afrikanischen Kontinent unterwegs, in Äthiopien, Somali-Land, Kenya und dem heutigen Tansania.

Die auch aus wissenschaftlicher Sicht bedeutendste Reise unternahm Wickenburg unter der Patronanz der »K. K. Geographischen Gesellschaft« in den Jahren 1901/02. Vom damals französischen Djibouti am »Horn von Afrika« aus brach er in den Süden Abessiniens auf. Auf diesem Marsch von 3.700 Kilometern Länge gelangte er über Harar und den Hawaschfluss nach Addis Abeba, dann zum Stephaniesee und entlang der heutigen Grenze zwischen Äthiopien und Kenia zu den Huri-Hills.

Nördlich von Marsabit entdeckte er einen mächtigen, aus dem von roter Erde geprägten Umland isoliert aufragenden, von schroffen Felsgraten gekrönten Berg. Der von den Einheimischen »Forole« genannte Berg taucht in späteren Landkarten immer wie-

Marschierte 3.700 Kilometer durch die Wildnis Ostafrikas: Eduard Graf Wickenburg.

der als »Mount Wickenburg« auf. Durch Gegenden, die nie zuvor ein Europäer betreten hatte, gelangte er über Laisamis zum Tana River und schiffte sich an dessen Mündung auf einer arabischen Dhau nach Lamu im damaligen Britisch-Ostafrika ein.

Vor dem Ersten Weltkrieg konnte Wickenburg noch eine weitere große Reise unternehmen. Sie führte ihn in den Jahren 1911–1913 nach Südamerika. Er besuchte Argentinien, die Falkland-Inseln, Feuerland und Kap Horn, Chile, Paraguay, Uruguay, Peru, Ecuador und Brasilien. Begeistert von Südamerika und seinen wirtschaftlichen Möglichkeiten, wälzte er schon Pläne für ein großes wirtschaftliches Projekt in Argentinien, das er gemeinsam mit Freunden realisieren wollte. Dann aber brach der Erste Weltkrieg aus und machte alle Pläne zunichte.

Wickenburg meldete sich bei Kriegsausbruch bei seinem Regiment, wurde dann aber auf eigenen Wunsch zur Infanterie versetzt. Er diente als Major und Oberstleutnant des Infanterieregiments Nr. 7 an der italienischen Front. Ein Jahr nach dem Ende des Krieges landete der leidenschaftliche Reisende im Hafen der Ehe. Er heiratete Marianne Freiin Warazda von Kunwald und wurde Vater von zwei Kindern, Eduard und Marietheres.

»Sesshaft« geworden, nützte Wickenburg die folgenden Jahre, um die Ergebnisse seiner Reisen aufzuarbeiten. Er war korrespondierendes Mitglied der österreichischen Geographischen Gesellschaft, stand in enger Verbindung mit anderen Forschungsreisenden wie Paulitschke, übergab Teile seiner Sammlungen dem Naturhistorischen Museum, dem Völkerkundemuseum und dem Haus der Natur in Salzburg. Seine Reise-Erfahrungen schrieb er in mehreren Büchern nieder, das bekannteste ist *Wanderungen in Ostafrika*. Einen Schwerpunkt bilden in diesem Buch — selbstverständlich für jene Zeit — die Jagderlebnisse. Wickenburg lieferte seinen Lesern aber auch interessante Beschreibungen der Menschen Afrikas. Über die Massai zum Beispiel berichtete er:

»Die Masai sind von schlankem Körperbau, haben kleine Hände und Füsse, breite Schultern, schön entwickelten Brustkorb, doch meist wenig Arm- und Wadenmuskulatur … Die Krieger tragen eine ganz eigenthümliche Frisur, indem sie ihr Haar lang wachsen lassen, hierauf dasselbe in ganz dünne Strähnen, die durch eingeflochtenen Bast verlängert und mit einem Gemisch aus Fett und rother Erde gefärbt werden, legen und aus diesen einen kurzen Zopf flechten, der mit Leder umwunden ist und ganz an die europäische Frisur des vorigen Jahrhunderts erinnert. Manche Leute brechen sich die beiden mittleren Schneidezähne im Unterkiefer ganz aus, und biegen die entsprechenden im Oberkiefer nach vorwärts, so dass diese auch aus dem geschlossenen Munde herausragen. Doch ist diese Sitte, die kei-

neswegs zur Verschönerung beiträgt, keine allgemeine. Die Ohrläppchen wer-
den schon in der Kindheit durchbohrt und allmählich so sehr erweitert, dass
sie fast die Schultern erreichen. In dieser Durchbohrung tragen die Masai
kleine Spiralen aus Draht, an denen Kettchen hängen, oder sie schieben
durch dieselbe ein rundliches Holzstück von etwa 12 cm Länge und 4 cm
Durchmesser. Wenn sie keinen Schmuck in den Ohren tragen, so stülpen sie
einfach den erweiterten Teil desselben über die Ohrmuschel hinüber. Einer
meiner Masaiführer trug sogar einmal mit sichtlichem Stolze durch sein
linkes Ohr gesteckt eine leere Blechdose, auf der eine Kuh abgebildet war und
die die Aufschrift ›Potted meat‹ trug . . .« [1]

Knapp vor seinem 70. Geburtstag wurde dem erfahrenen Reisenden und Forscher, der die gefährlichsten und einsamsten Weltgegenden unbeschadet durchquert hatte, ausgerechnet das Höllen-
gebirge zum Verhängnis. Er unternahm im Sommer 1936 während seines Urlaubes in Gmunden eine Bergtour und kehrte nicht
mehr zurück. Seither gilt er als verschollen.

[1] Eduard Graf Wickenbug:
Wanderungen in Ostafrika,
Gerold & Cie., Wien 1899, S. 318

AFRIKA

Friedrich Julius Bieber

GEBOREN: 24. Februar 1873 in Wien
GESTORBEN: 3. März 1924 in Wien

Die Suche nach dem letzten Pharao

Nach seinen Expeditionen widmete sich Friedrich Julius Bieber den bilateralen Beziehungen zwischen Äthiopien und Österreich-Ungarn. Im Bild mit dem Ritterorden »Stern von Äthiopien«. Foto, 1920 (Bezirksmuseum Hietzing).

Friedrich Julius Bieber war erst acht Jahre alt, als ihm sein Vater, ein kleiner Bankbeamter, zu Weihnachten ein Buch über Abessinien schenkte. Dieses Buch bestimmte sein ganzes Leben. Die Idee, einmal nach Abessinien zu reisen, ließ ihn nie wieder los.

Biebers Jugend verlief äußerst schwierig. Als er 14 war, starb der Vater. Die Mutter blieb mit fünf kleinen Kindern zurück, im Hause Bieber kehrte bittere Armut ein. An ein Studium des ältesten Sohnes Friedrich war nicht zu denken, also kam er zu einem Schuster in die Lehre.

Lange hielt er es dort nicht aus. Kaum 15, machte er sich auf den Weg nach Abessinien. Zu Fuß und praktisch ohne Geld. Er wanderte donauabwärts über den Balkan nach Konstantinopel, hielt sich mit Gelegenheitsarbeiten über Wasser und gelangte bis Eskisehir. Dort verdingte er sich in einem Kaffeehaus, lernte Türkisch – und bekam unendliches Heimweh, als ihn ein Brief der Mutter erreichte. Da wanderte er den ganzen Weg wieder zurück.

In Wien fand der 16-Jährige eine Anstellung bei einem Buchhändler, der sich auf Werke aus dem Orient spezialisiert hatte. Nun war er in seinem Element. Er nützte jede freie Minute zum Lesen.

1892 unternahm Bieber den zweiten Versuch, nach Abessinien zu kommen, diesmal gemeinsam mit einem jungen Offizier, den er für seine Idee begeistert hatte. Die beiden gelangten bis nach Eritrea, dem Vorland zum abessinischen Reich. Dann verweigerten ihnen die Behörden die Weiterreise. Der junge Offizier verschwand spurlos und Bieber musste allein die Heimreise antreten – durch Arabien, Kleinasien und über den Balkan.

Wieder in Wien, hielt Bieber Vorträge über seine Reiseerlebnisse und erlangte damit einen gewissen Bekanntheitsgrad. Er wurde als untergeordneter Beamter im k. u. k. Handelsministerium angestellt. Von Abessinien träumte er weiterhin, mehr aber noch vom südlich davon gelegenen Kaiserreich Kaffa. Seine freie Zeit nutzte er nun zum Studium des Amharischen, der abessinischen Verkehrssprache.

1897 überfielen die Abessinier unter ihrem Herrscher Menelik II., dem »Schwarzen Napoleon«, das Kaiserreich. Während die Bewohner von Kaffa nur Schilde, Pfeil und Bogen sowie Speere als Waffen hatten, rückten die Abessinier mit Gewehren und Kanonen vor. Kaffa unterlag, der Gottkaiser Gaki Scherotscho wurde gefangen genommen. Auch die uralte Krone fiel Menelik in die Hände. Er ließ sie außer Landes bringen, um zu verhindern, dass Kaffa einen Gegenherrscher krönen konnte, denn nach altem Glauben war die rechtmäßige Herrschergewalt an diese Krone gebunden.

Friedrich Bieber verfolgte diese Ereignisse von Wien aus mit größter Sorge. Er sprach inzwischen Amharisch und hatte sich im Selbststudium zum Spezialisten in Sachen Abessinien ausgebildet. So gelang es ihm 1904, von der österreichisch-ungarischen Regierung als kaiserlicher Spezialkurier nach Addis Abeba entsandt zu werden. Der offizielle Zweck dieser Reise war die Vorbereitung eines Handelsvertrages zwischen Österreich-Ungarn und Abessinien.

Menelik II. empfing Bieber in seinem Palast in Addis Abeba. Nach Kaffa zu reisen, gestattete er ihm jedoch nicht. Über Gaki Scherotscho erfuhr Bieber lediglich, dass er in einem demütigenden Zeremoniell mit einem Stein im Nacken auf einem Schandesel vor die goldenen Stufen von Meneliks Thron geführt und dann, mit einer silbernen Kette an einen Bewachungssklaven gefesselt, in die Verbannung geschickt worden war.

Oben: Im Kaiserreich Kaffa, der Heimat des wilden Kaffees, unterwegs zum »letzten Pharao«: die Expedition von Friedrich Julius Bieber und Baron Alphons Mylius beim Überqueren eines Flüsschens, 1905.

Unten: Abmarsch der Expedition Bieber-Mylius in Addis Abeba, Mitte April 1905.

Friedrich Julius Bieber am »Thronbett«
eines Vasallen des Kaisers von Kaffa.

Schon ein Jahr später reiste Bieber wieder in einer Handelsmission nach Abessinien, diesmal in Begleitung Ludwig von Höhnels. Kaiser Franz Joseph hatte der Delegation als Geschenk für Menelik eine Dampfstraßenwalze mitgegeben. Diesmal gelang es Bieber, bei Kaiser Menelik die Genehmigung für eine Reise nach Kaffa zu erwirken.

Als er Mitte April 1905 mit 50 Mann, 24 Maultieren und fünf Reittieren von Addis Abeba aufbrach, war er am Ziel seiner Träume. Er fotografierte und dokumentierte die Kaffakultur, studierte die Sitten und Gebräuche, die Religion und die handwerklichen Tätigkeiten. Er fand immer mehr Beweise dafür, dass es sich bei den Kaffitscho um die Nachkommen jenes Volkes handelte, das im 7. Jahrhundert v. Chr. unter Psammetich I. aus Ägypten ausgewandert war – und dass Gaki Scherotscho tatsächlich der letzte Pharao war.

1909 reiste Bieber abermals nach Abessinien. Kaiser Menelik war diesmal schwer krank. Er empfing seinen europäischen Gast trotzdem mit allen Ehren und ernannte ihn zum Obersten der abessinischen Armee und zum »Ritter des Stern von Äthiopien«. Doch am bedeutendsten für Friedrich Bieber war, dass er ihm erlaubte, Gaki Scherotscho zu sprechen.

Schon am Tag nach der Audienz begleitete eine Ehrenwache Bieber in das festungsähnliche Gefängnis, das eine halbe Tagesreise
außerhalb von Addis Abeba in einer Waldschlucht gelegen war.
Noch am Abend nach dem Besuch notierte Bieber aufgewühlt in
sein Tagebuch:

*Plötzlich stand er vor mir, der letzte Gottkaiser von Kaffa, Gaki Scherot-
scho – wie ein lebender Pharao! Seine hohe, erhabene Gestalt war bekleidet
mit einem schwarzen Manteltuch, unter dem seine Hände verborgen waren.
Um seinen Hals sah ich deutlich die silberne Kette, mit der er seit der großen Demütigungszeremonie im Palast zu Addis Abeba an seinen Sklaven
gekettet ist. Dieser hockte die ganze Zeit wie ein düsterer Schatten des Herr-
schers im Hintergrund. Nur wenn er oder der Gott-Kaiser den Kopf
bewegte, klirrte die silberne Kette schaurig in der dämmrigen Stille. Gaki
Scherotschos Kopf war schön anzusehen. Die hohe Stirn umrahmte ein
üppiger tiefschwarzer Haarkranz. Stolz, mit ehernen Zügen, schaute mich
der entthronte Kaiser von Kaffa an. Zwei klare, weise und doch fast gütige
Augen schienen zu fragen: »Warum kommt dieser fremde Mann mein Leid
bestaunen?«*

Das Gespräch mit dem letzten Pharao war sehr emotionsgeladen.
Der Gefangene fragte seinen Besucher mit ruhiger Stimme, ob
viele Männer aus Kaffa in die Sklaverei getrieben worden seien.
Als dieser bejahte, fiel er auf die Knie und begann zu beten. Dann

*Bieber war es zu verdanken, dass die
Kontakte mit Äthiopien immer besser
wurden: die abessinische Delegation
bei ihrem Besuch in Wien, 1907.
Foto Pietzner. 1913 wurde in Addis
Abeba ein Honorarkonsulat für die
österreichisch-ungarischen Kaufleute
in der Region eingerichtet.*

richtete er sich wieder auf und stand, wie in Erwartung eines Wunders, reglos vor Bieber. Da klopfte ein Wächter und bedeutete Bieber zu gehen.

Auf dem Rückweg durch Kaffa, durch den Sudan und den Nil entlang nach Ägypten sammelte Bieber noch umfangreiches Forschungsmaterial, das er, zusammen mit einer heimlich aufgenommenen Fotografie des letzten Pharaos, nach Wien brachte. Als er in der Heimat eintraf, erkrankte er schwer an Malaria. Die nächsten Jahre verbrachte er mit der Ordnung und Publikation seines Materials.

1924, mitten in den Vorbereitungen zu einer weiteren Reise, verstarb er. Ohne Biebers Forschungsarbeit hätte Europa vermutlich noch lange keine Kenntnis vom jahrhundertelang abgeschlossenen Kaiserreich Kaffa erhalten.

Der »letzte Pharao«, gedemütigt von Kaiser Menelik II.: Gaki Scherotscho mit der silbernen Kette um den Hals.

Paul Schebesta

GEBOREN: 20. März 1887 in Groß-Peterwitz
(Pietrowice Wielkie), Schlesien
GESTORBEN: 17. September 1967 in Wien

Bei den Pygmäen
Afrikas und Asiens

Wo immer Paul Schebesta auf seinen Forschungsreisen hinkam, lebte er mit den einfachen Menschen. Er aß das Gleiche wie sie, schlief wie sie unter freiem Himmel oder unter Blätterdächern und begleitete sie zu ihren Arbeiten. So konnte er ihre Lebensgewohnheiten, ihre Sprache und ihren Glauben am besten studieren.

Paul Schebesta studierte im oberschlesischen Neisse (Nysa) und in St. Gabriel bei Mödling Ethnologie und Theologie, bevor er 1912–1916 als Missionar nach Mosambik ging. Danach wurde er Professor der Ethnologie, Religionswissenschaft und Linguistik in St. Gabriel und an der Hochschule für Welthandel in Wien. Zwischen 1924 und 1955 erforschte er in sechs großen Expeditionen die Pygmäenvölker Afrikas und Asiens. Zuerst die Semang und Senoi auf Malakka und die Kubu auf Sumatra, dann, 1929/30 und 1934/35 (diesmal zusammen mit Martin Gusinde), die Pygmäenstämme in Belgisch-Kongo und schließ-

Pionier der ethnologischen Forschung: Paul Schebesta im Kreis der Bambuti-Pygmäen vom Ituri: »Zum Andenken an die Cenoi (= kleine freundliche Himmelswesen) bekränzen sich die Menschen gern mit Blumen.« Foto aus »Die Bambuti-Pygmäen vom Ituri« (Brüssel 1941).

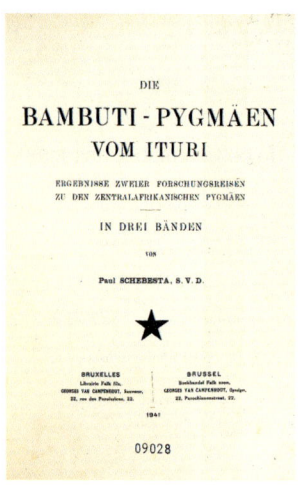

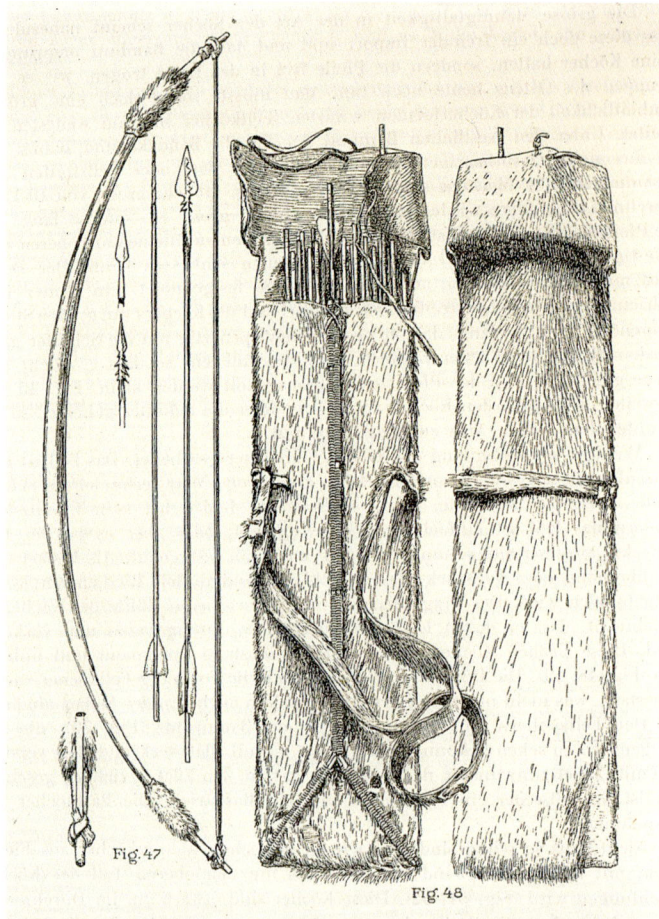

Oben: Titelblatt der dreibändigen Studie Schebestas über die Bambuti-Pygmäen. Auch wenn die »Kulturkreislehre«, der Schebesta in seiner Arbeit verpflichtet war, längst überholt ist – die Ergebnisse seiner Forschungen sind auch heute noch von Bedeutung.

Rechts: Pfeil und Bogen sowie Köcher der Bambuti-Pygmäen. Illustration in Schebestas großem Werk (rechtes Bild) über dieses Volk.

FIG. 47 : Bakango-Bogen mit Wulstwiderlager u. Knotenbesehnung, Holz- und Eisenpfeilen;
FIG. 48 : Flacher Fellköcher mit Pfeilen (Bakango, 10, 41; 1/4 nat. Gr.;
Bogenende, 1/2 nat. Gr.)

lich 1938/39 die Zambales-Aeta auf den Philippinen. Ein wichtiger Teil seiner Arbeit bestand in der Erfassung der Sprachen dieser Völker, teilweise mit Phonogrammen.

Paul Schebesta veröffentlichte die Ergebnisse seiner Forschungsreisen in zahlreichen Büchern, z. B. *Bei den Urwaldzwergen von Malaya* (1927), *Bambuti, die Zwerge vom Kongo* (1932), *Vollblutneger und Halbzwerge* (1934), *Der Urwald ruft wieder* (1936) oder *Menschen ohne Geschichte* (1947).

Hugo Adolf Bernatzik

GEBOREN: 26. März 1897 in Wien
GESTORBEN: 9. März 1953 in Wien

Sein Anliegen:
Schutz der Naturvölker

Eigentlich wollte er Arzt werden, aber nach dem Tod seines
Vaters, des auf Staatsrecht spezialisierten Juristen Edmund Ber-
natzik, brach Hugo Adolf Bernatzik 1919 sein Studium in Wien
ab. Er beschloss, sein Leben der Erforschung fremder Länder und
Völker zu widmen. 1927 ging er gemeinsam mit seiner Frau
Emmy auf seine erste große Forschungsreise nach Afrika, in das

*Oben: Bei der Arbeit im Bambus-
dschungel: Hugo Adolf Bernatzik und
seine Frau Emmy vor ihrem Zelt.
Foto aus »Forschungsreisen in
Hinterindien« (München 1938).*

*Unten: Auf einem kleinen Schoner stößt
das Ehepaar Bernatzik in das Gebiet
der Bidyogo vor. Foto aus »Im Reich
der Bidyogo« (Wien 1944).*

Stolz posiert Emmy Bernatzik mit einem erlegten Tiger, bewundert von Angehörigen des Volks der Dscharai. Foto aus »Forschungsreisen in Hinterindien« (München 1938).

Gebiet zwischen dem Weißen Nil und Belgisch-Kongo. Anfang der Dreißigerjahre des 20. Jh. forschte er intensiv in Westafrika, in Portugiesisch-Guinea und auf den Bissagosinseln. Von diesen Reisen brachte er eine Menge lebensechter Fotografien mit. Er hatte sie unbemerkt gemacht, mit seiner Leica aus einem Schlitz in der Hosentasche.

Das damals noch weitgehend unerforschte Lappland, Hinterindien, die Salomon-Inseln und die Südsee – all das machte Hugo Bernatzik in den folgenden Jahren zum Ziel seiner wissenschaftlichen Expeditionen. Die Ergebnisse seiner Untersuchungen veröffentlichte er in Büchern wie *Gari-Gari* oder *Der dunkle Erdteil Afrika* (beide 1930).

Auf seinen Reisen stellte Bernatzik immer wieder fest, dass die Sterblichkeit bei Naturvölkern rapide anstieg, sobald sie kolonisiert wurden. Er riet daher zu einer Verwaltungspolitik, die die

Eigenart der Eingeborenen stärker berücksichtigte, und machte den Schutz der Naturvölker zu seinem Anliegen.

Ab 1939 unterrichtete Hugo Bernatzik an der Universität Graz Ethnologie. Er litt viele Jahre an einer Tropenkrankheit, an der er 1953 schließlich starb. Er gilt als der Begründer der angewandten Völkerkunde.

Tartariæ li
mites.

In China regione, Iapania aliisque
insulis vicinis, messis multa Chris-
tianorum: quorum indies novæ coloniæ ducuntur, patribus societatis
Iesu fidis operariis.

AMERICÆ SEPTEM=
Quivira.
TRIONALIOR PARS.

Xanton

Isla
de Plata.

Argeria hæc
sorta antiquorum.

CHINÆ
REGNI
PARS.

Cequin

Iapan ins. nuper ad Fi-
dem Christianam conversa.

Y. de Ladrones

Foquiem

Los Bolcanes

Las dos
Hermanas.

La Farfana

Malabrigo

Circulus Cancri.

MARE PACIFI=

Islas de Lucois.

Res tinga de
ladrones.

Baxos de S. Bartholomeo.

CVM QVOD

Philippinas.

Y. de S. Pº.

Los Iardines

Y. dos Corales

Y. de los ras

180 · 190 · 200 · 210 · 220 · 230 · 240 · 250

NON

La casimana

Nombre de Iesus.
Isola Atreguada.
Las Marias.
S. Catalina
S. Anna

Mal luc

Insulæ Sa
lomonis.

Nova Guinea, quibusdam
Terra de Piccinacoli.

Los Tuberones

Circulus Capricorn.

S. Pietri

MAR

SPE ET
METV.

GENIO ET INGENIO NO-
BILI DN. NICOLAO ROCCOXIO,
PATRICIO ANTVERPIENSI,
EIVSDEMQVE VRBIS SENATORI,
Abrahamus Ortelius Regiæ Mtis geographus
lub. merito dedicabat.

TERRA AVSTRALIS,
SIVE MAGELLANICA, NON
DVM DETECTA.

15 89

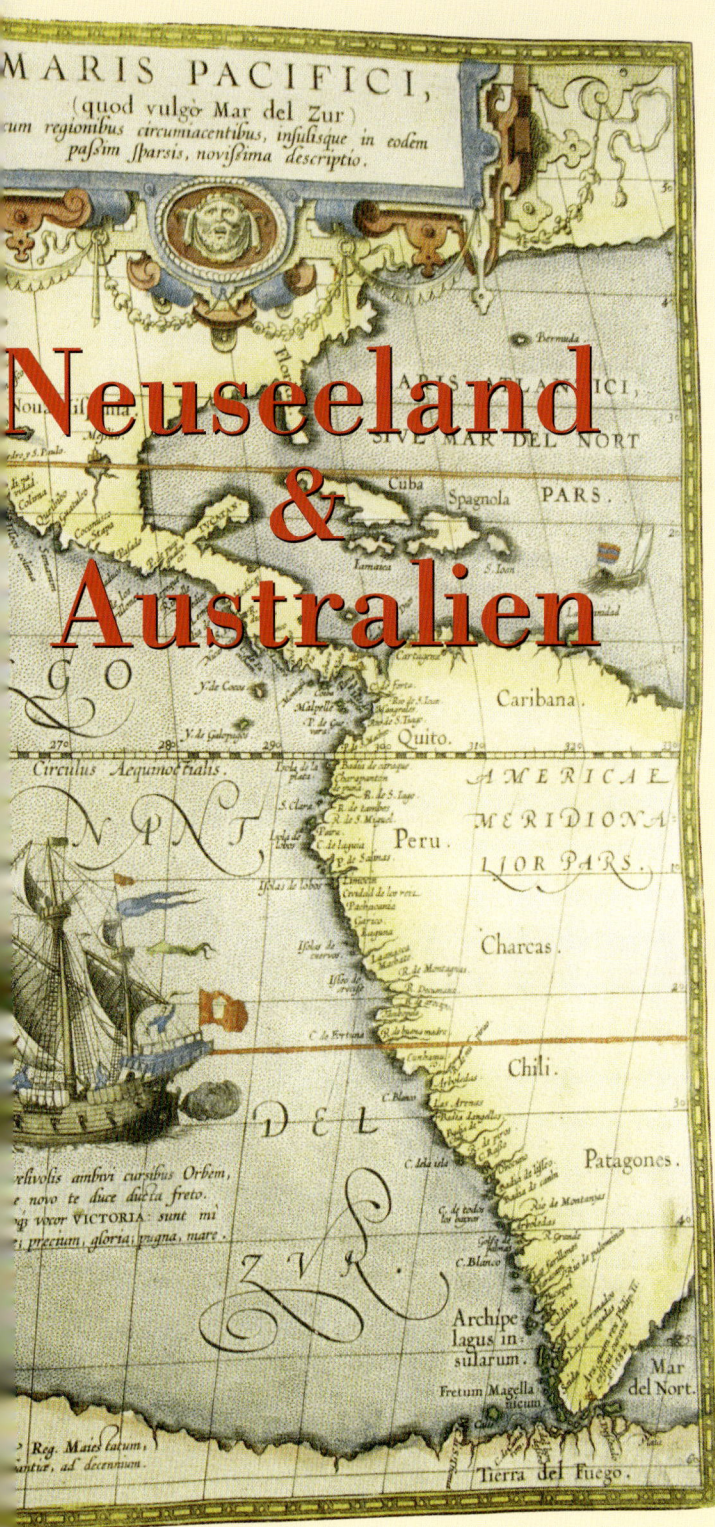

Neuseeland & Australien

Andreas Reischek wanderte als »Weißer Häuptling der Maori« zwölf Jahre lang durch Neuseeland – immer auf der Suche nach den Wundern der Natur. Ferdinand Lucas Bauer betrat als erster Österreicher australischen Boden. Mit dem Zeichenstift hielt er Flora und Fauna des fünften Kontinents fest. Ferdinand von Hochstetter kam mit der berühmten »Novara«-Expedition nach Neuseeland. Als er in die Heimat zurückkehrte, war die Doppelinsel geologisch und geographisch erforscht.

Andreas Reischek

GEBOREN: 15. September 1845 in Linz
GESTORBEN: 3. April 1902 in Linz

Die Marschausrüstung Andreas Reischeks war denkbar einfach: feste Stiefel, ein Gewehr und ein Rucksack. »Gepackt von der nach Abenteuern fiebernden Ungeduld des Forschers«, unternahm er acht große Expeditionen in Neuseeland, manchmal zu Pferd, meist aber zu Fuß. Die Maori, die Ureinwohner der Inseln, bestaunten seine weiße Haut. Oft hoben sie seine Ärmel hoch, um zu sehen, ob er auch darunter weiß war.

Weißer Häuptling der Maori

Auf dem Rücken sein gesamtes Gepäck, an seiner Seite sein treuer Begleiter, der Hund Cäsar: So zog Andreas Reischek aus Linz durch die unwegsamsten Gebiete Neuseelands, zwölf Jahre lang, immer auf der Suche nach neuen, noch unbekannten Wundern der Natur. Und immer wach und voll Respekt für ihre Formen und Arten. Mit akribischer Genauigkeit und Liebe zum Detail präparierte und konservierte er Vögel und Pflanzen und leistete wichtige wissenschaftliche Arbeit für die Erforschung des Landes. Reischek gelang es, das Vertrauen der Maori zu gewinnen. So durfte er als erster Weißer ihr bis dahin streng abgeschottetes »Königsland« betreten. Dort gelang es »Ihaka Reiheke«, dem »Weißen Häuptling der Maori«, Einblick in die Lebensweise der neuseeländischen Steinzeitmenschen zu gewinnen.

Glücksfeen waren im September 1845 bei der Geburt des kleinen Andreas in Linz nicht anwesend. Auch in den folgenden Monaten ließen sie sich nicht blicken. Die Mutter starb, als ihr Kind gerade ein halbes Jahr alt war. Und der Vater, ein mittelloser Finanzaufseher, der sie zwar noch am Totenbett geheiratet hatte, »damit das Kind einen Namen hat«, konnte seinen Sohn nicht allein aufziehen und brachte ihn zu einer Pflegemutter, der Schlossgärtnerin in Weinberg bei Kefermarkt.

Es dauerte noch ein paar Jahre, aber dann erinnerten sich die Glücksfeen doch noch an die Halbwaise. Und als wollten sie ihr Versäumnis wieder gutmachen, beschenkten sie ihn nun umso reicher — zwar nicht mit materiellen Dingen, dafür aber mit einer besonderen Liebe zur Natur und zu Büchern, mit Beobachtungsgabe, Ausdauer und Geduld. Andreas baute sich in der Nähe des Schlosses ein kleines Waldversteck, kleidete es mit Moospolstern aus und verschloss es mit einem Vorhang aus Fichtenästen. Von dort aus hatte er einen Blick über die Waldlandschaft, konnte den eleganten Segelflug der Falken, der Bussarde und Habichte beobachten und den Rehen beim Äsen zusehen. So wurde der Wald zu seiner Kinderstube.

Zu Andreas' zehntem Geburtstag erschien der Vater in der Schlossgärtnerei. Der düstere, strenge Mann hatte aber für seinen Sohn keine freundlichen Worte. Lediglich die Mahnung, er müsse das Herumstrawanzen in den Wäldern lassen. Als Kind eines armen Teufels habe er sich darauf vorzubereiten, einmal Handwerker zu werden.

Andreas nickte. Und verbrachte nach wie vor jede freie Minute im Wald. Inzwischen hatte er auch begonnen, Tiere aus kleinen Holzklötzchen zu schnitzen und tote Tiere mit primitiven Mitteln auszustopfen.

Eines Tages, als er gerade wieder im Wald saß und einen Kolkraben nachschnitzte, fiel ein Schuss, und der Rabe stürzte tot

Ko Paora Matutaera, Maorihäuptling am Kapanga, mehrfarbiger Stahlstich aus Hochstetters Buch »Neu-Seeland« (Stuttgart 1863). Die Tätowierung, die Federn im Haar und der kostbare Mantel sind Zeichen des Häuptlingsranges.

zu Boden. »Du hast ihn umgebracht, Jäger, aber bei mir lebt er noch!«, sagte er später zu dem Schützen, der aus dem Wald kam, um seine Beute zu holen. Der Jäger wurde neugierig, ließ sich die Arbeit des Buben zeigen und war erstaunt über die lebensnahe Darstellung. Er kaufte ihm den hölzernen Raben für einen Gulden ab.

Der Jäger war der Schlossherr höchstpersönlich. Er versprach, Andreas Tiere zu zeigen, die er nie zuvor gesehen hatte, und führte ihn an der Hand hinauf in sein Schloss. Tatsächlich waren die Wände eines Saales mit seltsamen Jagdtrophäen geschmückt. Der Graf erzählte, dass es solche Tiere in den Urwäldern weit jenseits der Meere gebe, in Afrika und Südamerika. Er habe monatelang dort gelebt und auch ganz andere Menschen gesehen als zu Hause, dunkelhäutige, im Gesicht und am Körper bunt bemalte und tätowierte, die als »Wilde« bezeichnet werden. Andreas stand mit glühenden Wangen da. Von diesem Augenblick an wusste er, dass er diese Menschen und Tiere auch einmal sehen wollte. Und dass er einmal Naturforscher werden wollte.

Der Vater allerdings sah das anders. Als ihm sein Sohn, der inzwischen in der Bibliothek des Grafen fleißig studiert hatte und dessen Dachkämmerchen voll mit »stinkendem Graffelwerk« war, eröffnete, dass er nach Linz aufs Gymnasium wolle, reagierte er mit einem Wutausbruch. Er sei ein armer Mann, und sein Sohn habe ein Handwerk zu erlernen. Also weg mit dem »Viecherlglumpert« und dann ab nach Unterweißenbach in die Bäckerlehre!

Andreas fügte sich schweren Herzens. Aber auch diesmal ließen ihn die Glücksfeen nicht im Stich. Sie schickten ihm in dem Bäckermeister Danner einen Mann, der Verständnis für die Jagd hatte und der seinen neuen Gesellen nicht daran hinderte, im Wald herumzustreifen, Tiere zu präparieren oder seine Nase in Bücher über Zoologie, Botanik, Mineralogie und Geologie zu stecken.

Eines Tages, im Jahr 1865, als Andreas gerade 20 Jahre alt war, brachte ihm der Briefträger wieder einmal ein Päckchen mit Büchern aus Linz. Als er das Zeitungspapier öffnete, in das die Bücher eingeschlagen waren, starrte er auf eine Seite: »Zwei Menschenfresserhäuptlinge aus der Südsee zu Gast in Wien.« Er las, dass die Mitglieder der Weltumseglungsexpedition der Fregatte »Novara« aus Neuseeland zwei Häuptlinge mitgebracht hatten, Wiremu Toe Toe und Hemera Te Rerehau. Die beiden Männer waren von Erzherzog Maximilian als persönliche Gäste aufgenommen worden und erregten in Wien schon allein durch ihre Gesichtstätowierung größtes Aufsehen. In dem Artikel stand noch, dass der Geologe der »Novara«-Expedition, Professor Ferdinand von Hochstetter, das Schiff in Neuseeland verlassen habe, um auf Einladung der Regierung die geologischen Verhältnisse des Landes zu erforschen.

Andreas Reischek war fasziniert. Er bat seinen Buchhändler in Linz sogleich, ihm Literatur über Neuseeland zu beschaffen, was immer es auch sei. Eine Woche später brachte der Briefträger ein dickes Päckchen. Zufall oder Fügung des Schicksals: Darin lag Hochstetters prächtig illustrierter, fast 600 Seiten starker Band über Neuseeland.

Andreas Reischek verschlang das Werk mit größter Begeisterung. Bei einem gemeinsamen Jagdausflug erzählte er seinem Meister von dem Inselreich, in dem es Hochgebirge mit Gletschern, Vulkanen und Geysiren, großartige Fjorde und Urwälder mit riesigen Kaurifichten und baumhohen Farnkräutern gab, dazu das gesündeste Klima der Erde und weder Giftschlangen noch Raubtiere. Der Meister hörte interessiert zu. Dann sagte er: »Das wäre doch das richtige Wunderland für deine Forscherfantasien!«

Die beiden berieten noch lange, wie es gelingen könnte, Kontakt mit Professor Hochstetter aufzunehmen. Der nächste Tag aber veränderte alles mit einem Schlag. Man schrieb das Jahr 1866, Österreich-Ungarn führte Krieg an zwei Fronten, gegen Preußen und in Italien, und Andreas Reischek wurde als »gemeiner Soldat« einberufen.

Lange allerdings musste er nicht dienen. Schon im ersten Gefecht in Oberitalien wurde er durch einen Bajonettstich verwundet.

An der Front aber hatte ein gewisser Hauptmann Baron Passetti von seinen besonderen Begabungen, vor allem von seiner Kunst, Tiere zu präparieren, erfahren. Er suchte einen Assistenten für seine ausgedehnten Reisen in den Süden Italiens – und engagierte Reischek. Für diesen ergab sich damit die erste Gelegenheit, Reise-Erfahrungen zu sammeln. Er blieb mehrere Jahre in den Diensten des Barons.

1875, nach Wien zurückgekehrt, etablierte sich Reischek in der Wiener Himmelpfortgasse in einem kleinen Geschäft als Tierpräparator. Jetzt, endlich, traten seine Glücksfeen mit voller Kraft in Aktion, indem sie eine Kette von wunderbaren Zufällen knüpften.

Der Laden war kaum einige Monate in Betrieb, als der Intendant des k. k. Naturhistorischen Hof-Museums seinen Sekretär bat, sich den neuen Präparator einmal genauer anzusehen. Dieser machte sich auf den Weg zu dem Geschäft, fand Reischek aber nicht vor, weil er sich ein paar Häuser weiter befand, bei einer Blumen- und Federnschmückerin am Stephansplatz. Er war gerade dabei, um die Hand der kleinen *Marchande de modes* namens Adelheid anzuhalten, als der Sekretär auftauchte und ihn bat, Proben seiner Kunst ins Museum zu bringen – zu seinem Chef Professor Dr. Hochstetter.

In den nächsten Wochen überschlugen sich die Ereignisse. Andreas Reischek heiratete seine »Adi«. Professor Hochstetter war von seinen Arbeitsproben angetan und erteilte ihm eine Reihe von Aufträgen für das Museum. Und schließlich erhielt der Professor auch noch folgenschwere Post aus Neuseeland: Sir Julius van

Haast, jener österreichische Geologe mit holländischem Namen und englischem Adelsprädikat, der Hochstetter neun Monate lang auf seinen Forschungs-Expeditionen begleitet hatte, teilte seinem alten Freund mit, dass ihm die Regierung in Wellington Gelder zur Errichtung eines naturhistorischen Museums bewilligt hatte. Nun suchte er einen tüchtigen Mitarbeiter, der ihm zwei Jahre lang beim Aufbau des Museums helfen sollte. Hochstetter musste nicht lange nach einem solchen Mann suchen. Andreas Reischek stieg am 7. Februar 1877 am Wiener Südbahnhof in den Zug, der ihn nach Triest brachte. Von dort reiste er per Schiff weiter. Über Suez nach Ceylon, dann über Melbourne in Australien nach Lyttelton auf der Südinsel Neuseelands. Zweieinhalb Monate dauerte die Reise, ehe er am 22. April 1877 das Traumziel seiner Kindheit erreichte.

In Christchurch stürzte er sich unverzüglich in die Arbeit. Er gestaltete für das Museum vorerst zwei Dioramen mit Gruppen von Tieren und Pflanzen in der für sie charakteristischen Umgebung. Als Erstes zwei amerikanische Grizzlybären vor ihrer Höhle, die eben eine Hirschantilope reißen, während ein Kondor und ein Luchs gierig auf die Beute starren. Und als Zweites eine Szene aus den österreichischen Alpen, mit Gämsen, einem Adler und Schneehasen. Diese Art der lebensechten Darstellung war für die damalige Zeit sensationell. Entsprechend begeistert wurde sie vom Publikum aufgenommen.

Sir van Haast legte Reischek nach der Eröffnung des Museums nahe, nicht Tag und Nacht in seiner Werkstatt zu verbringen. So begann er, die Wochenenden für kleine Jagdexpeditionen an die Küste zu nützen. Und in seinem ersten Urlaub, von Mitte Dezember 1877 bis 20. Jänner 1878, brach er hoch zu Ross zur Durchquerung der Südinsel auf. Er zog von Osten nach Westen, durch Urwald, der sich über Hochgebirgshänge hinaufzog, über ausgedehnte Schafweiden, durch Schluchten und Täler, durch die Hawea-Ebene in die Südalpen. Aufmerksam und mit größtem Interesse registrierte und sammelte er, was sich um ihn herum bewegte: Maori-Hühner, Nestorpapageien, Glockenvögel, Pastorenvögel.

Nach seiner Rückkehr arbeitete Reischek nahezu ununterbrochen im Museum weiter. Allein war er inzwischen nicht mehr. Er besaß einen jungen Hund, Cäsar. Über die Neuerwerbung schreibt er: »Er war zwei Monate alt und so hässlich, dass meine Freunde, als sie ihn sahen, mir dazu gratulierten, dass es mir gelungen sei, den hässlichsten Hund Neuseelands auszuforschen. Ich ließ mich aber nicht beirren und widmete mich eifrig seiner Erziehung. Bald entwickelte er jene außergewöhnlichen Fähigkeiten, durch die er mir zu einem Freund und Helfer auf allen meinen Forschungsreisen wurde, treuer und klüger, als ein Mensch es hätte sein können! Elf Jahre lang diente mir Cäsar, und was er an Wundern von Klugheit, Treue und Opfermut vollbrachte, überstieg das Maß des Glaublichen.«

Ende Februar 1879 lief Reischeks Vertrag für das Christchurch-Museum aus. Eigentlich hätte er zu diesem Zeitpunkt in die Heimat zurückkehren können. Aber in Neuseeland gab es noch so viel zu entdecken! Also entschloss er sich zu einem Leben als Forscher auf eigene Kosten.

Den Auftakt dazu bildete eine Exkursion mit Julius van Haast in die Südalpen. Die beiden Forscher blieben zwei Wochen im Gebirge. Dank ihrer kartographischen Arbeit hatte die Landkarte der Südinsel nach ihrer Rückkehr um einige weiße Flecken weniger. Und einer der drei mächtigen Gletscher nahe der Quelle des Rakaia-Flusses hatte einen Namen: Reischek-Gletscher.

Schon kurz nach seiner Ankunft in Neuseeland hatte sich Reischek in Christchurch mit einem Maori angefreundet, der in Missionarsschulen erzogen worden war, perfekt Englisch sprach und mit einem der Stammeshäuptlinge der Maori verwandt war. Von ihm erlernte er die Maorisprache. Als er im Juli 1879 zu seiner ersten großen Expedition auf die Nordinsel aufbrach, bekam er von ihm auch eine persönliche Empfehlung an den Häuptling Honana Te Majoha mit.

Auf dem Schoner »Torea« segelte Reischek am 17. Juli 1879 die Ostküste der Südinsel nordwärts. Nicht sehr luxuriös, denn sein Budget erlaubte ihm lediglich einen Schlafplatz auf einer harten Bank an Deck. Dafür war die Fahrt umso schöner. In der windstillen Nacht glitzerten die Sterne am Himmel, und die Meeresoberfläche leuchtete von phosphoreszierenden Kleintieren. Schon am zweiten Tag aber war es aus mit der Idylle: Stürme kamen auf und rüttelten das kleine Schiff durch.

Knapp zehn Tage lang musste sich die »Torea« gegen die stürmische See zur Wehr setzen, dann endlich konnte sie in die Flussmündung Kaipara einlaufen und dann noch 110 Kilometer landeinwärts fahren. Vorbei an ausgedehnten Kaurifichten-Urwäldern, die schon damals durch rücksichtslose Schlägerungen bedroht waren. Sooft das Schiff zum Ausladen längere Zeit ankerte, unternahm Reischek mit Cäsar Streifzüge in die Wälder. Später ging die Fahrt den Waitemata-Fluss abwärts bis nach Auckland.

Nachdem er die »Torea« verlassen hatte, durchforschte Reischek von Juli 1879 bis Mai 1880 die Wälder und Täler in den Urwäldern zwischen Kaipara, Wairoa-Fluss und dem Hauraki-Golf. Er fand in dieser Zeit meist Aufnahme bei weißen Rinderfarmern, die in diesen Gebieten lebten. Bei all seinen Exkursionen arbeitete Reischek wie ein Besessener. Er sammelte, präparierte, katalogisierte und ordnete, was immer er fand.

Die folgenden zwei Jahre führten Reischek auf die unbewohnten Inseln im Norden von Auckland. Was ihn antrieb, war die Suche nach einem schillernden schwarzen Vogel mit gelber Halskrause, dem als ausgestorben geltenden Tiora (*Pogonornis cincta*). Reischek schrieb in sein Tage-

Mount Cook, Haidinger Range, Hochstetter Glacier: Viele Berge und Gletscher Neuseelands tragen Namen europäischer Forscher. Dass es auch einen Reischek-Gletscher gibt, versteht sich fast von selbst.

buch: »Es mag vielen Leuten wunderlich erscheinen, dass ein Mensch, statt vernünftig Gewinn auf Gewinn zu häufen und sein Leben und seine Arbeitskraft der Familie zu erhalten, einem seltenen Vogel nachläuft, dass er bereit ist, sein Leben dafür zu lassen und sein mühsam erworbenes Geld zu opfern.«

Für diesen Vogel nahm Reischek todesmutig Bootsfahrten bei hoher See zu den Hauturu- und Morotiri-Inseln in Kauf, erkletterte umtost von der Brandung Felsklippen, schlug für sich und Cäsar mit dem Buschmesser Pfade durch den Urwald, kämpfte gegen Lianen, Wurzeln und Dornengestrüpp. Doch schließlich wurde er belohnt: Eines Tages vernahm er deutlich den Ruf des Tiora.

In den folgenden drei Tagen spürte Reischek noch weitere vier Exemplare des Märchenvogels auf und fand Nester mit Eiern des ausgestorben geglaubten Vogels. Er war am Ziel seiner Träume, zumindest soweit es den Tiora betraf.

Sein zweiter großer Traum war es, die letzten freien Maori in ihrem »Königsland« zu besuchen. Mit der Entstehung des »Königslandes« hatte Österreich, wenn auch indirekt, etwas zu tun: Erzherzog Maximilian hatte seinen beiden Gästen, den Häuptlingen Wiremu Toe Toe und Hemera Te Rerehau, ein Gastgeschenk versprochen und sie gebeten, einen Wunsch zu äußern. Sie erklärten einhellig, dass ihnen eine Druckerpresse am liebsten sei. Damit könnten sie in der Heimat für die Maori, die in den

Meister der Schnitzkunst: Mit primitivsten Steinwerkzeugen – Metall kannten sie vor dem Eindringen der Europäer nicht – brachten die Maori Hartholzklötze in Formen und Gestalten von vollendeter Schönheit. So gut wie alle Gegenstände des täglichen Gebrauchs wie auch gute und böse Dämonen wurden mit Schnitzereien reich verziert.

Missionarsschulen Lesen und Schreiben gelernt hätten, eine Zeitung herausgeben. Der Erzherzog willigte sofort ein, schenkte ihnen eine Handpresse mit den dazugehörigen Lettern und sorgte auch für ihre Ausbildung in der Kunst des Setzens in der Hof- und Staatsdruckerei.

Die Druckerpresse aus Österreich erwies sich als gefährliche »Waffe«. Die beiden Häuptlinge gaben in ihrer Heimat ein Flugblatt heraus, in dem sie die Maori zum Kampf gegen die Engländer aufriefen. Das führte 1864 zum Ausbruch des Maorikrieges. Die Maori kämpften überaus tapfer, doch gegen die modernen Waffen der Engländer hatten sie keine Chance. Am Ende mussten sie froh sein, zumindest das »Königsland« als eigenes Territorium retten zu können. Dessen Grenzen riegelten sie hermetisch gegen alle Weißen ab.

Die Handpresse aus Österreich erlitt im wahrsten Sinn des Wortes Schiffbruch. Als sich die Maori während des Krieges zurückziehen mussten, versuchten sie, ihre kostbare Presse auf einem Kanu über den Waipafluss in Sicherheit zu bringen. Das Kanu aber kippte um und die Presse versank.

Als Andreas Reischek seine ersten Vorstöße in Richtung »Königsland« unternahm, war dieses bereits seit zwanzig Jahren von keinem Weißen mehr betreten worden. Den Maori stand das Recht zu, jedermann zu töten, der in ihr Land eindrang.

1882 lud der britische Gouverneur König Tawhiao und seine Häuptlinge nach Auckland ein. Jetzt sah Reischek seine Stunde gekommen. Er hoffte, in einem persönlichen Gespräch die Erlaubnis zum Betreten des »Königslandes« zu bekommen.

Der Besuch des Königs sorgte in Auckland für große Aufregung. Man erwartete einen »Menschenfresser«. Die Zeitungen berichteten in langen Artikeln über ihn. Sie gaben bekannt, dass er nicht weniger als sechs Frauen habe, dass er im rechten Ohr einen merkwürdigen Schmuck aus Jade trage, ein etwa zehn Zentimeter langes rechtwinkelig gebogenes Stäbchen, das dazu diene, den im Kampf gefallenen Häuptlingen die Augen auszustechen, um sie dann zu verschlingen. Der Sieger hoffe, dass so die geistigen und körperlichen Kräfte des Besiegten auf ihn übergingen.

König Tawhiao erschien in einem kostbaren Mantel aus goldgelbem Lilienflachs, der mit Büscheln von Kiwifedern geschmückt war. Sein Lendenschurz bestand aus Fellstreifen vom inzwischen ausgestorbenen einzigen großen Säugetier Neuseelands, dem Maorihund. Im schwarzen, leicht gewellten Haar steckte der schwarzweiße Stoß des heiligen Hujavogels, das Zeichen des Häuptlingsranges, von seinem linken Ohrläppchen hingen Haifischzähne, vom rechten das berüchtigte Jadestäbchen.

Auckland war von der edlen Haltung, die der König und seine Häuptlinge zeigten, tief beeindruckt. Reischek durfte schon am ersten Tag am Treffen teilnehmen. Der Gouverneur stellte ihn vor – der König beugte das Knie, reichte ihm die Hand, zog ihn an sich und begrüßte ihn nach alter Maorisitte mit Nasenreiben. Dann sagte er Reischek zufolge:

»Reiheke, du kommst aus dem Lande, aus dem Hokitika (Professor Hochstetter) zu uns gekommen ist, der gütige und weise Mann, der meine Häuptlinge in sein Land eingeladen hat. Meine Häuptlinge haben mir berichtet, dass die Menschen deines Landes friedliche und freundliche Menschen sind. Darum habe ich dich wie einen Maori begrüßt und darum sage ich es hier vor allen anderen Weißen, dass du mir und meinen Häuptlingen wie ein Bruder nahe stehst und dass ich mich freue, wenn du bei allen Beratungen in unserer Mitte bleibst.«

Kurz nach diesem Treffen erhielt Reischek die Erlaubnis, das »Königsland« zu betreten. Häuptling Honana Te Majoha holte ihn aus dem Städtchen Alexandra ab, um ihn durch den Urwald zu begleiten.

König Tawhiao kam Reischek auf halbem Weg entgegen. Er hatte für ihn ein eigenes Festdorf errichten lassen, in das er zahlreiche Häuptlinge mit ihren Stämmen eingeladen hatte. Als Reischek dort ankam, wurde er bereits von 300 festlich geschmückten Maori erwartet, vor den Hütten waren frische Kochgruben ausgehoben und Körbe mit Lebensmitteln aufgestapelt. Ihm zu Ehren wurde ein Pferderennen veranstaltet, danach rief ein Schlagholz zum Festmahl. Reischek wurde in die Königshütte geleitet und nahm zur Rechten des Königs auf einem besonders hoch aufgeschichteten Mattenlager Platz. Nach dem Mahl gab es noch ein Wettlaufen und ein Wettschwimmen im Waipafluss, dann kehrten die Maori in ihre Dörfer zurück.

Nach Einbruch der Dunkelheit machten sich Reischek und sein Begleiter Honana mit einem Packpferd, das von einem Mauriburschen geführt wurde, auf den Weg ins Dorf Te Kopua, in dem sie Quartier beziehen wollten. Sie marschierten im Vollmond auf schmalen Pfaden dahin, als das Pferd plötzlich scheute und durchging. Reischek gab Cäsar den Auftrag, das Pferd einzuholen, und dieser stürmte davon.

Als Reischek und Honana wenig später an das Flüsschen Ngakiaokio kamen, fanden sie Cäsar im Wasser stehend. Im Maul hielt er die Zügel des Pferdes. Der Sattel und sämtliche Gepäckstücke aber fehlten. Honana wollte den Burschen auf die Suche danach schicken, Reischek aber erklärte ihm, dass Cäsar der bessere Fährtensu-

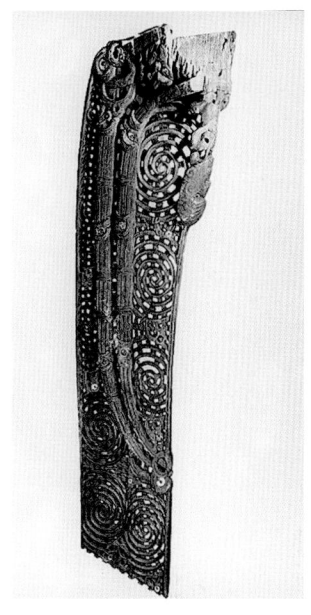

Reiche Ornamente und kunstvoll verschlungene Linien dienten zur Verzierung der Kunstwerke. Eines der beliebtesten und sicher auch am schwierigsten herzustellenden Motive war die komplizierte Spirale. Sie schmückte vor allem Pfosten und Planken der Wohn- und Versammlungshäuser sowie die Zierteile der alten Kriegskanus.

cher sei. Tatsächlich fand der Hund sämtliche Gegenstände und legte sie seinem Herrn zu Füßen. Häuptling Honana war tief beeindruckt. Auch in Te Kopua wurde Reischek freundlichst begrüßt. Am Tag nach seiner Ankunft gab Häuptling Honana ihm zu Ehren ein großes Fest. Vor dem großen, reich mit Schnitzereien verzierten Versammlungshaus auf dem Dorfplatz kamen die Maori der ganzen Gegend zusammen. Häuptling Honana stellte ihnen zuerst Cäsar vor, den er als ein Wesen höherer Ordnung betrachtete und dessen Taten er als die eines guten Dämons darstellte, und dann Reischek.

Vom Dorf aus unternahm Reischek Expeditionen in den Urwald, um die Lebensweise des Kiwis, des Schnepfenstraußes, zu studieren. Er fing einige Exemplare und steckte sie in einen Sack. Lang bevor er ins Dorf zurückkam, meldeten die Signaltrommeln der Maori, dass der Forscher und sein Hund mit einem zappelnden Sack in Richtung Te Kopua unterwegs seien. Reischek hatte diesen Trommeln keine Bedeutung beigemessen und war deher im Dorf höchst erstaunt, sämtliche Bewohner festlich geschmückt vorzufinden. Noch mehr staunte er, als aus dem geschnitzten Versammlungshaus Häuptling Honana, am Oberkörper mit der heiligen Farbe Kura grell bemalt, den von Perlmuttaugen blitzenden Zauberstab des Priesters in der Rechten, feierlich auf ihn zuschritt. Seine Rede hielt Reischek fest:

»Reiheke, ich weiß es jetzt, dass du der Vater der Kiwis bist, dass du nur deshalb so lange in den Wäldern warst, weil du Zwiesprache pflegen wolltest mit den Tierseelen deines Kiwitotems, und dass dir Cäsar dabei geholfen hat, die Sprache der Schnepfenstraße zu verdolmetschen. Nimm es mir nicht übel, denn es ist nicht Neugierde, sondern ehrfürchtiges Interesse an deiner Mana, deiner Zauberkraft, wenn ich dich frage, was du in dem Sacke trägst, der auf deinem Rücken tanzt und hüpft, als hättest du böse und ungehorsame Seelen deines Totems darin gefangen?«

Reischek öffnete den Sack lachend und die Kiwis sprangen nacheinander heraus. Die Maori wichen ängstlich zurück, nur der Häuptling blieb unbewegt stehen und hielt ihnen seinen Priesterstab wie beschwörend entgegen. Reischek fing die Kiwis wieder ein und erklärte, er wolle lediglich das Wesen der Maori und das Leben der Tiere ergründen, dabei sei keinerlei Zauberei. Die Kiwis hätten ihm auch nichts Böses angetan, er wolle sie nur in seine Heimat mitnehmen, damit die Menschen dort die seltsamsten Tiere dieses Landes kennen lernen könnten. Die Maori wagten sich wieder näher an Reischek heran, hielten aber einen Respektabstand, sodass der Häuptling, der Forscher und der Hund auf einem kreisförmigen Platz standen. Honana verbeugte sich nun vor Cäsar und winkte ihm mit dem Zauberstabe, er möge ihm folgen. Was nun folgte, schildert Reischek so:

»Der Priesterhäuptling legte seinen Mantel aus Kiwifedern ab, kniete vor Cäsar nieder und steckte den Zauberstab vor sich in die Erde. Er sang einen langen, alten Zauberspruch, berührte das Haupt Cäsars mit dem Stabe und erklärte dann feierlich vor den versammelten Maori: ›Wie die Mana, die göttliche Kraft, die in dem Haupte eines Häuptlings wohnt, diesen vom gemeinen Mann unterscheidet, so erhebt diesen Hund sein Mana über alle Hunde der Maori. Ein Gott hat sein Haupt berührt und es tabu gemacht. So wie keiner von euch sein Haupt berühren darf, so sei das Haupt dieses Hundes euch allen heilig!‹«

Von diesem Tag an wurde Cäsar von allen Maori wie ein göttliches Wesen behandelt, er bekam überall ein eigenes Körbchen mit erlesenen Leckerbissen vorgesetzt.

Seinem Herrn erging es nicht schlechter.

Von Te Kopua wurde Reischek nach Whatiwhatihoi zu König Tawhiao gerufen. Als er dort ankam, waren schon zahlreiche Häuptlinge versammelt. Sie stellten dem Forscher viele Fragen. Am Ende des »Verhörs« mussten sie zu der

Kunstwerk Haut: Mit der Tätowierung begannen die Maori ab dem 20. Lebensjahr. Der Priester des Stammes schnitt mit lanzettartigen Instrumenten aus Knochen die mit Kohle vorgezeichneten Ornamente in die Haut ein. Pro Sitzung wurden nur ein bis zwei Ornamente gemacht, dann war Pause, bis die Wunden verheilten. Zur Aufmunterung sangen die versammelten Familienmitglieder Gesänge wie: »Wir sitzen beisammen und schauen die Linien. Sie seien krumm wie ein Eidechsenfuß ...«

Überzeugung gekommen sein, dass sie diesem Mann trauen konnten, obwohl er ein Weißer war. Denn wenig später kam Häuptling Te Witiora mit einer Kassette und einem Kiwimantel, legte beides vor Reischek nieder und sprach mit singendem Tonfall, jedes wichtige Wort mit einer Geste unterstreichend:

»Reiheke, ich bringe dir gute Botschaft von unserem König und von den Häuptlingen seiner Stämme! Ich begrüße dich als unseren Freund! Der König und die Häuptlinge haben dich in unser Volk aufgenommen und zum erblichen Stammeshäuptling gemacht! Er sendet dir die Insignien der Häuptlingswürde als Zeichen seiner Liebe und seines Vertrauens. Er sah, dass du nicht ein Feind, sondern ein ehrlicher Freund der Maori bist. Von heute an kannst du in seinem Land hingehen, wohin es dir beliebt. Wer dich beleidigt, der beleidigt auch mich und den König, dein Name sei von nun an Reiheke Te Kiwi, Ragatira Te Austria!«

Te Witiora beugte sich nieder, öffnete die Kassette, entnahm ihr einen schwarz glänzenden, weiß gebänderten Hujastoß und befestigte ihn mit einem Stirnband an Reischeks Kopf. Dann hob er den Kiwimantel auf, breitete ihn aus und legte ihn dem neu gebackenen Häuptling um die Schultern.

Nun konnte sich »Häuptling Reischek, der Schnepfenstrauß, Fürst in Österreich« frei im Maoriland bewegen. Er konnte die erstaunliche Kunstfertigkeit der »Steinzeitmenschen« beim Schnitzen und Flechten, beim Herstellen von Kanus und Muschelschnüren studieren.

Und er konnte jenen Häuptling besuchen, der einst Gast in Österreich gewesen war, Hemera Te Rerehau. Dieser überreichte ihm ein wunderbares Geschenk: einen Käfig, in dem ein kleiner Vogel laut und deutlich rief: »Guten Morgen, mein Herr!« Außerdem bot Hemera Te Rerehau Reischek so viel Land an, wie er nur haben wollte, und dazu die schönsten Häuptlingstöchter.

Reischek war zwar tief bewegt, nahm das Angebot des Häuptlings aber nicht an. Schließlich wartete zu Hause in Wien seine Frau auf ihn. Sie musste sich allerdings noch einige Zeit gedulden.

Reischek verließ das »Königsland« Mitte Mai 1882. Weitere sechs Jahre verbrachte er mit Forschungen im Bereich der neuseeländischen Südinsel. 1888 fuhr er auf der »Stella« in den äußersten Süden, in das Reich der Pinguine und Albatrosse.

Anfang 1989, nach zwölf Jahren, nahm er schließlich Abschied von Neuseeland. In Auckland und Wellington hatten ihn die Vertreter der Regierung und der Museen bestürmt, seine Sammlung der Kolonie zu verkaufen und dann als Direktor eines der großen Museen in Neuseeland zu bleiben. Allein für die Sammlung bot man ihm eine Summe, die ihn für den Rest seines Lebens zu einem reichen Mann gemacht hätte. Reischek aber lehnte ab. Er fühlte sich seinem Vaterland Österreich verpflichtet.

Knapp vor der Abreise ehrte ihn der Gouverneur mit einer Reihe hoher Auszeichnungen. Als Reischek Anfang April mit all seinem Gepäck in Triest ankam, erwartete ihn kein Vertreter der österreichisch-ungarischen Regierung oder der Wissenschaft. Stattdessen rissen Zollbeamte die Sammlungskisten auf, um die Zollgebühren neu zu taxieren. Als sich Reischek über die Höhe der Gebühren beschwerte, sagten sie nur: »Na, dann schmeißen S' halt das ausg'stopfte Glumpert weg. Wer interessiert sich schon für so viel einbalsamierte Vögel von die Fidschi-Inseln!«

Die Zöllner hatten vorweggenommen, was Reischek später von offizieller Seite erfahren sollte: An seiner Sammlung bestand kein Interesse. Professor Hochstetter war tot, das Naturhistorische Hof-Museum in Wien stellte ihm nicht einmal einen Raum für seine wertvollen Stücke zur Verfügung. Nach einem Jahr endlich fand sich ein Bankier, der die Sammlung um ein Fünftel des Preises, der ihm in Neuseeland geboten worden war, kaufte und sie »dem Kaiserhaus zu Füßen legte«.

Reischek lebte mit seiner Frau Adi vorerst in Klosterneuburg und zog 1896 mit ihr und seinem kleinen Söhnchen als provisorischer Kustos des neu erbauten Museums Francisco-Carolinum nach Linz. Dort starb er im Alter von 57 Jahren. Auch diesmal glänzten die Glücksfeen durch Abwesenheit. Sie hatten ihm in der Heimat weder Ehrungen noch Auszeichnungen beschert.

Ferdinand Lucas Bauer

GEBOREN: 20. Jänner 1760 in Feldsberg (Valtice),
Mähren

GESTORBEN: 17. März 1826 in Hietzing bei Wien

Mit dem Zeichenstift in Australien

Der erste Österreicher, der jemals australischen Boden betrat, war
Ferdinand Lucas Bauer. Er nahm 1801–1803 als Botaniker und
Pflanzenmaler auf dem Schiff »Investigator« an der Expedition
des Engländers Matthew Flinders zu dem damals noch weitgehend unerforschten Kontinent teil, der den Namen »Neuholland«
trug. Flinders war es, der für dieses Land den Namen »Australien« vorschlug – und der ein Kap in der Streaky Bay nach dem
aus der österreichisch-ungarischen Monarchie stammenden Maler
benannte.

1806, bei seiner Rückkehr nach England, brachte Ferdinand Lucas
Bauer rund 2.000 Zeichnungen mit, vor allem Pflanzendarstel-
lungen aus Australien, von den Norfolk-Inseln, von Timor und
dem Kapland, dazu zahlreiche Zeichnungen von Tieren. Bauer
plante eigentlich, sein Werk in London unter dem Titel *Illustra-
tiones Florae Novae Hollandiae* zu publizieren. Nachdem die ersten
15 Tafeln erschienen waren, geriet das Vorhaben jedoch ins Sto-
cken. Zehn weitere Tafeln erschienen noch in Flinders Atlas, der
Rest blieb unveröffentlicht. Bauers Zeichnungen gerieten in den
Besitz diverser Museen und Bibliotheken in Wien, London,
Oxford und Göttingen. Seiner Arbeit verdankt die Wissenschaft
wichtige Einblicke in die Botanik des fünften Kontinents.

*Oben: Die »Mackinlaya macrosciadea«,
eine fruchttragende Pflanze, die Bauer in
Shoalwater, Queensland, entdeckte.*

*»Acanthaluteres brownii« wurde dieser
Fisch nach seinem Entdecker Robert
Brown benannt und erhielt bald den
Spitznamen »Browns Lederjacke«.
Bauers Zeichnung ist die einzige Unterlage
für die Beschreibung dieses Fisches.*

Dieser Fisch erhielt den stolzen Namen
»Brachaluteres baueri«. Die Taufe geriet
jedoch zu einer kleinen Blamage: Dem
Team der »Investigator« war nämlich
entgangen, dass der neue Schützling bereits
längst entdeckt war und auf den Namen
»Balistes jacksonianus« hörte. Bauer
zeichnete ihn trotzdem.

Die »Ottelia ovalifolia«, eine Art
Sumpflilie, wurde von Robert Brown im
November 1803 in Parramatta,
Hawksbury und Richmond in
New South Wales entdeckt.

Pionier der Neuseeland-Forschung

Hochstetter berichtete über seine Forschungen noch an Ort und Stelle in Neuseeland. Das Interesse für seine Erkenntnisse über die Geologie der Provinz Auckland war gewaltig.

Der Vater, Stadtpfarrer von Esslingen am Neckar, Naturfreund und Verfasser des beliebten Werkes *Populäre Botanik*, hatte für seinen Sohn sehr konkrete Pläne: Ferdinand sollte evangelischer Prediger werden. Also schickte er ihn auf das evangelische Seminar in Maulbronn und dann, 1847, ins Tübinger Stift. Dort aber setzte sich die im Vaterhaus geweckte Liebe zu den Naturwissenschaften durch. Hochstetter beschäftigte sich lieber mit Physik, Mineralogie, Geologie und Paläontologie als mit religiösen Fragen. Er machte 1851 zwar das theologische Staatsexamen, promovierte im folgenden Jahr aber mit einer geologischen Arbeit und unternahm bald darauf Reisen durch Deutschland, Belgien und Schlesien.

1852 kam Hochstetter nach Wien, machte für die drei Jahre zuvor gegründete Geologische Reichsanstalt eine Forschungsreise in den Böhmerwald und wurde bald danach an diesem Institut angestellt. Schon 1856 stieg er zum Chefgeologen auf und habilitierte sich an der Universität Wien.

Wenig später veränderte sich sein Leben radikal: Die Akademie der Wissenschaften bestimmte ihn dazu, als Geologe und Physiker an der Weltumseglungsexpedition der Fregatte »Novara« teilzunehmen. Hochstetter war außer sich vor Begeisterung. Er reiste nach England und Deutschland, um den Rat berühmter Gelehrter einzuholen. Im Jänner 1857 besuchte er auch Alexander von Humboldt in Berlin.

Am 30. April 1857 stach die »Novara« von Triest aus in See. Die Reise ging über Madeira, Rio de Janeiro, das Kap der Guten Hoffnung, Ceylon, Madras, die Nikobaren, Singapur, Java, die Philippinen, die Marianen, die Karolinen und Sydney. Am 22. Dezember 1858 lief die »Novara« in den Hafen von Auckland auf der Nordinsel Neuseelands ein. Für Hochstetter bedeutete dies das vorläufige Ende seiner Reise. Die neuseeländische Regierung hatte nämlich an den Kommandanten des Schiffes, Bernhard Freiherr von Wüllerstorf-Urbair, die dringende Bitte gerichtet, einen Geologen abzustellen, der die jüngst entdeckten Kohlen-

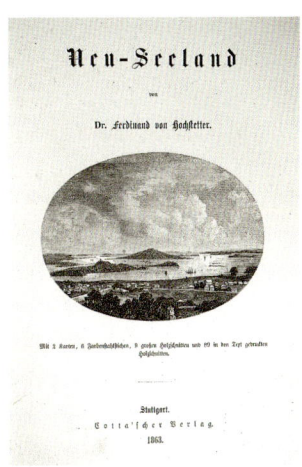

Titelblatt zu Ferdinand von Hochstetters Buch »Neu-Seeland«. Einer der begeistertsten Leser des großen Geologen war Andreas Reischek.

lager bei Auckland untersuchen sollte. Als die »Novara« im Jänner 1859 die Anker lichtete, um nach Tahiti weiterzusegeln, blieb Hochstetter in Neuseeland zurück. Gemeinsam mit dem deutschen Geologen Julius van Haast, der fast zur selben Zeit wie er in Neuseeland angekommen war, unternahm er zahlreiche Expeditionen. Er machte zuerst im Gebiet um Auckland detaillierte geologische Aufnahmen und kartographische Terrainaufnahmen und legte auch zoologische und botanische Sammlungen an.

Im März 1859 brach er, begleitet von Maoris, in das Innere der Nordinsel auf, durchquerte sie und kehrte im Mai 1859 nach Auckland zurück. »Die Resultate dieser dreimonatigen Expedition waren für mich in jeder Beziehung befriedigend«, schrieb er später. »Ein ansehnliches Material, geographisch, geologisch, botanisch und zoologisch, befand sich in meinen Händen und

Reich illustriert, fast 600 Seiten stark und aufwendig gestaltet: Ferdinand von Hochstetters Werk »Neu-Seeland« (Stuttgart 1863) faszinierte die europäischen Leser durch die Schilderung des bis dahin völlig unbekannten Landes am anderen Ende der Welt.

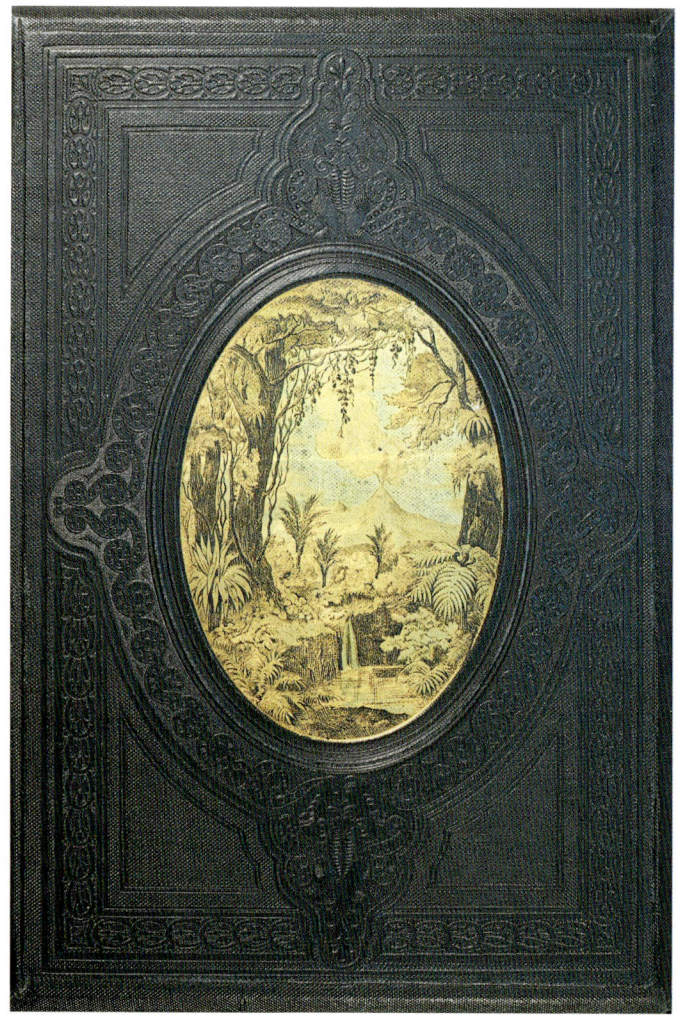

auch für ethnographische Studien hatte sich reichlich Gelegenheit geboten.«

Zusammen mit Julius van Haast fuhr er Anfang August 1859 in die Provinz Nelson auf der Südinsel. Er wollte nur einen Monat bleiben, dann eröffneten ihm aber schon die ersten Streifzüge so große wissenschaftliche Aussichten, dass er bis Ende September blieb. In dieser Zeit erforschte er die zur Cookstraße abfallenden Gebirgsketten und nahm sie kartographisch auf.

Als Hochstetter am 2. Oktober 1859 die Heimreise nach Europa antrat, war Neuseeland wissenschaftlich erschlossen. Er hatte zusammen mit Julius van Haast die Grundlage für die geologisch-geographische Kenntnis der Doppelinsel geschaffen, eine echte Pionierleistung.

Zurück in der Heimat, bereiste Hochstetter 1869 die europäische Türkei von Konstantinopel bis Belgrad, um als Vorarbeit für den türkischen Eisenbahnbau die geologischen Verhältnisse zu erkunden. Da sich alle vorliegenden Kartenwerke als unzureichend erwiesen, blieb ihm nichts anderes übrig, als zuerst einmal topographische Kartierungen durchzuführen. 1872 unternahm er noch eine zweimonatige Reise in den Ural, um die dortigen Bergwerke zu untersuchen.

In Wien wurde Hochstetter Professor am Polytechnischen Institut und Präsident der Geologischen Gesellschaft. Ab 1876 leitete er das Naturhistorische Hof-Museum. Auf seine Initiative geht die Schaffung der anthropologischen und ethnographischen Abteilung zurück. 1878 regte Hochstetter auch die Einrichtung der Prähistorischen Kommission der Akademie der Wissenschaften an. Seine Forschungsergebnisse hat er vor allem in den Werken *Neu-Seeland* (1863) und im geologischen Teil der 1861–1875 in 15 Bänden erschienenen *Reise der österreichischen Fregatte Novara um die Erde* publiziert. An seine großen Leistungen erinnern der »Hochstetter-Dom« auf der Südinsel Neuseelands und der »Hochstetter-Fjord« auf Grönland.

Der Kiwi, ein ungeselliger Einsiedler, der das ganze Jahr durch die Wälder Neuseelands streift. Bei Tag schläft er in Höhlen, nachts kommt er heraus, um Nahrung zu suchen. Hochstetter veröffentlichte ein Skelett dieses seltsamen Vogels in seinem Buch »Neu-Seeland«.

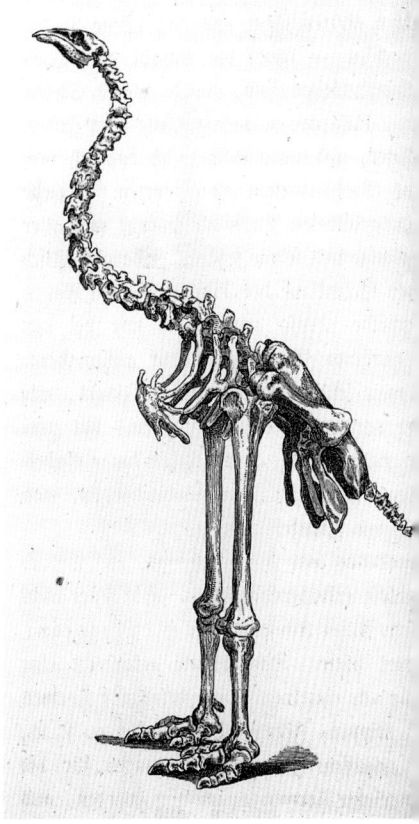

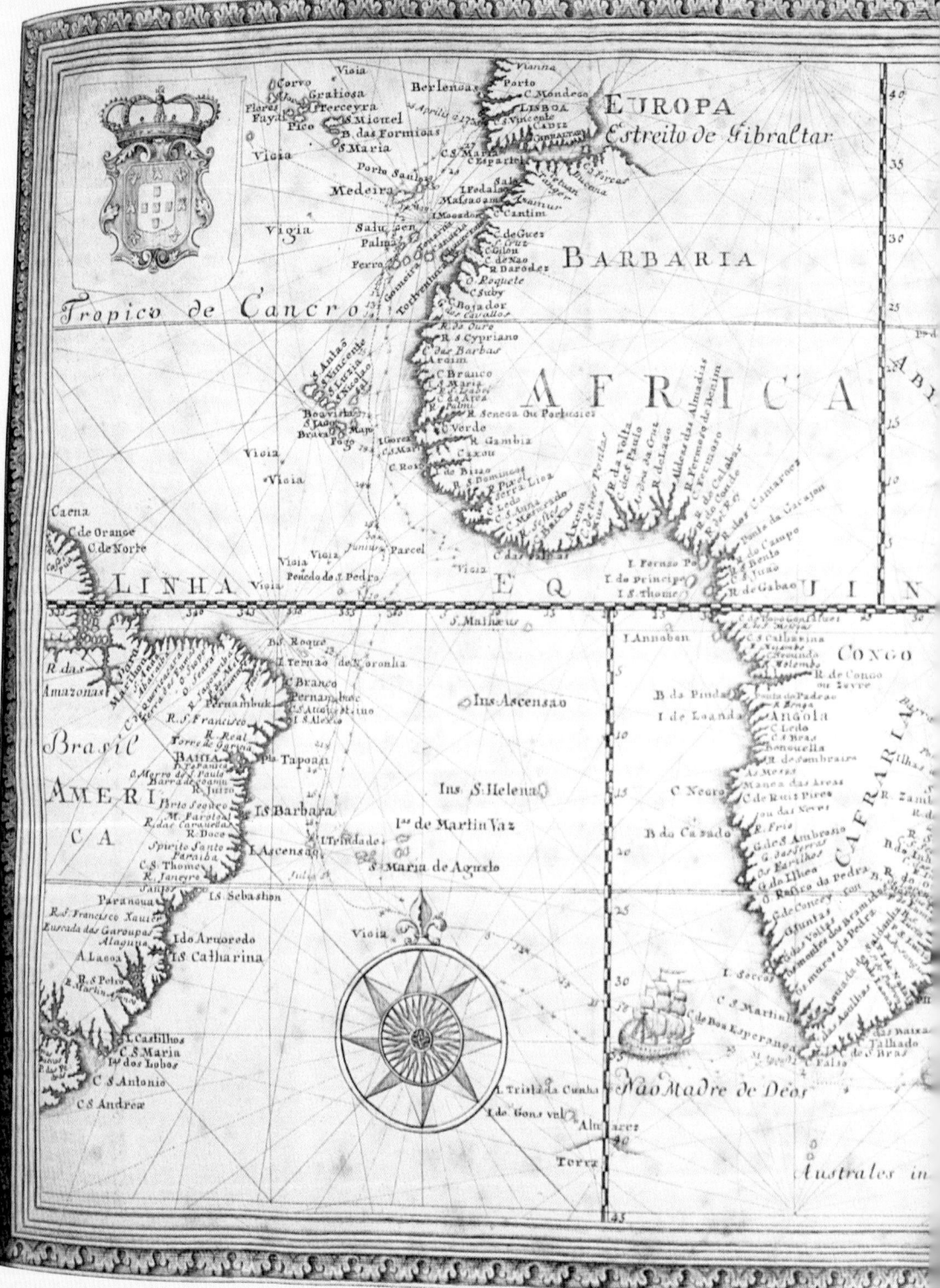

Rund um die Welt

Auf der Heimreise von Amsterdam einmal rund um die Welt: Der erste Österreicher auf Weltreise war »irrtümlich« unterwegs. Die Biedermeierdame, die zwei Jahrhunderte nach ihm um die Welt fuhr, reiste gegen alle Konventionen allein – und mit knappsten Mitteln. Ludwig Karl Schmarda ließ seine Begeisterung für wirbellose Tiere die Welt umrunden. Und Karl von Scherzer vertrat als Leiter des wissenschaftlichen Komitees der »Novara«-Expedition die Interessen seiner Heimat.

PROVIANT FÜR DIE REISE

Bevor ein Kapitän des frühen 17. Jahrhunderts auslief, ließ er Vorräte wie jene an Bord bringen, die unten aufgeführt sind. Sie waren zur Verpflegung von 190 Mann für drei Monate berechnet, bevor verrottete Lebensmittel, Hunger und Skorbut ihren Tribut forderten. Wenn der Vorrat zur Neige ging, hoffte man, auf Land zu stoßen, um neuen Proviant an Bord zu nehmen, wie Brotfrüchte, Jamswurzeln oder Pinguinfleisch.

8500 PFUND GESALZENES RINDFLEISCH
3000 PFUND GESALZENES SCHWEINEFLEISCH
EINIGE RINDERZUNGEN
660 PFUND KABELJAU
15000 BRAUNE ZWIEBÄCKE
5000 WEISSE ZWIEBÄCKE
30 SCHEFFEL HAFERMEHL
40 SCHEFFEL GETROCKNETE ERBSEN
1½ SCHEFFEL SENFSAMEN
1 FASS SALZ
110 PFUND TALG
1 FASS MEHL
11 KLEINE FÄSSER BUTTER
1 OXHOFTFASS ESSIG
500 HEKTOLITER BIER
160 HEKTOLITER WASSER
2 OXHOFTFÄSSER APFELWEIN

Kapitäns-Vorrat:

KÄSE, PFEFFER, KORINTHEN, GEWÜRZNELKEN, ZUCKER, AQUA VITAE, INGWER, BACKPFLAUMEN, SPECK, MARMELADE, MANDELN, ZIMT, WEIN, REIS.

Oben: Ein Handelsschiff des frühen 17. Jahrhunderts, wie es auch Fernberger für seine Fahrten im Dienste der »East India Company« benützt haben mag.

Rechts: Christoph Carl Fernberger v. Egenberg: Stich von Elias Widemann (1646). Der erste Weltumsegler Österreichs war zu dieser Zeit längst wieder in die Heimat zurückgekehrt, trug Harnisch und Spitzenkragen und war wieder sesshaft.

Als erster Österreicher rund um die Welt

Dass er als erster Österreicher rund um die Welt gesegelt ist, steht fest. Dass er auf dieser Reise zweimal Schiffbruch erlitt und unglaubliche Abenteuer zu bestehen hatte, ebenfalls. An biografischen Daten zu Christoph Carl Fernberger von Egenberg hingegen liegt nicht viel vor. Man weiß nur, dass er einer niederösterreichischen Adelsfamilie entstammte, dass seine Eltern, Carl Lud-

wig Fernberger von Egenberg und Johanna Geyerin Edle von Osterburg, am 4. Dezember in Ybbs an der Donau heirateten und dass er zwischen 1596 und 1600 geboren wurde. Dass er eine gute Erziehung genossen hat, kann man annehmen, denn er kannte sich in Geographie gut aus und sprach mehrere Sprachen.

Zu Beginn des Dreißigjährigen Krieges wurde Fernberger Kapitän eines Schiffes der spanischen Kriegsmarine. Er beteiligte sich am Freiheitskampf der Niederlande und geriet in Kriegsgefangenschaft. Wieder in Freiheit, ging er von Rotterdam nach Amsterdam. Von dort liefen die Schiffe der *East India* und der *West India Company* zu ihren Faktoreien in Indien aus. Fernberger hoffte, auf einem dieser Schiffe in einen Hafen zu gelangen, von dem aus er in seine österreichische Heimat zurückkehren konnte. Also heuerte er als Küchenhilfe auf einem Segler an, der Richtung Afrika auslief. Dass dies einen sieben Jahre langen Umweg um die ganze Welt bedeuten sollte, konnte er nicht ahnen.

Ende Januar 1622 sank dieses Schiff bei den Kapverden. Ein holländischer Segler, der Richtung Südamerika unterwegs war, nahm die Mannschaft auf. Dieses Schiff passierte die Magellanstraße zwischen dem 18. September und dem 2. Oktober 1622, segelte die Westküste Südamerikas nordwärts, lief die Häfen Guayaquil und Panama an und überquerte dann den Pazifik. Am 30. März 1623 erreichte es die Marianen, fuhr nach Ternate auf den Molukken weiter und landete am 25. Juli 1623 in Batavia, dem heutigen Jakarta, auf der Insel Java.

1624 quittierte Fernberger den Dienst bei der *East India Company* und wurde Handelsreisender. In dieser Funktion war er auf dem Malaiischen Archipel unterwegs, kam nach Celebes und zu den Banda-Inseln, nach Formosa und Kanton in China. Als er die Bekanntschaft des Portugiesen Emanuel Rodrigo machte, begleitete er diesen nach Siam. Dort nahm er an einem Kriegszug der Königin von Patani gegen den König von Siam teil und verhalf der Königin auf Grund seiner militärischen Kenntnisse zum Sieg.

Nachdem er über Japan nach Batavia zurückgekehrt war, machte er sich am 18. August 1625 wieder einmal auf den Heimweg. Gujarat in Indien erreichte er noch sicher, im Golf von Ormuz erlitt er aber zum zweiten Mal Schiffbruch. Zwar wurde er von Arabern gerettet, diese verkauften ihn jedoch an einen armenischen Kaufmann, den er auf seiner Reise durch Persien bis nach Isfahan begleiten musste.

Fernberger konnte sich von dem Armenier loskaufen, kehrte über Macao nach Batavia zurück und unternahm von dort aus 1627 noch einmal einen Versuch zur Heimreise. Auf der Flotte des Gouverneurs von Batavia umsegelte er das Kap der Guten Hoff-

Macao, die portugiesische Kolonie an der Südküste Chinas, graviert von dem flämischen Künstler Theodor de Bry (1598). Die Stadt war 1557 gegründet worden. Sie blieb über Jahrhunderte der wichtigste Hafen für den europäischen Handel mit dem chinesischen Kaiserreich.

RUND UM DIE WELT

nung und fuhr dann an der Westküste Afrikas nordwärts. Am 11. Juni 1628 erreichte die Flotte Dover und dann, endlich, am 26. Juli, Amsterdam. Von dort kehrte Fernberger wohlbehalten in die Heimat zurück, diesmal allerdings auf dem Landweg via Hamburg und Prag.

Während seiner langen Reise rund um die Welt hatte sich Fernberger zahlreiche Notizen gemacht. Zurück in Wien, fasste er sie in seinem *Raisbuch* zusammen, einem 271 Seiten starken handgeschriebenen Werk. Dieses erste Tagebuch eines österreichischen Weltreisenden enthält wichtige geographische, kartographische und historische Informationen über Indonesien, Amerika und die Marianen.

Als Angestellter der »East India Company« kam Fernberger wohl auch hierher: die indische Hafenstadt Cannanore. Aus »Civitates orbis terrarum«, Bd. 1–6, Colonia Agrippinae 1575–1618.

Eine Biedermeierdame
reist um die Welt

Sie sprengte das Korsett sämtlicher Konventionen ihrer Zeit: In
einem Jahrhundert, in dem sich Damen in erster Linie für ihre
Familie, ihren Haushalt und ihre eleganten Salons zu interessieren
hatten, wagte sich Ida Pfeiffer als Frau alleine hinaus in die Welt
– voller Unerschrockenheit, Ausdauer und Willensstärke. Oft
bestaunt und belächelt, reiste sie um die ganze Welt, kam nach
Südamerika, zu den »Menschenfressern« auf Sumatra und nach
Madagaskar. Ihre Reiseberichte wurden zu Bestsellern.

Die kleine Ida Laura war das einzige Mädchen unter den sechs
Kindern der wohlhabenden Kaufmannsfamilie Reyer. »Ich war
nicht schüchtern, sondern wild wie ein Junge und beherzter und
vorwitziger als meine älteren Brüder«, schrieb sie später und unter-
trieb damit noch. Denn tatsächlich war sie ein echter Wildfang,
der am liebsten Knabenkleider trug, Streiche aushecke und mit
den Buben um die Wette tollte. Statt mit Puppen beschäftigte sie
sich mit Trommeln, Säbeln und Gewehren und verkündete ein
ums andere Mal mit heißen Wangen, sie werde sich den Weg
durchs Leben einmal mit dem Säbel in der Faust erkämpfen.

Vater Reyer war das recht. Er versprach seiner einzigen Tochter
halb im Scherz, er werde sie in einer Militärerziehungsanstalt zum
Offizier ausbilden lassen. Bis dahin solle sie sich in Mut, Ent-
schlossenheit und Verachtung des Schmerzes üben.

Gelegenheit dazu bot er seinen Kindern reichlich. Überzeugt
davon, dass die Jugend vor allem vor Unmäßigkeit zu bewahren sei
und lernen müsse, ihre Gelüste zu bezähmen, nahm er sie in eine
harte Schule. So war es im Hause Reyer bei Tisch üblich, dass die
Kinder eine karge, einfache Kost zugeteilt bekamen, dabei aber
zusehen mussten, wie die Erwachsenen Besseres genossen. Es wurden ihnen auch die einfachsten Wünsche nach Spielzeug oder kleinen Freuden versagt, um sie an Entbehrungen zu gewöhnen.

So grausam diese Erziehungsmethoden auch gewesen sein mögen,
sie könnten doch dazu beigetragen haben, dass die Weltreisende
Ida Pfeiffer später die härtesten Strapazen durchstand und

*Aus der Jugendzeit Ida Pfeiffers gibt
es nur sehr wenige Porträts. Dies ist
eines der ganz seltenen. Es stammt
aus Ferdinand Lebzelters Buch
»Die österreichische Weltreisende
Ida Pfeiffer« (1910).*

wochenlang nahezu ohne Essen auskommen konnte.

Als Vater Reyer 1806 starb, hinterließ er eine Frau und sieben Kinder. Die Knaben kamen in eine Lehranstalt, Ida wurde zu Hause erzogen. Sosehr sie aber zuvor die Strenge des Vaters gefürchtet hatte, so unerträglich wurde ihr die Melancholie und ständige Besorgtheit der Mutter.

Zur ersten Katastrophe kam es, als die Mutter versuchte, Ida die Knabenkleider wegzunehmen, und ihre Hose gegen einen Unterrock vertauschte. Ida war darüber so empört, dass sie schwer erkrankte. Ein Arzt musste konsultiert werden. Er riet der Mutter, sie solle Ida die Knabenkleider zurückgeben, und diese Therapie half. Ida wurde schnell gesund – und benahm sich mehr denn je wie ein Junge. Sie nahm gierig auf, was für Buben bestimmt war, und verachtete alles, was Mädchen zu lernen hatten. Um nicht auf dem Klavier üben zu müssen, schnitt sie sich sogar absichtlich in die Finger oder verbrannte sich mit Siegellack.

Mit 13 war es dann endgültig aus mit der Hosenrolle. In diesem Alter erhielt sie zum zweiten Mal Mädchenkleider, diesmal für immer. »Wie linkisch und unbeholfen war ich anfangs«, schrieb sie in ihr Tagebuch. »Wie lächerlich musste ich in den langen Kleidern aussehen, als ich dabei noch immer lief und sprang und mich in allem benahm wie ein wilder Junge!«

Aber mit Hilfe eines guten Lehrers gelang es, Ida dazu zu bringen, sich nach und nach mit Dingen zu beschäftigen, für die sie bis dahin nur Abscheu empfunden hatte. Sie lernte kochen, nähen und stricken. Was in jener Zeit andere junge Mädchen beschäftigte, Putz, Bälle und Soiréen, ging an ihr spurlos vorüber. Reisen hingegen faszinierten sie. Sooft sie von Menschen hörte, die große Reisen unternommen hatten, verfiel sie in Wehmut und haderte mit dem Schicksal, das ihr, einem Mädchen, verwehrte, über die Weltmeere zu segeln.

Als Ida 17 Jahre alt war, hielt ein wohlhabender Grieche um ihre Hand an. »Bei dieser Gelegenheit ging in meinem Inneren eine große Umwandlung vor«, schrieb sie. »Bisher hatte ich nichts geahnt von jener mächtigen Leidenschaft, die den Menschen zum glücklichsten, aber auch zum unglücklichsten Wesen machen kann. Als mich die Mutter von dem Antrag des Griechen unterrichtete, als ich erfuhr, dass es in meiner Bestimmung läge, einen Mann zu lieben und ihm für immer anzugehören, da gewannen die Gefühle, die ich bisher unbewusst in mir getragen, eine feste Gestaltung und es wurde mir klar, ich könne niemanden anderen lieben als T.«

Diese erste Liebe endete tragisch. Idas Mutter willigte in die Heirat nicht ein, denn der Grieche war nicht katholisch. T. versicherte Ida, er werde nie eine andere heiraten – und hielt Wort.

Ida musste sich fünf Jahre später dem Willen der Mutter beugen und einen anderen Bewerber akzeptieren. Sie willigte in die Heirat mit dem Rechtsanwalt Dr. Pfeiffer ein, nicht zuletzt, weil er um 24 Jahre älter war als sie und weit weg von Wien und ihrer großen Liebe lebte, in Lemberg.

Dr. Pfeiffer war zwar ein liebevoller und sensibler Mann, doch er war beinahe besessen davon, Unrecht aufzuzeigen. Bei einem großen Prozess in Wien deckte er den Beamtenschlendrian und die Bestechlichkeit auf, die in Galizien an der Tagesordnung waren. Eine Untersuchung wurde eingeleitet, Dr. Pfeiffers Beschuldigungen erwiesen sich als richtig. Da aber höchste Kreise in den Skandal verwickelt waren, bedeutete er das Ende von Dr. Pfeiffers Karriere. Er hatte sich hohe Beamte zum Feind gemacht, erhielt keinen einzigen Auftrag mehr und musste seine Advokatur zurücklegen. Er übersiedelte mit der Familie – Ida hatte inzwischen zwei Söhne geboren – nach Wien, konnte aber auch hier nicht Fuß fassen und kehrte nach Lemberg zurück. Zu allem Unglück verborgte

Die Reiseberichte Ida Pfeiffers wurden
von einem neugierigen Leserpublikum
geradezu verschlungen. Und natürlich war
für die Damen der Wiener Salons von
entscheidender Bedeutung, wie sich eine
Weltreisende kleidete. Die Modezeitung
»Die Wiener Elegante« veröffentlichte
daher eine Lithographie von Adolf
Dauthage (1858), die sie im eleganten
Reisekostüm mit Ballhut, Schmetterlings-
netz und Sammelbüchse zeigt.

Dr. Pfeiffer auch noch Idas beträchtliches väterliches Erbe an einen
Freund, der in finanzielle Schwierigkeiten geraten war. Dieser
machte Bankrott, und das Geld war verloren. Von nun an lebte
die Familie in bitterer Armut.

1831 starb Idas Mutter. Sie hinterließ ihrer Tochter zwar kein
großes Vermögen, aber immerhin so viel, dass sie davon leben und
ihren beiden Söhnen eine gute Erziehung bieten konnte. Ida Pfeiffer übersiedelte mit ihren beiden Kindern wieder nach Wien, ihr
Mann blieb in Lemberg.

Zu einem einschneidenden Erlebnis wurde für Ida Pfeiffer eine
kurze Reise nach Triest. Eigentlich wollte sie nur ihren jüngeren
Sohn Seebäder nehmen lassen, aber dann sah sie zum ersten Mal
das Meer. Es machte auf sie einen derart überwältigenden Eindruck, dass sie von da an nur noch einen Wunsch hatte: hinaus-
zufahren in die unermessliche Weite.

Von diesem Zeitpunkt an plante Ida Pfeiffer ihr Leben generalstabsmäßig: Die beiden Söhne mussten erzogen werden, Berufe erlernen und auf eigenen Beinen stehen. Danach wäre sie frei, um die Welt zu sehen. Dass sie ihre Reisen allein würde unternehmen müssen, war ihr klar, denn weder der Ehemann noch die Söhne kamen als Begleiter in Frage. »Was den Punkt anlangt, dass ich als Frau allein in die Welt hinaus wollte, so verließ ich mich auf meine Jahre, ich zählte deren schon 45«, schrieb sie in ihr Tagebuch. »Außerdem auf meinen Mut und auf die Selbständigkeit, die ich in harter Schule des Lebens erlangt hatte, als ich nicht nur für mich und meine Kinder, sondern auch mitunter für meinen Mann sorgen musste. In Betreff des Geldpunktes war ich zur größten Sparsamkeit entschlossen. Unbequemlichkeiten und Entbehrungen schreckten mich nicht. Ich hatte deren ja schon genug und zwar erzwungen ertragen. Wie viel leichter mussten die freiwillig aufgesuchten mit einem bestimmten Ziel vor Augen zu ertragen sein!«

Auch die Frage, wohin es gehen sollte, war bald beantwortet. Zwei Ziele standen zur Auswahl: der Nordpol und das Heilige Land. Der Nordpol schied aus, weil sich schon bei der Planung der Reise große Schwierigkeiten ergaben. Also blieb das Heilige Land. Noch wagte Ida Pfeiffer allerdings nicht, ihrem Bekanntenkreis das Ziel ihrer Reise zu nennen. Sie erklärte, sie wolle lediglich eine Freundin in Konstantinopel besuchen. Warnungen bekam sie dennoch genug zu hören. Sie notierte:

Höchst lebhaft stellte man mir all die Gefahren und Beschwerden vor, die den Reisenden erwarten. Männer hätten Ursache zu bedenken, ob ihr Körper die Mühen aushalten könne und ob ihr Geist den Mut habe, dem Klima, der Pest, den Plagen der Insekten, der schlechten Nahrung usw. kühn die Stirn zu bieten. Und dann erst eine Frau! So ganz allein, ohne alle Stütze, hinauszuwandern in die weite Welt, über Berg und Tal und Meer, ach, das wäre unmöglich.

Am 22. März 1842 bestieg sie in Wien ein Dampfboot, das sie donauabwärts ins Schwarze Meer und nach Konstantinopel bringen sollte. Ida Pfeiffer: »Sobald publik wurde, dass eine Frau auf dem Schiff war, die bis Konstantinopel reisen wollte – noch dazu alleine –, betrachtete man mich von allen Seiten.«

Sie war aber fest entschlossen, ihr erstes großes Abenteuer zu bestehen. Sie reiste von Konstantinopel nach Syrien, in den Libanon und nach Ägypten, von dort nach Sizilien und durch ganz Italien zurück nach Wien. Als sie wieder zu Hause eintraf, war es Dezember. Schon über diese erste Reise veröffentlichte sie einen Reisebericht. *Reise einer Wienerin in das Heilige Land* erschien auch auf Englisch und wurde sofort zum Bestseller. Eine Frau allein auf Reisen in fernen Ländern – das war willkommener Gesprächsstoff für die Salons der Residenzstadt.

Ermutigt durch diesen auch in finanzieller Hinsicht erfreulichen Erfolg machte sich Ida Pfeiffer an die Vorbereitung ihrer nächsten Reise. Diesmal sollte es in den Norden gehen, nach Island. Über zwei Jahre studierte sie eifrig Englisch und Dänisch und befasste sich mit der Daguerreotypie, um unterwegs Bilder anfertigen zu können. Im April 1845 brach sie auf. Auch das Tagebuch dieser Reise, *Reise nach dem skandinavischen Norden und der Insel Island*, 1846 in zwei Bänden erschienen, fand reißenden Absatz.

Von nun an wurden die Pläne der kleinen, hageren, immer unauffällig gekleideten Frau immer gewagter. Sie träumte von einer Reise um die ganze Welt. »Größere Mühsal und Entbehrungen«, schrieb sie in ihr Tagebuch, »als ich in Syrien und Island ausgestanden hatte, konnte ich nirgends erwarten. Auch die Kosten erschreckten mich nicht, da ich nun schon aus Erfahrung wusste, wie wenig man bedarf, wenn man sich auf das Allernötigste beschränkt und jeder Bequemlichkeit, jedem Überfluss zu entsagen bereit ist.«

Als sie Wien am 1. Mai 1846 verließ, glaubte ihre Familie, sie wolle »nur« nach Brasilien fahren. Aber dann segelte sie von Brasilien um das Kap Hoorn nach Valparaíso und weiter nach Tahiti, China und Indien. Sie fuhr den Ganges aufwärts nach Benares, besuchte Delhi und Bombay, wurde auf Tigerjagden eingeladen und nahm an einer Witwenverbrennung teil. Über Persien gelangte sie nach Mesopotamien. Mit einer Karawane reiste sie durch die Wüste nach Mossul, dann zu den Ruinen von Ninive und nach Täbris. Gerade diese Reise durch Mesopotamien zählt zu den größten Leistungen der Ida Pfeiffer. Die große Hitze bei Tag, die Kälte in der Nacht, die wochenlangen Kamelritte, das Übernachten unter freiem Himmel, die mangelhafte Ernährung und die ständige Angst vor Raubüberfällen machten sie zu einer einzigen Strapaze. Als Ida Pfeiffer in Täbris dem Vizekönig Vali-Ahd vorgestellt wurde, konnte dieser zuerst gar nicht glauben, dass sie die Reise überstanden hatte.

Von Persien kehrte Ida Pfeiffer aber noch lange nicht in die Heimat zurück. Sie durchquerte noch Georgien und Armenien, besuchte die Städte Eriwan, Tiflis und Odessa und segelte erst dann über Konstantinopel nach Triest. Im November 1848, nach einer zweieinhalbjährigen Reise, traf sie wieder in Wien ein, mit dem festen Vorsatz, sich zur Ruhe zu setzen.

Disziplin war für Ida Pfeiffer alles. Auch wenn der Tag noch so anstrengend war, am Abend notierte sie ihre Erlebnisse mit eisernem Willen in ihr Tagebuch. Wie während des Ausflugs nach Suez. Das Bild stammt aus dem Buch »Ida Pfeiffer, Putowánj do Swaté zemé« (Hradec Králové 1846).

Reise
einer Wienerin
in das
heilige Land,

nämlich:

von Wien nach Konstantinopel, Brussa, Beirut,
Joffa, Jerusalem, dem Jordan und todten Meere,
nach Nazareth, Damaskus, Balbek und dem Libanon, Alexandrien, Kairo, durch die Wüste an
das rothe Meer, und zurück über Malta, Sici-
lien, Neapel, Rom u. s. w.

Unternommen im März bis Dezember 1842.

Nach den Notaten
ihrer sorgfältig geführten Tagebücher
von ihr selbst beschrieben.

Erster Theil.

Mit einem colorizten Bilde.

Wien.
Verlag von Jakob Dirnböck,
Herrngasse, im gr. Dietrichstein'schen Hause Nr. 25.
1844.

Frontispiz des ersten Reisewerkes von Ida Pfeiffer
Reise einer Wienerin in das heilige Land aus dem Jahr 1844.

*Titelblatt des ersten Reiseberichtes von
Ida Pfeiffer, erschienen in zwei Bänden
(Wien 1844). Nach ihren vor Ort
gemachten Aufzeichnungen schildert sie
unter anderem die Städte Konstantinopel,
Brussa, Beirut, Jaffa, Jerusalem,
Nazareth, Damaskus, Alexandrien,
Kairo, Neapel und Rom. Mit dem –
bescheidenen – Autorenhonorar
finanzierte sie ihre nächste Reise.*

Sie brachte ihr drittes Buch heraus, *Eine Frauenfahrt um die Welt*, und es wurde wieder ein großer Erfolg. Dann verkaufte sie ihre Sammlungen, die sie von den Reisen mitgebracht hatte, an diverse Museen. Sie ordnete ihre Tagebücher und Aufzeichnungen und veröffentlichte weitere Teile daraus. Und dann kam, was kommen musste: Das Fernweh packte sie wieder. Also bereitete sie eine zweite Weltreise vor. Diesmal beteiligte sich die österreichische Regierung mit 1.500 Gulden an den Reisespesen.

Als Ida Pfeiffer Wien am 18. Mai 1851 verließ, hatte sie noch keine feste Vorstellung von ihrem Reiseziel. Sie fuhr nach London, nahm dort ein Schiff nach Kapstadt und plante, ins Innere des Schwarzen Kontinents zu reisen. In Kapstadt zeigte sich aber, dass ihre Mittel dafür nicht ausreichten. Also disponierte sie um und segelte nach Singapur. Nach einigen Tagen, die sie im Dschungel um Singapur mit dem Sammeln von Insekten verbracht hatte, entschloss sie sich zur Erkundung des Malaiischen Archipels. In höchst bescheidenen Expeditionen – oft war sie nur mit einem Führer unterwegs – durchquerte sie zahlreiche Inseln. Als Gepäck hatte sie immer nur das Allernötigste bei sich, gerade so viel, wie sie im Notfall allein tragen konnte. Die Strapazen waren auch hier enorm: Ihr Weg führte sie in tropischer Hitze durch dichten Dschungel und über morastige Pfade, die nur barfuß zu bewältigen waren. Strömender Regen und die Bedrohung durch Giftschlangen erleichterten den Marsch nicht gerade. Als Verpflegung mussten oft tagelang Reis und Wasser genügen.

Vorerst landete sie in Sarawak im Nordwesten Borneos. Dort hatte der Engländer James Brooke ein unabhängiges Fürstentum gegründet, das er mit fester Hand regierte. Er nahm Ida Pfeiffer gut auf und bot ihr die Gelegenheit, erste Bekanntschaft mit den Dajak, Kopfjägern, zu schließen. Sie verschonten die reiselustige Wienerin nicht nur, sondern nahmen sie sogar herzlich auf.

Besonders beeindruckend war ihre Leistung im Inneren Borneos: Sie durchquerte die Insel als erste Weiße auf einer gefährlichen Route durch das Territorium der Dajak. Es geschah ihr nichts, und sie fasste den Mut, auch den Batak auf Sumatra, ebenfalls Kannibalen, einen Besuch abzustatten. Sie reiste über Batavia, das heutige Jakarta, nach Padang, dem Hauptort der holländischen Besitzungen. Dort erklärten ihr die Holländer, die Batak hätten noch nie einen Weißen unter sich geduldet, von so einem Unternehmen sei dringend abzuraten, erst vor kurzem hätten sie einige Missionare getötet.

Ida Pfeiffer ließ sich aber nicht beirren. Sie machte sich auf den weiten und gefahrvollen Weg zum Tobasee, legte das letzte Stück zu Fuß zurück und kam bis auf wenige Kilometer an den See

heran. Dann stand sie plötzlich Batakkriegern gegenüber. Sie beschrieb diese Begegnung so:

Mehr als achtzig bewaffnete Männer standen am Wege und erwarteten uns. Als wir an ihnen vorbei wollten, verstellten sie den Weg, und in einem Augenblicke hatten viele Lanzenknechte einen Kreis um mich geschlossen. Die Leute sahen über alle Beschreibung wild und fürchterlich aus. Sie waren groß und kräftig, viele an sechs Fuß hoch, die Gesichtszüge leidenschaftlich

So muss Ida Pfeiffer den Tempelberg mit dem Felsendom in Jerusalem erlebt haben: Lithographie von David Roberts aus »The Holy Land, Syria, Idumea, Egypt, Nubia« (London 1842–1849).

217   RUND UM DIE WELT

bewegt, was sie noch viel hässlicher machte – das große Maul mit den hervorstehenden Zähnen glich wahrlich mehr dem Rachen eines wilden Thieres als einem menschlichen Munde. Sie schrieen und lärmten so auf mich los, dass, wäre ich mit dergleichen Szenen nicht schon vertraut gewesen, ich das Äußerste hätte befürchten müssen. Ich hatte zwar Angst – die Szene war zu entsetzlich –, doch verlor ich nicht meine Geistesgegenwart und setzte mich, anscheinend ruhig und vertrauungsvoll, auf einen Stein, der am Wege lag. Einige Rajahs traten auf mich zu, mir mit Worten und Zeichen drohend, dass, wenn ich nicht umkehre, man mich töten und verzehren würde. Die Worte verstand ich nicht; aber die Zeichen ließen mir keinen Zweifel, denn sie wiesen mit einem Messer an den Hals, mit den Zähnen an die Arme und bewegten die Zahnkiefer, als hätten sie den Mund schon voll von meinem Fleische. Ich war natürlich schon seit dem Eintritte in dieses Land auf solche Szenen gefasst und hatte zu diesem Zwecke einen kleinen Satz in ihrer Sprache gelernt. Mein Gedanke war, wenn ich etwas sagen könnte, was ihnen gefiele, was sie lachen machen würde, hätte ich einen großen Vorteil über sie, denn die Wilden sind wie die Kinder – eine Kleinigkeit ist oft hinreichend, sie zu Freunden zu machen. Ich erhob mich also, klopfte dem Vordersten, der sich am meisten an mich herandrängte, freundlich auf die Achsel und sagte mit heiterer, lächelnder Miene, halb malaisch, halb batakisch: »Ihr werdet eine Frau nicht töten und auffressen, am wenigsten eine so alte wie ich bin, deren Fleisch schon hart und zähe ist.«

Das wirkte. Die Batak begannen über diese merkwürdige Frau zu lachen und ließen sie gehen – allerdings nur in die Richtung, aus der sie gekommen war. Den Tobasee sollte sie nie zu Gesicht bekommen. Aber es war ihr ein Trost, ihm sehr nah gekommen zu sein – nur ein Bergrücken hatte sie vom Anblick des Sees getrennt.

In Indonesien, damals im Kolonialbesitz der Holländer, fand Ida Pfeiffer an vielen Orten freundliche Aufnahme. Die Öffentlichkeit hatte ihre Reiseberichte interessiert verfolgt, die ungewöhnliche Frau hatte auf Grund ihres Mutes und ihrer Leistungen längst internationale Bekanntheit erlangt. So konnte sie auf die Unterstützung holländischer Kolonialbeamter zählen und erhielt oft sogar freie Schiffspassagen. Als sie wiederholt vom »Indonesischen Wechselfieber« befallen wurde, pflegte man sie gut.

Auf der Insel Java absolvierte Ida Pfeiffer ein regelrechtes Besichtigungsprogramm. Sie sah die Tempelanlage Borobudur, die damals stark vom Verfall bedroht war, besuchte Teeplantagen, Spitäler und Gefängnisse und wurde sogar vom Sultan von Jogjakarta zu einer Audienz geladen. Schließlich reiste sie weiter nach Celebes, dem heutigen Sulawesi. Da gerade Regenzeit herrschte, war diese Reise besonders beschwerlich. Der Weg führte durch überflutete Reisfelder und über brüchige Dämme. Aber die Mühe wurde belohnt: Ida Pfeiffer konnte bis zu den Seen von Tempe vordringen, von denen aus sie einen herrlichen Blick über Celebes genoss. Später besuchte sie noch die Molukken, damals als »Gewürzinseln« berühmt, und durchquerte zu Fuß die Insel Seram. Wo immer sie hinkam, beobachtete sie die Lebensweise der Menschen und machte sich Notizen. Der indonesische Brauch, sich die Zähne abzufeilen und sie schwarz zu färben, ging ihr allerdings gegen den Strich. Dennoch bezeichnete sie die Reise durch Indonesien als unvergesslich. Am 6. Juli 1853 schiffte sie sich nach San Francisco ein.

Zwei Monate dauerte die Fahrt, dann konnte Ida Pfeiffer in Amerika an Land gehen. Sie besuchte die Goldwäschereien am Sacramento und am Yuba und schlief in Indianer-Wigwams. Ende 1853 segelte sie nach Peru und Ecuador und wagte in der Nähe des Chimborazo eine Überquerung der Kordilleren. Sie reiste über Panama nach Nordamerika, fuhr den Mississippi aufwärts, besuchte New Orleans, St. Louis, die Großen Seen und die Niagarafälle, Montreal, Quebec, Chicago und Boston. In New York, das damals 600.000 Einwohner zählte, verbrachte sie sechs Wochen, bevor sie sich nach London einschiffte. Im Juni 1855 landete sie schließlich wieder in Europa – nach einer vier Jahre dauernden Weltreise.

Die Tagebücher dieser Reise erschienen 1856 (in vier Bänden) unter dem Titel *Meine zweite Weltreise*. Auch sie wurden zu einem Bestseller. Die von Ida Pfeiffer auf dieser Reise angelegten ethnographischen und naturwissenschaftlichen Sammlungen gelangten ins Britische Museum und ins kaiserliche Naturalienkabinett in Wien. Ein Großteil ist heute noch im Wiener Naturhistorischen Museum zu sehen.

Die hagere kleine Frau mit der leicht gebeugten Haltung, deren ruhige Miene in keiner Weise auf die erlebten Abenteuer schließen ließ, war inzwischen auch in Europa eine Berühmtheit. Alexander von Humboldt sprach ihr seine Hochachtung aus, die geographischen Gesellschaften von London, Paris und Berlin ernannten sie zum Ehrenmitglied und der König von Preußen verlieh ihr die Goldene Medaille für Wissenschaft und Kunst. Nur Österreich wartete ab – es ehrte sie erst nach ihrem Tod mit einem Ehrengrab auf dem Wiener Zentralfriedhof.

Doch Ida Pfeiffer stand noch ein großes Abenteuer bevor. Während sie sich in Wien mit der Durchsicht ihrer Tagebücher und der mitgebrachten Sammlungen beschäftigte, festigte sich ihr Entschluss, Madagaskar zu erforschen. Alexander von Humboldt versuchte sie von diesem Vorhaben abzubringen und schlug ihr andere Projekte vor.

Ida Pfeiffer aber hielt an ihrem Plan fest. Sie verließ Wien im Mai 1856, reiste über Berlin und Paris nach Rotterdam und schiffte sich nach Mauritius ein, von wo sie im April 1857 nach Madagaskar aufbrach. Dort wurde sie von der Königin Ranavanola I., »der Grausamen«, in Ehren empfangen. Ein französischer Abenteurer und Geschäftsmann namens Joseph-François Lambert, der in politische Intrigen verwickelt war und dem es um einen Freibrief zur Ausbeutung der madagassischen Rohstoffe ging, drängte sich aber an Ida Pfeiffer heran, um an ihrer Seite von der königlichen Gunst profitieren und so seine obskuren politischen Ziele verfolgen zu können. Die Sache flog auf, die Königin fühlte sich verraten, ließ Ida Pfeiffer ins Gefängnis werfen und schließlich des Landes verweisen. Für den Rückweg stellte man eine Begleitung zur Verfügung. Das aber war ein verstecktes Todesurteil. Die Begleitmannschaft hatte lediglich die Aufgabe, Ida Pfeiffer und einige andere Europäer auf Umwegen durch Gegenden zu bringen, die schwer malariaverseucht waren. Für eine Strecke, die in acht Tagen zurückzulegen gewesen wäre, benötigten sie 53 Tage.

Ida Pfeiffer gelang es zwar, Madagaskar lebend zu verlassen, schon auf der Heimreise aber brach das madagassische Fieber aus. Als sie in Europa ankam, war sie schwer gezeichnet. Der inzwischen neunzigjährige Alexander von Humboldt, der ihr einen Band seines berühmten *Kosmos* gewidmet hatte, besuchte die Todkranke noch.

Wenige Wochen nach ihrer Rückkehr nach Wien, in der Nacht vom 27. zum 28. Oktober 1858, starb sie – wahrscheinlich an den Folgen der Malaria und der Strapazen in Madagaskar. Ihr letztes Werk *Verschwörung im Regenwald*, in dem sie über die verhängnisvolle Madagaskar-Reise berichtet, wurde nach Ihrem Tod von ihrem Sohn veröffentlicht. Sie ging als erste weltreisende Österreicherin in die Geschichte ein.

Ludwig Karl Schmarda

GEBOREN: 23. August 1819 in Olmütz (Olomouc),
Mähren

GESTORBEN: 7. April 1908 in Wien

*Ein Forscher wie aus dem Bilderbuch:
Ludwig Karl Schmarda nach einer
Radierung von August Steininger.*

Um die Welt in Namen des Wurmes

Würmer und wirbellose Tiere waren die große Leidenschaft des
Ludwig Karl Schmarda. Ihnen widmete er sein Leben. Geboren
in Olmütz, studierte er ab 1835 in Wien Philosophie, später
Medizin und Naturwissenschaften. Ab 1847 unterrichtete er an
der Landwirtschaftlichen Realschule in Graz Naturgeschichte und

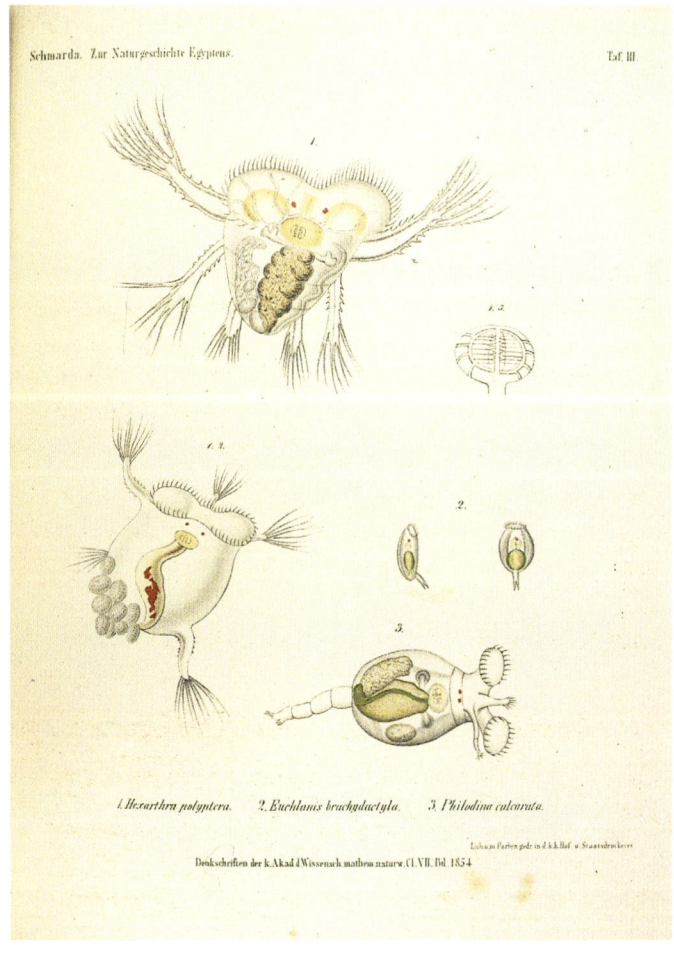

*Schmarda war der Erste, der sich mit
größter Hingabe mit wirbellosen Tieren
beschäftigte. Zeichnungen aus: »Die
Naturgeschichte Ägyptens« (Wien 1854).*

Geographie, 1850 wurde er als Professor für Naturgeschichte an die Universität Graz berufen und gründete dort das Zoologische Museum.

1852 ging Schmarda als Professor der Zoologie an die Universität Prag – aber nur für ein Jahr, denn 1853 brach er gemeinsam mit dem steirischen Adeligen Franz von Fridau zu einer naturwissenschaftlichen Erkundungsfahrt rund um die Welt auf. Die Reise führte über Griechenland, Arabien und Ceylon zum Kap der Guten Hoffnung, von dort nach Australien, Neuseeland, Chile, Peru, Panama, Westindien, in die Vereinigten Staaten, dann nach Kanada und Kuba. Er war vier Jahre unterwegs, forschte praktisch ohne Pause, vermaß, beschrieb und zeichnete wirbellose Tiere und Würmer, Turbellaria, Rotatoria und Anneliden.

So aufsehenerregend seine Forschungen für die Fachwelt waren, so bitter war für Schmarda die Rückkehr in die Heimat. Man hatte ihn wegen seiner Haltung im Revolutionsjahr 1848 seiner Professur enthoben, er war praktisch arbeitslos und ohne Einkommen. Franz von Fridau erwies sich aber als wahrer Freund. Er lud Schmarda auf seine steirischen Güter ein und sorgte dafür, dass er die Ergebnisse der gemeinsamen Weltreise aufarbeiten konnte. Schmarda publizierte sie 1861 in seinem dreibändigen, reich mit Kupferstichen und Zeichnungen versehenen Werk Reise um die Erde.

1862 war die Durststrecke für Schmarda zu Ende, er erhielt in Wien eine Professur für Zoologie. In den folgenden Jahren unternahm er im Auftrag des Ministeriums Forschungsreisen an die österreichischen und französischen Küsten, um die jeweiligen Fischereiverhältnisse zu untersuchen. Sein großes Verdienst aber besteht darin, 191 bis dato unbekannte wirbellose Tiere der südlichen Hemisphäre entdeckt zu haben.

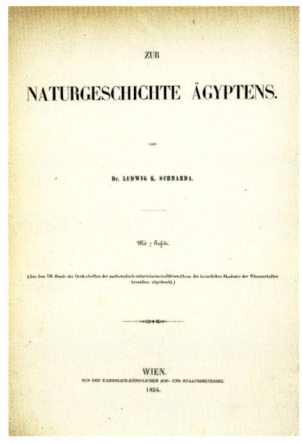

Eines der Ergebnisse von Schmardas vier Jahre dauernder Reise um die Welt: »Zur Naturgeschichte Ägyptens« (Wien 1854).

Forscher, Weltbürger, Diplomat

Karl von Scherzer studierte in Mittel- und Nordamerika die Lebensweise der Indianer, fuhr als Geograph und Naturkundler bei der legendären Weltumseglung der »Novara« mit und bereiste Südamerika von Chile bis Panama. Er vertrat die Donaumonarchie in Smyrna, London, Leipzig und Genua und bemühte sich als Weltbürger im Zuge der österreichisch-ungarischen Ostasien-Expedition um Handelsverträge mit Siam, China und Japan. Karl von Scherzer war der Erste, der große Mengen von Cocablättern nach Wien brachte – was zu seiner Zeit noch erlaubt war, schließlich diente es der wissenschaftlichen Erforschung des Kokains.

Karl von Scherzer entstammte einer alten protestantischen Patrizierfamilie aus der böhmischen Stadt Eger (Cheb). Als die Familie ihre Heimat in der Zeit der Gegenreformation verlassen musste, siedelte sie sich in der Nähe von Nürnberg an. Von dort zog Johann Georg Scherzer, der Vater des späteren Weltreisenden, im Alter von 20 Jahren nach Wien. Er kaufte 1806 das Lokal »Zum Sperl« in der Leopoldstadt, baute einen neuen Tanzsaal und veranstaltete rauschende Bälle und Feste. Als in dem beliebten »Vergnügungsetablissement« auch noch Musiker wie Strauß und Lanner auftraten, entwickelte sich das »Sperl« geradezu zu einem Symbol der Wiener Lebensart. Mehr als ein Viertel der Werke von Johann Strauß Vater wurden hier uraufgeführt, darunter die *Sperl-Polka* und der *Sperl-Galopp*.

Johann Georg Scherzer erfreute sich in Wien größter Popularität, nicht zuletzt, weil er sich auch sozial engagierte, an der Gründung der protestantischen Kirche in Gumpendorf mitwirkte und zusammen mit Pfarrer Weber die Erste Österreichische Spar-Casse ins Leben rief. Als wohlhabender Bürger war er für seinen 1821 in Wien geborenen Sohn Karl um eine sorgfältige Ausbildung bemüht. Er schickte ihn in ein Privaterziehungsinstitut, in dem er sich philosophischen Studien widmen und auf die Beamtenlaufbahn vorbereiten sollte.

Karl Scherzer aber hasste nichts mehr als den Gedanken, Beamter werden zu müssen. Er empfand gegen diesen Berufsstand eine tiefe

Karl Scherzer wurde im Laufe seines Lebens mit hohen Auszeichnungen gewürdigt. Er besaß unter anderem das Ritterkreuz des Leopold-Ordens, das Komturkreuz des Franz-Josephs-Ordens, das Großkreuz der Krone von Italien, das Komturkreuz I. Klasse des sächsischen Albrecht-Ordens, den bayrischen Verdienst-Orden vom heiligen Michael, den brasilianischen Rosen-Orden, den ottomanischen Medschidije-Orden II. Klasse, den serbischen Takowo-Orden II. Klasse, den chinesischen Orden »Stern von China« II. Klasse und den siamesischen Kronen-Orden II. Klasse. Außerdem war er Offizier des belgischen Leopold-Ordens und des mexikanischen Guadaloupe-Ordens.

Abneigung. Die Vorstellung, er müsste sein Leben, wie vom Vater vorgesehen, als Kanzleibeamter in der Hof- und Staatsdruckerei verbringen, war ihm ein Gräuel.

Gegen die Hof- und Staatsdruckerei an sich hatte er aber nichts. Also stimmte er einer Ausbildung zum Typographen zu. 1834 trat er als Praktikant ein und zwei Jahre später wurde er als Schriftsetzer »freigesprochen«. Die erste Stellung nahm er bei der Strauß'schen Druckerei in Wien an.

Schon früh, im Alter von 17 Jahren, zeigten sich bei Scherzer zwei Charakterzüge: Weltoffenheit und das Interesse an fremden Ländern. Er wollte seinen Horizont erweitern und im Ausland Erfahrungen sammeln. Daher ging er ab 1832 auf Reisen, nach Südtirol, in die Lombardei, nach Venedig und später nach Deutschland, Belgien, Holland, England, Irland und Schottland. In Leipzig fand er eine Anstellung in dem berühmten Verlagshaus Brockhaus und in Paris bei der *Imprimerie Royale*.

RUND UM DIE WELT

Eigentlich wollte er sich 1842 in Liverpool auf dem Dampfschiff »Great Western« nach New York einschiffen. Dann aber riefen ihn familiäre Turbulenzen zurück nach Wien. Der Vater hatte das »Sperl« seinen beiden anderen Söhnen Johann Georg und Josef Leonhard übergeben, diese hatten sich 1837 getrennt, und nun hatte Josef Leonhard den Betrieb in den Konkurs geführt. Chaos war ausgebrochen.

Als der Vater das »Sperl« wieder selbst übernahm, glätteten sich die Wogen. Nun konnte Karl Scherzer daran gehen, seine Zukunft in der Heimat zu planen.

Nach Pariser und Londoner Vorbildern wollte er eine Druckerei gründen, dazu eine Buchhandlung in großem Stil. Der Hass, den Scherzer der Beamtenschaft entgegenbrachte, schien auf Gegenseitigkeit zu beruhen. Den Wiener Behörden war der junge Mann mit der fortschrittlichen Gesinnung suspekt. Eine neue Buchdruckerei erscheine »nicht angezeigt«, beschieden sie ihm ein ums andere Mal.

Scherzer nützte die folgenden Jahre für nationalökonomische und linguistische Studien, machte 1849 in Wien seinen Magister und wurde dann in Gießen zum Doktor promoviert. Er übernahm in Wien zwar die Leitung eines Großhandelshauses, trug sich aber mit dem Gedanken, nach England auszuwandern.

In diese Zeit fiel auch das Schicksalsjahr 1848. Plötzlich sah Scherzer eine Möglichkeit, seine liberalen Ideen zu verwirklichen. Er wurde zum Vorkämpfer, verfasste eine Schrift über die Armut in Österreich und gründete die »Typographen-Legion« und den »Gutenberg-Verein«, frühe Vorläufer der Gewerkschaft für das Graphische Gewerbe. Die ersten Erfolge stellten sich bald ein: Im Mai 1848 wurde den Buchdruckergehilfen eine Regulierung der Arbeitspreise zugestanden. Außerdem hatten sie nun ein Anrecht auf Sonn- und Feiertagsruhe.

1851 ging Scherzer wieder auf Reisen, diesmal durch Deutschland, England, Frankreich, Italien und die Schweiz. Kaum zurück, wurde er vor das Kriegsgericht geladen und wegen seiner angeblichen Teilnahme an der Arbeiterbewegung verhört – eine äußerst unangenehme Sache. Als ihm der bekannte Reisende und Naturforscher Dr. Moritz Wagner das Angebot machte, auf eine große Amerikareise mitzukommen, nahm er freudig an.

Scherzer und Wagner schifften sich im Mai 1852 nach New York ein. Von dort reisten sie vorerst durch die USA und Kanada. Im Frühling 1853 gingen sie von New Orleans nach Nicaragua und durchquerten in den folgenden eineinhalb Jahren Costa Rica, Nicaragua, Honduras, El Salvador und Guatemala kreuz und quer. Sie bestiegen Vulkane, legten naturwissenschaftliche Sammlungen an, machten sich mit den Sitten und Gebräuchen »halbwilder« Stämme vertraut und besuchten die Reste indianischer Kulturen im Urwald. Während der Regenzeit nutzten sie die Archive und Bibliotheken der Hauptstädte für ihre Studien. Von Belize aus fuhren sie nach Jamaika, Haiti, Puerto Rico und Kuba. Den Winter verbrachten sie in Havanna, dann reisten sie noch einmal in die Vereinigten Staaten. Im Frühjahr 1855 kehrten sie nach Europa zurück.

Auf dieser Reise hatten Scherzer und Wagner zu Land und zu Wasser 30.000 englische Meilen zurückgelegt. Ihre Arbeiten brachten zum ersten Mal genaue wissenschaftliche Kenntnis über Zentralamerika und die dort lebenden Menschen. Die beiden Reisenden hatten außerdem 40.000 Exemplare von wirbellosen Tieren, Pflanzen, Mineralien und Fossilien gesammelt. Zurück in Wien, wurde Scherzer wieder vors Kriegsgericht zitiert. Diesmal hatte er sich wegen »unbefugter Abwesenheit« zu verantworten. Dass er sich auf eigene Kosten und im Dienst der Wissenschaft auf Reisen befunden hatte, interessierte niemanden. Das Gericht verurteilte Scherzer zu sechs Wochen Gefängnis. Im Gnadenweg wurde die Strafe auf acht Tage Hausarrest reduziert, die er in der Wohnung seiner Schwester absaß.

Die Jahre 1855 und 1856 verbrachte Scherzer zurückgezogen mit der Aufarbeitung des Amerika-Materials. Seine Forschungsergebnisse veröffentlichte er in den Sitzungsberichten der Kaiserlichen Akademie der Wissenschaften. Sie weckten das Interesse des Finanzministers, Karl Ludwig Freiherr von Bruck.

Als ihn Bruck 1856 in seine Amtsräume bat, wollte Scherzer der Einladung vorerst gar nicht folgen, so sehr hatten ihn die Befragungen vor dem Kriegsgericht mitgenommen. Aber dann besuchte er den Minister doch – und konnte kaum fassen, was ihm dieser mitteilte: Er war dazu ausersehen, als Mitglied der wissenschaftlichen Kommission die Fregatte »Novara« auf ihrer Reise um die Erde zu begleiten.

Schon drei Tage später legte Scherzer dem Finanzminister eine Darstellung seiner Ziele für diese Reise vor. Dann fuhr er nach Triest zu Erzherzog Ferdinand Max, dem Marine-Oberkommandanten. Dieser begrüßte ihn mit den Worten: »Sie werden eine interessante Reise machen. Ihre Forderungen sind im Vorhinein bewilligt.«

Scherzer und Wagner auf ihrer ersten großen Reise: Nicaragua, Honduras und San Salvador (Braunschweig 1857).

1851 hatte Karl Scherzer, damals ein 30-jähriger Typograph, in Wien Moritz Wagner kennen gelernt. Beide waren von der Revolution enttäuscht, europamüde und reiselustig, das war die Basis für eine enge Freundschaft. Ein Jahr lang dauerten die Vorbereitungen, dann machten sie sich auf den Weg nach Amerika.

Einer der bekanntesten Forscher und Geographen des 19. Jhdts.: Moritz Wagner. Von ihm hieß es, dass er von allen deutschen Reisenden am ehesten humboldtschen Geist besessen habe.

Scherzer hatte nicht allzu viel verlangt: ein Jahresgehalt von 3.000 Gulden, freie Verköstigung an Bord und den Rang eines Konsuls mit dem Recht zum Tragen der entsprechenden Uniform.

Vor seiner Abreise nahm Scherzer Kontakt mit so gut wie allen Größen der europäischen Wissenschaft auf, um mit ihnen die wichtigsten Aufgaben der Expedition festzulegen. Er trat mit Charles Darwin in Korrespondenz und besuchte den knapp neunzigjährigen Alexander von Humboldt in Berlin, der ihm sogar mehrere Tage widmete.

Mit der Leitung der Expedition war der Seeoffizier Bernhard Freiherr von Wüllerstorf-Urbair beauftragt. Die »Novara«, eines der schnellsten und modernsten Schiffe der österreichischen Kriegsmarine, wurde in monatelanger Vorbereitung eigens für den Zweck der Expedition und für die Aufnahme größerer Sammlungsbestände adaptiert und umgebaut. Auf ihr sollten 30 Offiziere, 315 Matrosen und ein siebenköpfiges wissenschaftliches Komitee unter der Leitung von Karl Scherzer Platz finden. Dem Komitee gehörten auch Ferdinand von Hochstetter als Geologe und Joseph Seleny als Zeichner an. Die Expedition war von Anfang an ein nationales Anliegen. Ihr übergeordnetes Ziel war es, die österreichischen – und auch die deutschen – Interessen in aller Welt zu fördern und das Nationalbewusstsein zu heben.

Am 30. April 1857, übrigens dem 28. Geburtstag Hochstetters, verließ die »Novara« zusammen mit dem Segler »Carolina« im Schlepp des Dampfers »Santa Lucia« den Hafen von Triest. Scherzer notierte: »Jeder fühlte, dass es kein gewöhnlicher Abschied sei, dass die Augen der ganzen gebildeten Welt unserer Tätigkeit und unserem Wirken folgten ...«

Auf der Höhe der Insel Alicudi hatte der Schlepper seine Aufgabe erfüllt, die »Novara« setzte Segel und fuhr nun mit eigener Kraft weiter. Durch die Straße von Gibraltar nach Madeira, über den Atlantischen Ozean nach Rio de Janeiro, dann wieder über den Atlantik nach Kapstadt. Alles planmäßig, alles ohne größere Turbulenzen. Erst die Südspitze Afrikas bewies, dass sie nicht zu Unrecht den Namen »Sturmkap« trägt. Scherzer:

Ein dumpfes Sausen und Brausen fuhr durch die Masten und Tauwerk. Höher und höher kamen riesige Wasserberge mit weißen Gipfeln einhergerollt, das Schiff bald auf die eine, bald auf die andere Seite werfend. Schäumend stürzten die Wogen rechts und links durch die Kanonenluken in die Batterie, alles mit sich fortreißend, was lose auf ihrem Wege lag. Es war ein Krachen, Zittern und Stöhnen in allen Fugen des Schiffskörpers, ein Gepolter von umgeworfenen Gegenständen und Gläsergeklirr. Die Wellen erreichten nach den angestellten Messungen die bedeu-

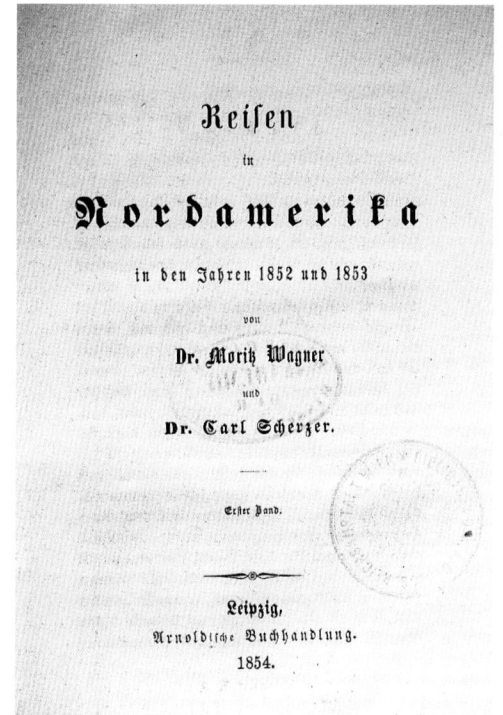

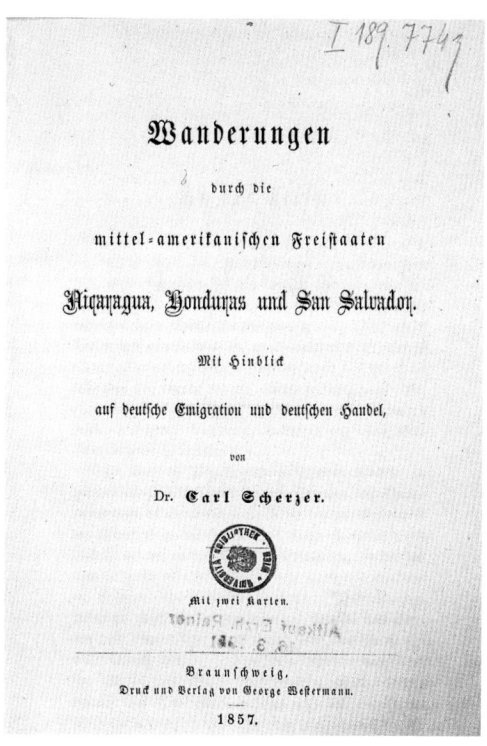

Reisen
in
Nordamerika
in den Jahren 1852 und 1853
von
Dr. Moritz Wagner
und
Dr. Carl Scherzer.

Erster Band.

Leipzig,
Arnoldische Buchhandlung.
1854.

Wanderungen
durch die
mittel=amerikanischen Freistaaten
Nicaragua, Honduras und San Salvador.
Mit Hinblick
auf deutsche Emigration und deutschen Handel,
von
Dr. Carl Scherzer.

Mit zwei Karten.

Braunschweig,
Druck und Verlag von George Westermann.
1857.

tende Höhe von rund 29 Fuß und verursachten jenes grauenhafte Rollen des Schiffes, das der Seefahrer, der es verspürt hat, lange noch in Erinnerung behält.

Um das Kap der Guten Hoffnung herum ging es weiter zu den kaum erforschten Inseln St. Paul und Neu-Amsterdam im südlichen Indischen Ozean. Dann über Ceylon und Madras zu den Nikobaren und weiter nach Singapur. Als die »Novara« dort vor Anker ging, verflog die Freude der Expeditionsteilnehmer rasch. Seit einigen Wochen wütete die Cholera in der Stadt und verschonte auch die Besatzungen der im Hafen liegenden Schiffe nicht. Wüllerstorf-Urbair wäre am liebsten gleich weitergesegelt, daran aber war nicht zu denken, denn man brauchte dringend Proviant. Scherzer zeigte sich dennoch begeistert: »Der Hafen hat einen Aufschwung genommen, der beispiellos dasteht in der Geschichte des Welthandels … Von einem wüsten, dem Verkehr feindlichen Versteck beutegieriger Seeräuber hat sich die Insel in ein blühendes Emporium verwandelt.«

Weit aus der Stadt hinauswagen durfte man sich allerdings nicht. Denn die dichten Wälder waren voller Tiger, denen jährlich an die 100 Menschen zum Opfer fielen. Selbst generöse Abschussprämien – für jeden erlegten Tiger gab es 50 Dollar – halfen da wenig.

Oben links: Titelblatt zu Karl Scherzers Werk »Reisen in Nordamerika in den Jahren 1852 und 1853« (Leipzig 1854).

Oben rechts: Titelblatt zu Karl Scherzers Werk »Wanderungen durch die mittelamerikanischen Freistaaten Nicaragua, Honduras und San Salvador« (Braunschweig 1857).

RUND UM DIE WELT

Über Batavia, Manila und Hongkong führte die Reise der »Novara« nach Macao und Shanghai. Diese von einer acht Meter hohen Mauer umgebene Stadt machte schon in der ersten Nacht den schlechtesten Eindruck auf die österreichischen Expeditionsteilnehmer.
Scherzer notierte später:

Der einzige Ort, wo man notdürftig ein Unterkommen finden mochte, war das so genannte Union Hotel, eine Spelunke im vollsten Sinne des Wortes, in welcher wir eine der qualvollsten Nächte unseres Lebens zubrachten. Myriaden von Moskitos der blutrünstigsten Art, lärmendes, betrunkenes Schiffsvolk, bellende Hunde, eine unerträgliche Hitze, welche selbst ein in der Nacht losbrechendes furchtbares Gewitter nicht zu mildern vermochte, und dazu ein erbärmliches, hartes, schmutziges Lager – das waren die Einzelheiten jener grauenhaften Eindrücke, welche uns trotz der größten Ermattung keine Sekunde Schlaf gönnten.

Bei Tag war es nicht viel besser. An den Toren in der Stadtmauer waren »zahlreiche Totenschädel hingerichteter Verbrecher und Rebellen dem großen Haufen zum warnenden Beispiel in Säcken und geflochtenen Körben aufgehängt. Kaum betritt man die Stadt, wird man von dem brodelnden Menschengewimmel mitgerissen. Auf engstem Raum leben hier 250.000 Menschen, mit den täglich in die Stadt einströmenden an die 400.000. Die Gassen sind außerordentlich schmutzig und enge, zuweilen kaum so breit, dass zwei Menschen bequem einander ausweichen können, und erinnern an die Seitengässchen Venedigs oder die so genannten Lanes in London. Nur mit Mühe vermögen sich die Lastträger in diesem Gedränge durch beständiges Schreien und Stoßen Bahn zu brechen.«
Nach zweieinhalb Wochen in Shanghai brach die »Novara« am 11. August 1858 in Richtung Formosa auf. Bald änderte sich das Wetter. Statt 34 zeigte das Thermometer höchstens 25 Grad. Die 70 Mann, die an Fieber erkrankt waren, erholten sich rasch. Es war die Zeit des

Monsunwechsels. Bald zogen schwere Unwetter auf. Ausgerechnet am 18. August, also an Kaisers Geburtstag, geriet die »Novara« in einen heftigen Taifun. Das Hochamt musste abgesagt werden. Auf das Festmahl aber wollte man nicht verzichten. Scherzer:

Man setzte sich zur Tafel, band Stühle und Tische fest, und wer von den Geladenen nicht am Seeübel litt, nahm heiter und lustig am Mahle teil. Aber selbst diese Vorsichtsmaßregeln hinderten nicht manchen unliebsamen Zwischenfall. Von einem fürchterlichen Ruck des Schiffes überrascht, verschwand plötzlich ein Teil der Gesellschaft mit Gläsern, Flaschen und Tellern vom Tisch und lag im wilden Durcheinander auf dem nicht minder schwankenden Boden.

Die »Novara« segelte nun nach Guam auf den Marianen, zu den Karolinen und Salomonen und schließlich durch die Korallensee nach Sydney. Dort war man auf ihre Ankunft vorbereitet. Die *Australische Zeitung*, von einem Grazer herausgegeben, widmete diesem Ereignis am 6. November 1858 die ganze Titelseite. Die Empfangsfeierlichkeiten der deutschen Kolonie mussten jedoch verschoben werden, denn die »Novara« hatte in den Stürmen im südchinesischen Meer schweren Schaden erlitten und musste zur Überholung in die Werft. Drei Wochen hatten die Expeditionsteilnehmer nun Zeit, Sydney zu erkunden, das gerade vom Goldfieber erfasst war. Scherzer: »Die Straßen von Sydney und Melbourne waren gefüllt mit Goldlüsternen, welche, mit Decken, Gefäßen, Hacken und Spaten voll bepackt, ihr letztes Geld für teure Fahrkarten ausgaben und atemlos nach den Schiffen rannten, die sie nach dem unentdeckten Goldlande bringen sollten.«
Mehrere Ausflüge führten in die nähere Umgebung Sydneys und ins Vorland der Blauen Berge. Von der Tier- und Pflanzenwelt hatten die Reisenden die abenteuerlichsten Dinge vernommen, doch der Augenschein bestätigte diese Berichte nicht.

Die Fregatte »Novara«, aus Karl Scherzer: »Reise der österreichischen Fregatte Novara um die Erde« (Wien 1861–1862), Bd. 1.

Wenngleich die Natur sich in Australien und Neu-Seeland bei ihren Schöpfungen zuweilen in gewissen Extravaganzen gefallen und höchst wunderliche Gebilde, z. B. den entschnabeligen Maulwurf, den Ameisenigel, den Kiwi u.s.w., geschaffen hat, so sind dies doch nur wenige Ausnahmen, und im Allgemeinen bietet weder die Pflanzen- noch die Tierwelt des fünften Erdteils Absonderlichkeiten, welche ihn vor allen anderen Schöpfungszentren auszeichnen oder unterscheiden würden. Auch in Australien gibt es Vögel, die singen, und wohlriechende Bäume und Blüten in großer Menge.

Mit dieser Einschätzung lag Scherzer arg daneben. Nicht weniger als acht Prozent der australischen Pflanzen kommen nur dort vor, und für Säugetiere gilt Ähnliches, vom Koala bis zum Beutelwolf. Die wissenschaftliche Ausbeute des Australienaufenthaltes war daher beachtlich. Die botanischen und zoologischen Sammlungen waren um zahlreiche Exemplare reicher, dazu kamen paläontologische Funde und Fossilien.

Am 7. Dezember 1858 verließ die »Novara« Australien und nahm Kurs auf Neuseeland. Sie ankerte im Hafen von Auckland, von dort aus unternahmen die Wissenschaftler Exkursionen ins Umland, auf denen die bedeutendste wissenschaftliche Ausbeute der ganzen Expedition gemacht wurde. Es kam zu Begegnungen mit den Maori, den Ureinwohnern Neuseelands. Zwei Maorihäuptlinge wurden sogar eingeladen, nach Österreich mitzufahren.

Dr. Hochstetter erhielt von der neuseeländischen Regierung den Auftrag, die Kohlevorkommen im Drury District zu untersuchen. Später stellte der Gouverneur von Neuseeland das offizielle Ansuchen, ihn von der Expedition zu beurlauben, damit er das Land geologisch und geographisch erforschen könne. Wüllerstorf-Urbair stimmte unter der Bedingung zu, dass Hochstetters Erkenntnisse der Expedition zugute kommen sollten. Also blieb Hochstetter in Neuseeland.

Die »Novara« aber lichtete am 8. Jänner 1859 im Hafen von Auckland die Anker, nahm Kurs auf Tahiti und segelte dann über den Stillen Ozean nach Valparaíso in Chile, wo sie am 17. April 1859 eintraf. Chiles Präsident empfing Wüllerstorf-Urbair und seine Begleiter herzlich. In Santiago de Chile waren die Besucher vor allem vom geistigen Klima der Stadt beeindruckt. Es gab eine neue Universität, eine riesige Bibliothek und ein Naturhistorisches Museum mit umfangreichen Sammlungen; eine Sternwarte befand sich gerade in Bau. In den Häusern der vornehmen Chilenen glaubte man sich in einem französischen Salon. Scherzer: »Die Kosten und Gefahren, welche mit dem Transport kolossaler Spiegel, kostbarer Pianofortes und anderer Prunkgeräte aus den berühmtesten Pariser Fabriken bis nach der chilenischen Hauptstadt verknüpft sind, verdienen wohl, dass der Besucher diese Schaugegenstände eines Blickes der Bewunderung würdigt.«

Im Mai 1859 brachte der lang ersehnte Postdampfer schlechte Nachrichten: Der Ausbruch eines Krieges zwischen Österreich und Frankreich stand unmittelbar bevor. Wüllerstorf-Urbair musste umdisponieren. Er beschloss, mit der »Novara« auf schnellstem Weg in die Heimat zurückzukehren. Scherzer trennte sich in Chile von der Expedition. Statt mit der Atlantiküberquerung 80 bis 90 Tage zu vertun, fuhr er lieber auf dem Postdampfer die Küste Südamerikas nordwärts bis Panama, durchquerte den Isthmus, nahm einen Dampfer nach England und traf in Gibraltar wieder auf die »Novara«.

In Messina wurde das Expeditionsschiff wieder von dem Raddampfer »Santa Lucia« erwartet. Erzherzog Ferdinand Max fuhr der »Novara« in den Hafen Gravosa entgegen. Im Konvoi ging es von dort nach Pola, wo schon zwölf Schiffe der österreichischen Marine warteten, um die »Novara« in den Heimathafen zu begleiten. Triest bereitete der Expedition einen triumphalen Empfang. Von den Befestigungen an Land donnerten Salutschüsse, von der »Novara« ertönte Antwort. Die Stadt war mit Fahnen und Girlanden geschmückt.

Die »Novara« war nach 557 Tagen auf See und 268 Tagen vor Anker, nach einer Reise von 51.686 Seemeilen heimgekehrt — mit einer überreichen Ausbeute an botanischen, zoologischen und ethnologischen Exponaten. Allein die zoologische Sammlung umfasste 26.000 Stück. Zur administrativen Bewältigung der mitgebrachten Stücke organisierte Wüllerstorf-Urbair in Triest ein eigenes »Novara«-Büro unter Scherzers Leitung. Ab 1860 konnte das Publikum in Triest ausgewählte Stücke bestaunen — innerhalb von acht Monaten kamen 10.000 Besucher. Später wurde im Schloss Miramare ein eigenes »Novara«-Zimmer eingerichtet. Ab Mai 1860 stand der Öffentlichkeit im Wiener Augarten eine permanente Ausstellung, das »Novara«-Museum, offen. 1861 erschienen die ersten beiden Bände von Scher-

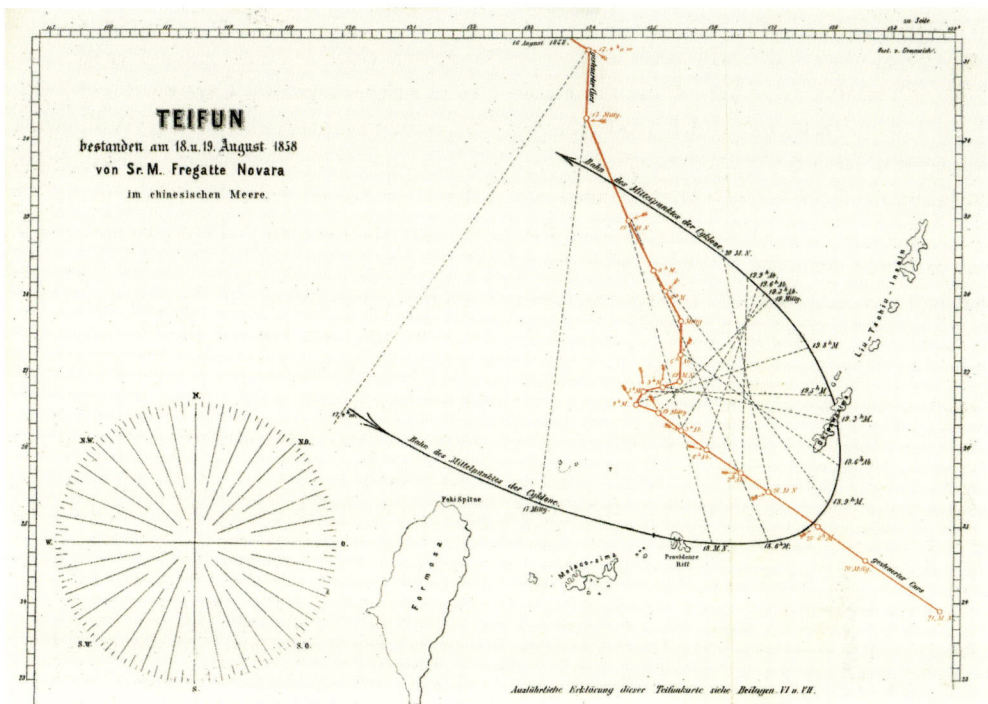

TEIFUN
bestanden am 18. u. 19. August 1858
von Sr. M. Fregatte Novara
im chinesischen Meere.

Ausführliche Erklärung dieser Teifunkarte siehe Beilagen VI u. VII.

zers *Reise der österreichischen Fregatte Novara um die Erde*, ein weiterer Band folgte im Jahr darauf. Das Werk erschien auch in einer Volksausgabe (sowie in Italienisch und Englisch) und wurde zum Bestseller.

Scherzers Verdienste blieben nicht unbeachtet. Der Kaiser erhob ihn in den Ritterstand, und die k. u. k. Gesellschaft der Ärzte in Wien ernannte ihn zum Ehrenmitglied – schließlich hatte er aus Südamerika 100 Kilo getrocknete Cocablätter mitgebracht, deren Analyse zwei neue chemische Basen ergab: Kokain und Hygrin. Besonders Ersteres erregte in der Heilwissenschaft großes Aufsehen, weil es in der Chirurgie und in der Augenheilkunde wahre Wunder wirkte.

Erzherzog Maximilian war einer der größten Bewunderer Scherzers. Als er sich dazu entschloss, die mexikanische Kaiserkrone anzunehmen, bemühte er sich darum, ihn als Begleiter nach Mexiko zu gewinnen. Scherzer verhehlte dem Erzherzog seine Befürchtungen nicht, er warnte ihn sogar ausdrücklich – vergebens.

In Wien war inzwischen Freiherr von Wüllerstorf-Urbair zum Handelsminister ernannt worden. Er holte Scherzer als Ministerialrat in sein Amt und betraute ihn mit der Leitung des Departements für Handelsstatistik und volkswirtschaftliche Publizistik.

Zum Geburtstag seiner Majestät des Kaisers am 18. August erlebte die »Novara« alles andere als Kaiserwetter. Ein Taifun in der Chinesischen See störte das vorgesehene Festprogramm. Das Hochamt musste unterbleiben, auf das Festmahl aber verzichtete man nicht. Man band Tische und Stühle fest, setzte sich zur Tafel – und landete am Boden.

RUND UM DIE WELT

Der Hafen von Papeete (Tahiti),
Holzschnitt-Tafel aus Karl Scherzers
Buch »Reise der österreichischen Fregatte
Novara um die Erde« (Wien 1878).

Offenbar hatte Scherzer zu dieser Zeit seine Abneigung gegen das Beamtentum schon überwunden, denn er nahm an.

Als 1868 eine Handelsdelegation unter Admiral Tegetthoffs Führung nach Ostasien reiste, wurde Scherzer dazu ausersehen, sie zu begleiten. Ziel war es, mit Siam (dem heutigen Thailand), China, Japan und – auf der Rückreise – mehreren zentral- und mittelamerikanischen Staaten Handelsverträge abzuschließen. Scherzer konnte aus familiären Gründen nicht mit der Delegation abreisen, sondern folgte ihr über Suez, wo er im Auftrag der österreichischen Regierung den Fortgang des Lesseps'schen Kanalbau-Projektes begutachtete, und traf in Singapur mit ihr zusammen. Auch auf der Rückreise verließ Scherzer die Delegation. In Yokohama schiffte er sich nach San Francisco ein. Von dort aus unternahm er Studienreisen in die Sierra Nevada, besuchte die Gold-, Silber- und Quecksilberminen Kaliforniens und recherchierte und fotografierte unermüdlich. Gesundheitlich angegriffen, reiste er über Panama und Westindien nach Europa zurück.

1871, wieder in der Heimat, wurde Scherzer in das Außenministerium berufen und zum Generalkonsul in Smyrna ernannt. Er bewährte sich auch in der neuen Stellung innerhalb kürzester Zeit. So gelang es ihm, während des Pessach-Festes 1872 Ausschreitungen gegen Juden zu verhindern und Baron Rothschild dazu zu motivieren, eine namhafte Summe zum Wiederaufbau des Hospizes für bedürftige Israeliten zu spenden. Dass der Handel Öster-

reich-Ungarns mit der Levante zu dieser Zeit in Schwung kam, war ebenfalls sein Verdienst.

1873 wurde Scherzer zum Generalkonsul in London ernannt. Während seiner Amtszeit begleitete er Kronprinz Rudolf als wissenschaftlicher Führer auf dessen Reisen durch Großbritannien und Irland. Im Anschluss daran veröffentlichte er die dem Kronprinzen gewidmete Abhandlung *Weltindustrien. Studien während einer Fürstenreise durch die britischen Industriedistrikte* – Nationalökonomie hatte ihn schon immer interessiert.

1878 wurde Scherzer Generalkonsul in Leipzig, 1884 ging er in derselben Funktion für 13 Jahre nach Genua. Als eine seiner wichtigsten Aufgaben betrachtete er es in dieser Zeit, gewissenlosen »Schleppern« das Handwerk zu legen, die Hunderte Österreicher dazu verleiten wollten, nach Brasilien auszuwandern, in Gegenden, die für sie weder klimatisch noch wirtschaftlich geeignet waren. Scherzer hielt die Emigranten in Genua auf eigene Kosten fest und organisierte für sie Schiffspassagen nach Argentinien, wo sie, wie er aus eigener Erfahrung wusste, bessere Verhältnisse vorfinden würden.

Als er 1897 in den Ruhestand trat, erhielt Scherzer den Titel eines k. u. k. außerordentlichen Gesandten und bevollmächtigten Ministers. Er beschloss, seine letzten Lebensjahre in Görz zu verbringen. Ruhe gönnte er sich allerdings auch dort nicht: Er arbeitete unentwegt an seinen Lebenserinnerungen, die dennoch unvollendet blieben. Der berühmte Weltumsegler, Forscher und Diplomat erlag 1903, im Alter von 82 Jahren, einer Gelbsucht.

»Eingeborenenhütte auf Sikayana«
(Stewart-Inseln). Aquarellierte Bleistift-
zeichnung von Joseph Seleny.

RUND UM DIE WELT

PÆ · PARS — MOSCOVIÆ

SEPTENTRIO

Colgoyeu

Psom. Soyticum · Para

Pechora · Pechora fl.

OB DORA

Cingola · Obij fl.

Ciremiffo-rum horda · Turhoruu hor

Pufezora

Vaigatz · Turh

CASAN · Orlau · Rondori · Sibir · Crustonia

Coltruie · Teron Chiru · Kicaia lacus · Vfezucanoru horda

Mechet · Temoti

ASTRACAN · Baschirdorum horda · Chiefanoru horda · Mecritor hord

Citracan · Corasich

BARGV regio palustris

Zibierairoru horda

MAR DE BACHU olim Mare Caspium

TVRCHESTAN · Socharist · TARTAR

MAV · Defertum Apas tachit

ZAGATAI · RENAHER · Trefis · Hicmagnus Giam et chamiae imperi late que domin vr.

OCRA · Eilach Selg · Tanchu · Sachama · TVRCH

GE · Simen · Cerru · Faemana · Cotan

Lachofket · Chies Stegu · Sofechi

DIARGV · Carus · SAMARCHAND · Kcairau · CIARCIAN · Ciarian

MENT · Bucaru · Samarchand · Mogulae · Cafcar · Mugu · Lop

Deri · Mara · Bichek · Nafeph · Tafcan · Termet · Afu

IESEL BAS · Tarane · Talcatan · Diamuch · Giergiana · Etairom · Vtulin · Lahoi

Torch · ISTIGIAS · Iftigias · Chuche

ARACH · Bilgrud · Cochi · CHA RASSAN · TACALISTAN · Defertum Lop

Bafel · Buraan · Parafax · Terter · Efaland · Imaus mons · mons Dalager · Vfonte

Babach · Serberi cho · CORASAN · Con · Bactrian · Gelfele · Tacan

MAN · Tobolima · Gulchi · Milan · Magnan · Storiau · Cardandan

SIGISTAN · Vochdorifee mons · Primmar · Slachent · Imdua

Sistan · Chirua · CABVL · Bignis · INDOS · TAN

Daragse · CIRCAN · Cabul · Begir · Varch · India intra Gangem

ERACA · Multan · Pandan · Serchit · Aruagu

Arktis

Ein nationales Anliegen. Ein Unternehmen, das die gesamte Donaumonarchie in Atem hielt. Eine Fahrt zu den Schrecken des Eises und der Finsternis: Die österreichisch-ungarische Nordpolarexpedition führte in die von Naturgewalten umtobte Polarnacht, zu Eispressungen und Temperaturen um die minus 50 Grad Celsius. Aber sie löste viele der Rätsel um die geographische Beschaffenheit des Hohen Nordens.

Julius von Payer

GEBOREN: 1. September 1842 in Schönau (Šanov)
bei Teplitz (Teplice), Böhmen
GESTORBEN: 30. August 1915 in Veldes (Bled), Krain

Carl Weyprecht

GEBOREN: 8. September 1838 in Darmstadt,
Hessen
GESTORBEN: 29. März 1881 in Michelstadt, Deutsches
Reich

*Carl Weyprecht in Polarkleidung vor
der Abreise in den Hohen Norden.
Das Bild wurde in Wien aufgenommen.*

Bezwinger von Eis und Finsternis

Die nicht enden wollende Polarnacht, Eispressungen, Kälte, Schnee und Sturm: Als ihr Schiff, die »Admiral Tegetthoff«, zwischen riesigen Schollen eingekeilt dahintrieb, verloren die Nordpolarforscher Julius Payer und Carl Weyprecht alle Hoffnung. Sie waren Gefangene des Eises. Da tauchte im November 1873 plötzlich Land vor ihren Augen auf. Julius Payer nannte es »Franz-Joseph-Land« und erkundete es in Schlittenexpeditionen bei Temperaturen von bis zu −50 Grad. Im Mai 1874 ließen die Forscher die im Eis festsitzende »Tegetthoff« zurück, nahmen in Schlitten und Booten den Kampf gegen die Natur auf und erreichten nach drei Monaten äußerster Anstrengung Nowaja Semlja. Sie waren gerettet – und viele der Rätsel des Hohen Nordens waren gelöst. Geboren im böhmischen Schönau bei Teplitz, wuchs der kleine Julius Payer als wohlbehütetes Kind auf. Schon früh zeigten sich bei dem ruhigen, bescheidenen Kind Forschergeist, Mut, Ausdauer und ein besonderes Talent zum Zeichnen und Schreiben. Für die Familie lag es daher nahe, Julius nach Abschluss der Unterrealschule in Hainburg in das k. u. k. Kadetteninstitut nach Lobzowa bei Krakau zu schicken, und von dort in die Militärakademie nach Wiener Neustadt.

Mit 17 wurde Julius Payer als Unterleutnant zweiter Klasse dem 30. Infanterieregiment zugeteilt. Zum Oberleutnant befördert, nahm er 1866 an der Schlacht von Custozza teil, eroberte zwei italienische Geschütze und erhielt dafür das Militärverdienstkreuz. Zuvor aber, als blutjunger Offizier in Norditalien stationiert, ent-

Auch Julius Payer wurde in voller Polarausrüstung mit heller Pelzbekleidung und Gewehr in Wien fotografiert.

deckte er seine Leidenschaft für die Berge. Er unternahm Touren in die Ortler- und Adamellogruppe, betrieb geographische Forschungen, zeichnete die Gipfel und veröffentlichte seine Arbeiten in den *Geographischen Mitteilungen* des deutschen Geographen Dr. August Petermann. Das k. u. k. Kriegsministerium wurde auf den jungen Alpenpionier aufmerksam und sorgte dafür, dass er dem Militärgeographischen Institut in Wien zugeteilt wurde. So konnte er seine weiteren Bergtouren auf Staatskosten unternehmen und wichtige Informationen für die österreichische Generalstabskarte liefern.

Nachdem er im Spätherbst 1868 nach Wien zurückgekehrt war, erreichte Payer ein Brief von Dr. Petermann. Er las ihn wieder und wieder, konnte kaum glauben, was da stand: Man hatte ihn zur Teilnahme an der zweiten deutschen Nordpolarexpedition eingeladen. Payer schrieb später darüber:

ARKTIS

Zufälligkeiten bestimmen das Leben. Mein militärischer Beruf führte mich 1860 in die Garnison Verona. Drei Jahre lang blickte ich von hier von dem Flachlande aus voll Sehnsucht auf die Alpenkette. Die Erforschung hoher Gebirgsgruppen Tyrols schien mein Lebenszweck geworden. Dieses Streben brachte mich mit dem großen Geographen Dr. Petermann in Verbindung. Er war es, der das kleinere Ziel, das ich mir gesteckt hatte, mit dem größeren vertauschte: an der Lösung der Polarfrage mitzuwirken. Auf seine Veranlassung erfolgte meine Teilnahme an der zweiten deutschen »Nordpolexpedition«. Dem Glücke habe ich meine bescheidenen Erfolge zuzuschreiben.

Versuche, den nördlichsten Punkt der Erde zu erforschen, hatte es immer wieder gegeben. Die Wikinger stießen als Erste in diese unwirtliche Gegend vor, auf der Suche nach dem sagenhaften Helheim, dem Reich der Todesgöttin Hel. Später versuchten die Spanier und Portugiesen, auf einer nordöstlichen Route durch das Eismeer einen Handelsweg nach Asien zu finden. Mitte des 19. Jahrhunderts aber wuchs das Interesse, die klimatischen und geographischen Verhältnisse und die Meeresströmungen in der Umgebung des Nordpols zu erforschen.

Die Mannschaft der österreichisch-ungarischen Nordpolarexpedition 1872/74, die auf der »Tegetthoff« nach Norden fuhr.

Im Mai 1868 stach auf Initiative von Dr. Petermann die Jacht »Grönland« von Bergen aus in See, um die Nordspitze Grönlands

»Nie zurück!« – einer der dramatischsten Momente während der ganzen Nordpolarexpedition: Die Mannschaft beschließt, die »Admiral Tegetthoff« aufzugeben. Gemälde von Julius Payer, 1892.

zu erkunden. Kapitän war Karl Koldewey. Schon nach wenigen Wochen zeigte sich, dass die dichten Eismassen des Polarmeeres für das kleine Schiff nicht zu bewältigen waren. Die Expedition scheiterte.

Koldewey aber gab nicht auf. Schon im Jahr darauf machte er sich – an der Ostküste Grönlands entlang – wieder auf den Weg zum Nordpol. Diesmal fuhr er mit zwei Schiffen, der »Germania« und der »Hansa«, Letzterer als Transportschiff. An dieser Expedition waren zwei Österreicher beteiligt: Unter der 17-köpfigen Besatzung der »Germania« befand sich Julius Payer, an Bord der »Hansa« fuhr der Wiener Geologe Dr. Gustav Laube mit. Payers Aufgabe bestand in der Landesaufnahme und der Durchführung von Schlittenfahrten.

Auch die zweite deutsche Nordpolexpedition stand unter keinem guten Stern. Am 19. Oktober 1869 wurde die »Hansa« vor der Ostküste Grönlands durch Eispressungen zerdrückt und sank. Die Besatzung konnte sich auf eine Scholle retten, die Richtung Süden driftete. Sie verbrachte dort den Polarwinter unter unvorstellbaren Umständen, in einer Behausung aus den Kohlevorräten der »Hansa«. Als die Scholle schmolz, verließen die Schiffbrüchigen sie Anfang Mai in Booten. Mitte Juni wurden sie, physisch und psychisch am Ende, von einem dänischen Schiff aufgenommen.

Auch die »Germania« überwinterte im Eis. Da das Transportschiff gesunken war, konnte sie im Frühjahr ihre Fahrt nach Norden nicht fortsetzen. Dann traten an der Kesselanlage Schäden auf, und schließlich brach an Bord auch noch Feuer aus. Julius Payer gelang es dennoch, seine Schlittenexkursionen durchzuführen. Bei orkanartigen Stürmen und eisigen Temperaturen kämpfte er sich mit neun Mann und einem Schlitten durch die Eiswüste bis zum 77. Breitengrad vor. Die Männer übernachteten unter dünnen Zeltplanen, konnten wegen der Stürme oft tagelang nicht ins Freie, erlitten Erfrierungen an Händen, Füßen und im Gesicht und kämpften ständig gegen den Hunger – 80 Tage lang, bis zur völligen Erschöpfung.

Am I. August verließ die »Germania« die Insel Sabine an der Ostküste Grönlands und dampfte südwärts. Beim Kap Broer Ruys ging Payer an Land und erstieg hier seinen höchsten Gipfel. Zu seinen Füßen lag die Mündung eines langen Fjords, dessen Ufer aus steilen Felsabstürzen bestanden. Payer: »Welch unerwarteter Anblick bot sich hier dem entzückten Auge. Ein ungeheurer Fjord lag, mit schimmernden Eisbergen erfüllt, zu unseren Füßen.« Payer nannte ihn stolz Kaiser-Franz-Josephs-Fjord.

Am II. September 1870 lief die »Germania« in Bremerhaven ein. Auch die zweite deutsche Nordpolexpedition war gescheitert. Für Julius Payer aber war das erst recht ein Grund weiterzuforschen. Die arktische Zentralregion war über die Route an der Küste Grönlands entlang wegen der arktischen Strömungen, die aus dem Polarmeer gewaltige Eismassen nach Süden führen, nicht erreichbar. Was aber, wenn der warme Golfstrom noch in weiter östlich liegende Regionen reichte? Bis zur Nordküste von Nowaja Semlja womöglich?

Die Idee Julius Payers, diese unberührte Region wissenschaftlich zu erforschen, stieß in Österreich-Ungarn auf großes Interesse. Der Kaiser unterstützte das Projekt mit einem namhaften Betrag. Graf Johann Nepomuk von Wilczek

stellte gar 40.000 Gulden zur Verfügung. Die Wiener Geographische Gesellschaft hingegen überwies 100 Gulden — mehr war aufgrund eines dramatischen Tiefstands in der Kasse nicht drin.

Weil Graf Wilczek sichergehen wollte, dass seine hohe Summe für eine durchführbare Expedition verwendet wurde, regte er eine Erkundungsfahrt an. Dafür konnte Julius Payer den 1838 nahe Darmstadt geborenen Marineoffizier Carl Weyprecht gewinnen, der später sein kongenialer Partner werden sollte.

Carl Weyprecht war der klassische Fall des Binnenländers, der von der Seefahrt träumt. Er trat 1856 als Kadett in die österreichisch-ungarische Kriegsmarine ein und kreuzte auf der Fregatte »Radetzky« unter dem Befehl Tegetthoffs im Mittelmeer. Von 1863 bis 1865 diente Weyprecht als Instruktionsoffizier auf dem Schulschiff »Huszar«. Als er während eines Urlaubs in Frankfurt Dr. Petermann kennen lernte, begann auch er sich für die Erforschung des Nordpols zu begeistern. Schon 1866 schlug Weyprecht Petermann eine Expedition in das Meer zwischen Spitzbergen und Nowaja Semlja vor, doch der Krieg zwischen Österreich-Ungarn und Italien machte diese Pläne zunichte. Weyprecht musste auf der Panzerfregatte »Drache« als jüngster Offizier an der Seeschlacht von Lissa teilnehmen, die Admiral Tegetthoff für Österreich-Ungarn entschied.

Im Herbst 1870 lernte Weyprecht, inzwischen zum Schiffsleutnant befördert, den Oberleutnant im Tiroler Kaiserjägerregiment Julius Payer kennen. Dieser erzählte von der zweiten deutschen Nordpolexpedition, von der er gerade zurückgekommen war, und gewann Weyprecht auf Anhieb für die Erkundungsfahrt.

Schon im folgenden Jahr charterten Payer und Weyprecht in Tromsø das kleine Segelschiff »Isbjörn« und befuhren das Meer zwischen Spitzbergen und Nowaja Semlja bis zum 79.

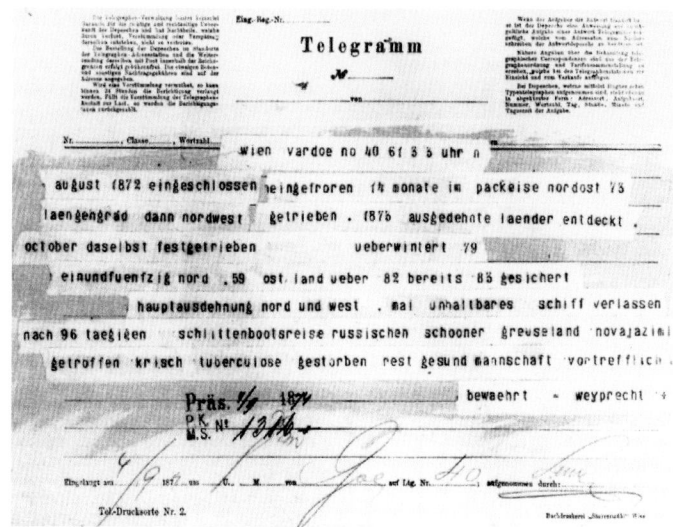

Telegramm
.𝒩._____
_____ von _____

Nr. _____ Classe _____ Wortzahl _____ WIEN vardoe no 40 61 3 5 uhr n .

august 1872 eingeschlossen eingefroren 14 monate im packeise nordost 73

laengengrad dann nordwest getrieben . 1875 ausgedehnte laender entdeckt .

october daselbst festgetrieben ueberwintert 79

einundfuenfzig nord . 59 ost land ueber 82 bereits 85 gesichert

hauptausdehnung nord und west . mai unhaltbares schiff verlassen

nach 96 taegigen schlittenbootsreise russischen schooner kreusland novajazini

getroffen krisch tuberculose gestorben rest gesund mannschaft vortrefflich .

bewaehrt - weyprecht +

Telegramm Weyprechts vom 4. September 1874 an die Marinesektion im Reichskriegsministerium: Nach mehr als zwei Jahren die erste Nachricht über das Schicksal der Expedition.

Grad nördlicher Breite. Die Fahrt verlief überaus positiv. Das Meer war überall befahrbar. Payer und Weyprecht kamen zu der Überzeugung, dass die Voraussetzungen für ein Vordringen in die Polargebiete hier gut seien. Und so begannen sie mit den Vorbereitungen für ihre große Fahrt.

Österreich-Ungarn hatte inzwischen ein regelrechtes Nordpolarexpeditions-Fieber erfasst, das Unternehmen war zum nationalen Anliegen geworden. Aus allen Teilen der Monarchie trafen Geldspenden ein.

Das Expeditionsschiff »Tegetthoff« stammte aus Bremerhaven, das dreimastige Segelschiff hatte eine Wasserverdrängung von 220 Tonnen und fasste einen Kohlevorrat von 130 Tonnen. Die Maschine lieferte 100 Pferdestärken, als Zusatzleistung für die Segelfahrt. Das Schiff wurde mit Verpflegung für zweieinhalb bis drei Jahre beladen. Schiffsleutnant Weyprecht hatte das Kommando auf dem Schiff und Oberleutnant Payer bei den Landreisen.

Am 13. Juni 1872 um sechs Uhr früh glitt die »Tegetthoff« durch die Schleusen von Bremerhaven und dann, geschleppt von einem Dampfer, die Weser hinab. An Deck beobachteten 24 Mann, wie das Land hinter ihnen langsam im Meer versank: Julius Payer und Carl Weyprecht, der Schiffsleutnant Gustav Brosch und der Schiffsfähnrich Eduard Orel, der Regimentsarzt Dr. Julius Kepes, ein Maschinist, ein Bootsmann, ein Zimmermann, ein Koch, ein Heizer, zwei Bergführer aus Tirol und elf Matrosen aus Dalmatien. Die Kommandosprache war, wie in der k. u. k. Marine üblich, Italienisch. An Bord fuhren außerdem acht Hunde mit, sechs Neufundländer aus Wien und zwei lebhafte Vierbeiner aus Lappland, Sumbu und Pekel.

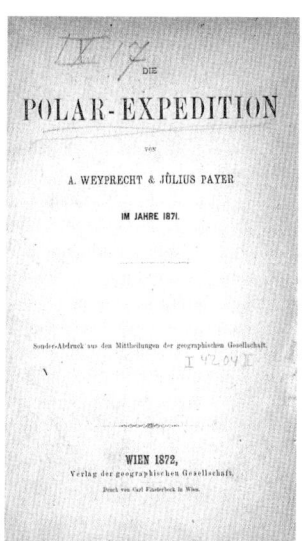

DIE
POLAR-EXPEDITION
von
A. WEYPRECHT & JÚLIUS PAYER
IM JAHRE 1871.

Sonder-Abdruck aus den Mittheilungen der geographischen Gesellschaft.

WIEN 1872,
Verlag der geographischen Gesellschaft.

Titelseite des Werkes von Karl Weyprecht und Julius Payer »Die Polar-Expedition im Jahre 1871« (Wien 1872).

Am 6. Juli erhielten die Nordpolfahrer in Tromsø die letzten Nachrichten aus Österreich, Zeitungen und Briefe. Eine Woche später dampfte das Schiff aufs Meer hinaus. Die Besatzung wusste, dass es eine Reise ohne Wiederkehr werden konnte, denn sie hatte sich dazu verpflichtet, auf jegliche Art von Rückholaktionen zu verzichten.

Graf Wilczek begleitete das Expeditionsschiff auf der »Isbjörn«. Er errichtete auf Spitzbergen und Nowaja Semlja Lebensmitteldepots.

Im Meer von Nowaja Semlja war das Wetter sehr wechselhaft. Blauer Himmel und Sonnenschein wurden in kürzester Zeit zum tosenden Schneesturm, dann wieder tauchte die Mitternachtssonne das Eis in zartes Rosa. Die Besatzung fand reichlich Gelegenheit zur Jagd. Das schwarze Fleisch der Seehunde stand in diesen Tagen oft auf dem Speiseplan.

Bald wurde das Eis dichter. Am 30. Juli schloss es die »Tegetthoff« zum ersten Mal ein. Als zwei Tage später Wind aufkam, gerieten die Schollen aber in Bewegung und das Eis lockerte sich. In der folgenden Nacht gelang es unter Volldampf, einen breiten Eiswall zu durchbrechen. Die »Tegetthoff« setzte ihren Weg zwischen den Eisschollen fort.

Ende August fuhr sie an der »Isbjörn« vorbei, die sich bereits auf dem Rückweg befand. Schon wenige Stunden später wurde die Fahrt schwieriger. Das Eis verdichtete sich, Weyprecht musste den Kurs immer wieder ändern. Schließlich machte eine mächtige Eisbarriere jedes Weiterkommen unmöglich. Die »Tegetthoff« wurde an einer Scholle verankert. Und dann ging alles Schlag auf Schlag. Payer schilderte es im Rückblick so:

Fast unmittelbar nach dem Festmachen des Schiffes an jener Scholle drängte das Eis von allen Seiten heran und schloss uns völlig dicht ein. Bald gab es kein Wasser mehr um uns, niemals wieder sollten wir unser Fahrzeug in solchem sehen! Verzweiflung hätte uns erfüllen müssen, hätten wir an diesem Abend gewusst,

dass wir fortan verdammt seien, willenlos den Launen des Eises zu folgen, dass das Schiff nie wieder seinen Beruf werde erfüllen können, dass alle Erwartungen, mit welchen unsere Freunde vor wenigen Stunden noch die »Tegetthoff« nach Norden dampfen sahen, schon jetzt eitel und vernichtet waren, damit auch alle unsere stolzen Hoffnungen – dass wir nicht mehr Entdecker waren, sondern unfreiwillige Passagiere des Eises.

Noch aber ahnten die Männer nicht, dass die »Tegetthoff« ihre Position 76°22' nördlicher Breite, 62°3' östlicher Länge nie mehr verlassen würde. Sie hofften von Tag zu Tag auf Befreiung, dabei waren sie längst Gefangene des Eises. Doch das war noch nicht das Schlimmste.

Langsam wurden die Tage kürzer. Die Männer vergnügten sich mit Eislaufen auf dem noch schneefreien Jungeis und bauten Häuser aus Eistafeln. Eines davon war für die Hunde. Darin standen ihre »Hütten«, strohgefüllte Kisten mit Namensbeschriftung, wohlgeordnet in einer Gasse. Auch jagen gingen die Männer oft; Eisbären waren ihre beliebteste Beute.

Das Schiff bewegte sich inzwischen auf seiner Scholle mit der Nordostdrift langsam weiter.

Die Katastrophe kündigte sich am Abend des 12. Oktober an, als die Kajütenlampe plötzlich zu schwingen begann. Am nächsten Morgen, als alle beim Sonntagsfrühstück saßen, brach die Scholle, auf der das Schiff festsaß, mit Getöse auseinander. In Panik eilte die Mannschaft an Deck: Das Schiff befand sich in heftigen Eispressungen. Payer schilderte das erschreckende Erlebnis so:

Wie die Volksmenge bei einem Aufstande, so erhob sich jetzt alles Eis wider uns. Drohend erstanden Berge aus ebenen Flächen, aus leichtem Ächzen entstand ein Klirren, Brummen, Brausen, gesteigert bis zu tausendstimmigem Wutgeheul. Wie unzählige Teufel, aber gekleidet in das Gewand der Unschuld, schreiend, Hohn lachend, war alles Bewegung und Lärm gewor-

den, Schritt für Schritt nahte das Verderben im Zerprasseln der Eisfelder. Zerschmettert war nun unsere Scholle, zu wandelnden Bergen emporgedrückt, rasselten ihre Blöcke auf und nieder. Hier überragten sie klafterhoch das Schiff, dort stürzten die Eismassen wie in einen Schlund hinab unter das Fahrzeug, und ein aufspringender Wasserschwall schlang würgend sie hinab.*

In aller Eile begannen die Vorbereitungen, das Schiff zu verlassen, falls es bersten sollte. Die Mannschaft packte die allernotwendigsten Dinge zusammen. Payer organisierte die Schlitten, Zelte und Schlafsäcke, Weyprecht rüstete die Boote aus, Brosch und Orel kümmerten sich um den Proviant und Dr. Kepes um die Apotheke.

Um Mittag erreichte die Eispressung ihren Höhepunkt. Die Hunde waren auf Kisten gesprungen und starrten gebannt auf das brüllende Toben des Eises hinaus.

Die Eispressungen wiederholten sich in unvorhersehbaren Abständen. Die Männer schliefen meist angekleidet. Der Griff zum Gewehr und zum Rettungssack und das An-Deck-Eilen wurden zur Routine. Auch tagsüber fanden sie kaum Ruhe. Das Eis ächzte und krachte, die Dämmerung wurde immer dunkler, schließlich war es gänzlich finster.

Die »Tegetthoff« war inzwischen für das Überwintern im Eis bereit. Die Segel waren zur Verminderung des Winddrucks abgenommen, das Schiff umgab ein Wall aus Schnee und Eis. Auf dem Deck lag als Schutz gegen die beißende Kälte eine meterhohe Schneeschicht.

Auch während der Eispressungen unterbrachen die Forscher ihre Arbeit nicht. Sie führten weiter ihre Messungen durch, von denen viele im Zwei-Stunden-Takt gemacht werden mussten. Auch kleine Streifzüge mit Hundeschlitten standen auf dem Programm. Sie waren gefährlich, denn man musste damit rechnen, von der »Tegetthoff« getrennt zu werden, wenn die Eisschollen auseinanderdrifteten.

Von Dezember bis Mitte Februar lebten die Männer in völliger Dunkelheit. Am 14. Februar war die lange Nacht endlich vorbei: »Ein unbeschreiblich festliches Ereignis ist die Wiederkehr der Sonne für den Polarforscher. Nur mit ihrer halben Scheibe und zögernd hatte sich die Sonne erhoben über den düsteren Saum des Eises, als wäre diese Welt unwert ihres Lichtes. Und doch ist die Sonne das einzige Ereignis und Leben in diesem Reich des Todes.«

Ab April blieb die Sonne beständig am Himmel. Das eingefrorene Schiff bot aber nach wie vor ein Bild tiefsten Winters. In seiner Umgebung war aus den ersten Eishäusern, die die Männer zum Zeitvertreib gebaut hatten, eine Stadt mit Straßen geworden.

Ende Mai begann sich das Schiff langsam zu setzen. Am Vorderteil stieg zwischen Eis und Schiffskörper das Wasser empor. Bald aber mussten die Männer erkennen, dass sich die »Tegetthoff« trotzdem nicht aus eigener Kraft würde befreien können. In den Monaten Mai, Juni, Juli und August gruben, sägten und sprengten sie an der Scholle. Vergeblich.

Der Sommer ging dem Ende zu. Die Hoffnung der Polarfahrer auf Befreiung sank. Die Aussicht auf einen zweiten Winter im Eis wurde zur traurigen Gewissheit. An einen Erfolg der Nordpolfahrt glaubte kaum noch jemand – bis er sich völlig überraschend und ganz von selbst einstellte.

Am 30. August um Mittag herum hob sich eine Dunstwolke vor den Augen der Forscher – und gab im Nordwesten Felszüge frei. Wenige Minuten später sahen sie ein strahlendes Bergland vor sich. »Land, Land, endlich Land!«, jubelte die Mannschaft. Payer: »Alles war an Deck geeilt, um sich mit eigenen Augen Gewissheit darüber zu verschaffen, dass wir ein unentreißbares Ergebnis unserer Expedition vor uns hatten. Zwar nicht durch unser eigenes Hinzutun, sondern durch die glückliche Laune unserer Scholle, und wie im Traum hatten wir es gewonnen.«

Das Schiff wurde beflaggt. Das Land erhielt den Namen »Kaiser-Franz-Joseph-Land«. Die Möglichkeit, es genau zu erforschen, hatten Payer und Weyprecht vorerst aber nicht. Wer die Scholle der »Tegetthoff« verlassen hätte, wäre von ihr abgeschnitten und somit verloren gewesen.

Am 31. Oktober wurden die Polarfahrer wieder in die Nähe einer Landmasse getrieben. Diesmal kamen sie so nah, dass sie es wagen konnten, die »Tegetthoff« zu verlassen. Das Land, das sie betraten, nannten sie »Wilczek-Insel«.

Bald brach die nächste Winternacht herein. Sie sollte 125 Tage dauern. Die Sonne verabschiedete sich mit einem Feuermeer, um erst am 24. Februar wieder am Horizont zu erscheinen. Dann aber brachte sie neue Hoffnung – und für Payer und Weyprecht die Gewissheit, dass sie in den folgenden Monaten das Franz-Joseph-Land erforschen und dann die Rückkehr mit Booten und Schlitten versuchen mussten. Ein dritter Winter im Eis kam nicht in Frage. Der Gesundheitszustand der Mannschaft gab längst Anlass zur Sorge, alle hatten spitze Nasen und kämpften mit Mangelerscheinungen wie Skorbut. Außerdem würden die Vorräte nicht mehr lange reichen.

Mit sechs Mann und drei Hunden brach Payer Anfang März zu seiner ersten Schlittenexpedition auf. Auf dem Schlitten waren Proviant, eine Kochmaschine, ein Zelt, ein gemeinsamer Schlafsack für die Mannschaft, Gewehre und eine Instrumentenkiste für die geographischen Aufnahmen verstaut – insgesamt eine Last von sechs bis sieben Zentnern. So problemlos der Marsch anfangs verlief – die Männer schafften hundert Schritt pro Minute –, so schwierig wurde er schon nach einem halben Tag. Den Schlitten über die vielen Eishöcker und Hindernisse zu schleppen, war eine Mühsal. Außerdem zog bald Nebel auf, und Schnee begann zu fallen. Eisbären umkreisten die Gruppe, die sich durch Eis und Sturm kämpfte, verzweifelt bemüht, den Kurs einzuhalten. Zu allem Übel fiel das Weingeist-Thermometer auch noch auf die tiefste Temperatur der ganzen Expedition: –50 Grad. Hände und Füße der Männer erstarrten immer wieder. Das Einzige, was half, war häufiges Abreiben mit Schnee. Und ein Schluck Rum. Aber den mussten sie sich gegenseitig in den Mund schütten, denn der Metallbecher wäre an den Lippen festgefroren. Auch in den Nachtlagern gab es keine Möglichkeit, sich zu erwärmen. Als die Männer am 15. März zur »Tegetthoff« zurückkamen, waren sie schwer gezeichnet. Kaum fähig, ein Wort zu sprechen, halb verhungert, zu Tode erschöpft, taumelten sie an Deck.

Als Payer in seine Kajüte hinunterging, hörte er den Maschinisten Otto Krisch stöhnen, der bereits seit einer Woche in Agonie lag. Am folgenden Tag erlöste ihn der Tod von seinen Leiden. Man legte ihn in einen Sarg, trug ihn an Deck und setzte die Flagge auf Halbmast. Am 19. März brachte ihn die Mannschaft auf die Wilczek-Insel, bestattete ihn in einer Kluft und stellte ein einfaches Holzkreuz auf.

Schon am 26. März brach Payer mit sechs Mann zur zweiten Schlittenexpedition auf. Sein Ziel war, so weit wie möglich nach Norden vorzudringen. Durch Schneestürme und bei tiefsten Temperaturen kämpfte er sich voran. Dem neu entdeckten Land gab er Namen wie Austria-Sund, Kronprinz-Rudolf-Land, Wüllerstorff-Berge, Kap Tirol.

Unglücklicherweise ging einer der Hunde verloren: Er riss sich los, als eine Möwe vorbeiflog, und rannte in die Eiswüste hinaus.

Am Morgen des 10. April ließ Payer drei seiner Männer in einem Lager zurück, um mit den anderen weiter nach Norden zu marschieren. Bei einer Rast gestand Orel, dass sein Fuß seit Tagen eitere und sehr geschwollen sei. Payer schickte ihn zurück.

Payer und die übrig gebliebenen zwei Männer machten sich bereit zum Abmarsch, spannten die Hunde ein und legten sich die Zuggurte für den Schlitten um. Sie waren erst ein paar Minuten marschiert, als das Unglück passierte: Der Schnee unter dem Schlitten gab nach, das Gefährt mit einem der Männer, Zaninovich, und beiden Hunden stürzte in eine Gletscherspalte. Payer kroch auf dem Bauch an den Rand des Abgrunds, sah, dass Zaninovich auf einem Schneeabsatz zu stehen gekommen war und die Hunde in den Gurten hingen. Augenblicklich machte er sich auf den Weg zum Lager, um Hilfe zu holen. Beim Laufen kam er so ins Schwitzen, dass er seine Kleider von sich warf und sogar die Schuhe auszog. Bei klirrender Kälte nur halb bekleidet, langte er bei seinen Männern ein. Nach viereinhalb Stunden war er wieder an der Unglücksstelle. Zaninovich und die Hunde konnten an Seilen herausgezogen werden. Die Hunde wälzten sich sofort im Schnee und leckten ihren Rettern die Hände.

Payer und seine Männer setzten ihren Weg nach Norden trotzdem fort. Durch ein langes Seil miteinander verbunden, marschierten sie über Eisfelder, Gletscher und Höhenzüge. Nach einem Marsch von 17 Tagen erreichten sie am 12. April 1874 den nördlichsten Punkt der Expedition: 82°5′.

Zurück im Lager, in dem er drei Männer zurückgelassen hatte, notierte Payer: »Es war charakteristisch, zu sehen, wie wenige Tage ohne Arbeit und Aufsicht hinreichen, Menschen unter solchen Umständen zu demoralisieren: Die Zurückgebliebenen waren kaum mehr wieder zu erkennen. Geschwärzt vom Trankochen, matt, vom Durchfall befallen und von Langeweile heimgesucht, krochen sie ebenso erfreut wie verwahrlost aus dem geschwärzten Zelt.«

Als die Truppe aufbrach, glich sie einem Krankentransport. Die meisten der Männer litten unter starker Schneeblindheit, einige kämpften mit Ohnmachtsanfällen und der eitrige Fuß Orels hatte sich so sehr verschlechtert, dass er ohne Schuhe marschieren musste. Die Männer taumelten mehr, als sie gingen. Sie gerieten in dichtes Schneetreiben und in Sturm, dann in

Nebel. Dazu kam die Unsicherheit, ob die »Tegetthoff« überhaupt noch an der alten Stelle zu finden sein würde. Dann endlich wies ihnen ihre eigene Schlittenspur den Weg.

Der Rest der Mannschaft war inzwischen nicht untätig gewesen. Weyprecht hatte magnetische Untersuchungen angestellt und Vermessungen durchgeführt, und seine Männer hatten damit begonnen, die Boote für die Rückfahrt zu rüsten und Proviant wasserdicht zu verpacken.

Payer unternahm von Ende April bis 3. Mai noch eine Schlittenexpedition, dann brachen sie auf. Payer notierte glücklich: »Alle Sorgen waren vorbei. Mit Ehren konnten wir zurückkehren, denn unentreißbar waren die Beobachtungen und Entdeckungen, die wir gemacht hatten. Der bevorstehende Rückzug konnte kein größeres Übel bringen als den Tod.«

Am 20. Mai 1874 nahmen sie Abschied von der »Tegetthoff«. Drei Boote und Proviant für drei Monate waren auf Schlitten verstaut. Über endlose Eisfelder ging der Marsch, die Männer mussten die schweren Schlitten immer wieder über Eishöcker ziehen. Am 14. August, nach einem Marsch von über 560 Kilometern, lag endlich das offene Meer vor ihnen. Die Hunde, treue Begleiter und Helfer in der Not, mussten nun erschossen werden. Sie konnten in den Booten nicht transportiert und verpflegt werden. Selbst für die Menschen war nur noch Proviant für zehn Tage übrig.

Am 19. August erreichten die drei Boote die Küste von Nowaja Semlja. Die See war stürmisch, die Boote füllten sich immer wieder mit Wasser, die Männer waren völlig durchnässt und erschöpft – sie hatten nun schon 96 Tage im Freien zugebracht. Der Proviant neigte sich dem Ende zu. Jetzt musste Hilfe kommen – schnell.

Am 23. August schließlich erspähten die Männer in der Dunen-Bai ein kleines Boot. Es brachte sie zu dem russischen Schoner »Nikolaj«, dessen Kapitän Fjodor Voronin sie freundlich aufnahm und festlich bewirtete.

Auf diesem Schiff liefen sie am 3. September 1874 in den norwegischen Hafen Vardø ein, mit gehisster österreichisch-ungarischer Flagge.

Jetzt erst, im Vergleich mit den Einwohnern des Städtchens, fiel den Heimkehrern ihr Aussehen auf: Sie waren zu Wilden geworden, mit langen Haaren und Bärten, in schäbige Pelze gehüllt, mit Stiefeln, die längst keine Sohlen mehr hatten. Und doch: Als sie an Land gingen, zogen die Bewohner von Vardø aus Respekt vor ihnen die Hüte.

Die Expedition von Payer und Weyprecht auf »Kaiser-Franz-Joseph-Land«. Gemälde von Adolf Obermüller, 1892. Heerresgeschichtliches Museum, Wien.

Literaturverzeichnis

Gesamtdarstellungen, Lexika und Bibliographien

ABENTEUER OSTAFRIKA. Der Anteil Österreich-Ungarns an der Erforschung Ostafrikas. Ausstellungskatalog, herausgegeben vom Amt der Bgldn. Landesregierung. Eisenstadt 1988 (Ausstellung Schloss Halbturn 1988)

AMERIKA 1492–1992. Neue Welten – Neue Wirklichkeiten. Ausstellungskatalog, herausgegeben von der Stiftung Preußischer Kulturbesitz. Berlin 1993 (Ausstellung im Martin-Gropius-Bau 1993)

AODILI. Österreich–China. Geschichte einer 300-jährigen Beziehung. Ausstellungskatalog, herausgegeben von Gerd Kaminski und Barbara Kreissl. Wien 1996 (Ausstellung Kunst Halle Krems 1996)

URS BITTERLI (HRSG.), Die Entdeckung und Eroberung der Welt, 2 Bde. München 1980

URS BITTERLI, Die Entdeckung Amerikas. Von Kolumbus bis Alexander von Humboldt. München 1992

PETER BRAUN UND MANFRED WEINBERG (HRSG.), Ethno/Graphie. Reiseformen des Wissens. Tübingen 2002

ARTHUR BREYCHA-VAUTHIER, Österreich in der Levante. Geschichte und Geschichten einer alten Freundschaft. Wien–München 1972

RICHARD BUCHTA, Der Sudan und der Mahdi. Das Land, die Bewohner und der Aufstand der falschen Propheten. Stuttgart 1884

PHILIP CARAMAN, Ein verlorenes Paradies. Der Jesuitenstaat in Paraguay. München 1979

E. G. COX, A Reference Guide to the Literature of Travel, 4 Bde. Seattle 1936–38, Neudruck New York 1969

JOHANNES DÖRFLINGER, Die österreichische Kartographie im 18. und zu Beginn des 19. Jahrhunderts unter besonderer Berücksichtigung der Privatkartographie zwischen 1780 und 1820, Bd. I: Österreichische Karten des 18. Jahrhunderts (SAW, Phil.-hist. Kl. Bd. 427 (= Veröffentlichungen der Kommission für Geschichte der Mathematik, Naturwissenschaften und Medizin, Heft 42)

FRIEDRICH EMBACHER, Lexikon der Reisen und Entdeckungen. In zwei Abt.: I. Die Forschungsreisenden aller Zeiten u. Länder. II. Entdeckungsgeschichte d. einzelnen Erdteile. (Nachdr. d. Ausg. Lpz. 1882) Amsterdam 1968.

ALFONS GABRIEL, Vergessene Persienreisende. Wien 1969

Die Geologische Bundesanstalt in Wien, 150 Jahre Geologie im Dienste Österreichs. Wien 1999

E. J. GOODMAN, The Exploration of South America. An Annotated Bibliography. New York 1983

WOLFGANG GRIEP UND ANNEGRET PELZ, Frauen reisen. Ein bibliographisches Verzeichnis deutschsprachiger Frauenreisen 1700 bis 1810. Bremen 1995

RICHARD H. GROVE, Green Imperialism. Colonial Expansion, Tropical Island Edens and the Origins of Environmentalism. Cambridge 1986

GIANNI GUADALUPI, Der Nil. Die Geschichte seiner Entdeckung und Eroberung. Erlangen 1997

GÜNTHER HAMANN, Der Eintritt der südlichen Hemisphäre in die europäische Geschichte. Wien 1968

GÜNTHER HAMANN, Österreich-Ungarns Anteil an Reisen und Forschungen in den Ländern des Britischen Weltreiches. In: O. Hirsch (Hrsg.), Österreich und die Angelsächsische Welt: Kultubegegnungen und Vergleiche, Bd. 2, Wien–Stuttgart 1968, Seite 202–236

HUGO HASSINGER, Österreichs Anteil an der Erforschung der Erde. Wien 1980

Heilige Experimente. Indianer und Jesuiten in Südamerika. Wien 1989 (= Zeitschrift für Lateinamerika, Jg. 34)

RICHARD HENNIG, Terrae incognitae, 4 Bde. Leiden 1944–1956

DIETMAR HENZE, Enzyklopädie der Erforscher der Erde, Graz: ADEVA, ab 1975 in Lieferungen

ANNELIESE HÖFLER, Der Anteil österreichischer Jesuiten an der Erschließung Südamerikas im 17. und 18. Jahrhundert. Dipl.-Arbeit Wien 1985

ANTON HUONDER, Deutsche Jesuitenmissionare des 17. und 18. Jahrhunderts. Ein Beitrag zur Missionsgeschichte und zur deutschen Biographie. Freiburg im Breisgau 1899

BETTINA KAMM, Die österreichische Brasilienexpedition 1817–1836 unter besonderer Berücksichtigung der ethnographischen Ergebnisse. Dipl.-Arbeit Wien 1992

P. WERNER LANGE, Kontinent der kurzen Schatten. Eine Entdeckungsgeschichte Afrikas. Leipzig–Jena–Berlin 1987

HARALD LOBITZER, Der Anteil Österreichs an der geologischen Erforschung Afrikas. I. Teil: Bibliographie Vormärz bis zum Ende der Monarchie, 2. Teil: Bibliographie 1919–82. In: Mitteilungen der Österreichischen Gesellschaft für Geschichte der Naturwissenschaften I (S. 29–42) bzw. 2 (S. 23–42)

Ladislaus Lukács, S.J., Catalogus Generalis seu Nomenclator biographicus personarum Provinciae Austriae Societatis Jesu (1551–1773), Institutum Historicum S.J., Romae 1987

Otto Marschalek, Österreichische Forscher. Ein Beitrag zur Völker- und Länderkunde. Mödling o. J.

Eduard Matt, Ethnographische Beschreibungen. Die Kunst der Konstruktion der Wirklichkeit des Anderen. Münster 2001.

David E. Mungello, Curious Land. Jesuit Accomodation and the Origins of Sinology. Wiesbaden 1985

Die Neue Welt. Österreich und die Erforschung Amerikas. Herausgegeben von Franz Wawrik, Elisabeth Zeilinger, Jan Mokre und Helga Hühnel. Wien: Brandstätter 1992 (= Begleitbuch zur Ausstellung in der Österr. Nationalbibliothek 1992)

Brigitte Maria Oberleitner, Österreicher und das britische Weltreich. Englische Quellen zur Tätigkeit österreichischer Wissenschaftler und Forscher in britischen Überseediensten. Phil. Diss. Wien 1983

Jürgen Osterhammel, Kolonialismus. Geschichte – Formen – Folgen. München 2001.

Gustav Otruba, Der Anteil österreichischer Jesuitenmissionäre am »heiligen Experiment« von Paraguay. In: Mitteilungen des Instituts für österreichische Geschichtsforschung 63 (1955), S. 430–445

Gustav Otruba, Der Jesuitenstaat in Paraguay. Idee und Wirklichkeit.Wien 1962

John H. Parry, Das Zeitalter der Entdeckungen. München 1978 (= Kindlers Kulturgeschichte des Abendlandes, Bd. 12)

Herbert Paschinger, Österreichs Beitrag zur geographischen Forschung. In: Franz Sauer (Hrsg.), Österreichische Entdeckungen und Erfindungen von internationaler Bedeutung (= Käntner Hochschulwochen, Berichte, Heft 13, Graz 1968, S. 27–36)

Heinrich Pleticha und Hermann Schreiber, Lexikon der Entdeckungsreisen. 2 Bde. Stuttgart–Wien–Bern 1999

Mary Louise Pratt, Imperial Eyes. Travel Writing and Transculturation. London 1992

Wolfgang Reinhard, Geschichte der europäischen Expansion. 4 Bde. Stuttgart 1983– 1988

Anthony Rice, Der verzauberte Blick. Das Naturbild berühmter Expeditionen aus drei Jahrhunderten. München 2000

Gail Roberts, Atlas der Entdeckungen. München 1976

Günther Schefbeck, Die österreichisch-ungarischen Tiefsee-Expeditionen 1890–1898. Phil. Diss. Wien 1989

Hilde und Willi Senft, Aufbruch ins Unbekannte. 50 österreichische Forscher und Entdecker von Herberstein bis Harrer. Graz 1999

Joseph Stöcklein, Der Neue Welt-Bott. Mit allerhand Nachrichten dern Missionariorum Soc. Jesu (…). Bd. 1–3. Augsburg–Graz 1728/32

Alexander Tollmann, Das geologische Wirken der Wiener Schule im osmanisch-türkischen Raum. Österreichische Osthefte Jahrgang 38 (1996), Heft 3

Fritz Valjavec (Hrsg.), Die überseeische Welt und ihre Erschließung. Bern–München 1947

Johann Wagner, Österreichische Kolonialversuche in der 2. Hälfte des 19. Jahrhunderts. Phil. Diss. Wien 1955

Friedrich Wallisch, Die Flagge Rot-Weiß-Rot. Männer und Taten der österreichischen Kriegsmarine in vier Jahrhunderten. Graz–Wien–Köln 1956

Ausgewählte Literatur zu den einzelnen Reisenden und Forschern

Bauer

David Mabberley, Ferdinand Bauer. The Nature of Discovery. London 1999

Baumann

M. Haberlandt, Dr. Oscar Baumann. Ein Nachruf (mit Bild). In: Abhandlungen der K. K. Geographischen Gesellschaft in Wien. II. Band 1900, Nr. 1–5. Wien 1900

Bernatzik

Doris A. Byer, Der Fall Hugo A. Bernatzik. Ein Leben zwischen Ethnologie und Öffentlichkeit 1897–1953. Köln 1999

Bieber

Otto Stradal, Der Weg zum letzten Pharao. Wien 1954v

Bairu Tafla, Relations between Ethiopia and Austria. In: Abenteuer Ostafrika. Der Anteil Österreich-Ungarns an der Erforschung Ostafrikas. Ausstellungskatalog, herausgegeben vom Amt der Bgldn. Landesregierung. Eisenstadt 1988 (Ausstellung Schloss Halbturn 1988), S. 229–246

Boos

Artikel »Boos, Franz« von Heinrich Wilhelm Reichardt in: Allgemeine Deutsche Biographie, herausgegeben von der Historischen Kommission bei der Bayerischen Akademie der Wissenschaften, Band 3 (1876), S. 138

CHRISTA RIEDL-DORN, Mönche – Gesandte – Gärtner, oder: Österreichs erste naturwissenschaftliche Reisende in aller Welt. In: Katalog »Die Entdeckung der Welt, Die Welt der Entdeckungen«, herausgegeben von Karl Seipel, KHM Wien, 2002, S. 17 ff

JOSEPH BOOS, Schönbrunns Flora. Wien und Triest 1816, S. VI

Dobrizhoffer bzw. Richter

Biographisch-Bibliographisches Kirchenlexikon, Band 1, 1975, bearbeitet und herausgegeben von Friedrich Wilhelm Bautz

Pater Dobrizhoffer S.J., Auf verlorenem Posten bei den Abiponen. Alte Reisen und Abenteuer. Leipzig 1928

Ladislaus Lukács S.J., Catalogus Generalis seu Nomenclator biographicus personarum Provinciae Austriae Societatis Jesu (1551–1773). Rom 1987

JOHANNES DÖRFLINGER UND BERND HAUSBERGER, Österreichische Missionare in Lateinamerika. In: Die Neue Welt. Österreich und die Erforschung Amerikas. Herausgegeben von Franz Wawrik, Elisabeth Zeilinger, Jan Mokre und Helga Hühnel. Wien: Brandstätter 1992 (= Begleitbuch zur Ausstellung in der Österr. Nationalbibliothek 1992)

ANGELIKA KITZMANTEL, Die Jesuitenmissionare Martin Dobrizhoffer und Florian Paucke und ihre Beiträge zur Ethnographie des Gran Chaco im 18. Jahrhundert. (Dissertation) München 2004

Fernberger

KARL R. WERNHART, Christoph Carl Fernberger. Der erste österreichische Weltreisende (1621–1628). Quelleredition des Tagebuchs. Wien: Europäischer Verlag 1972

KARL R. WERNHART, Christoph Carl Fernberger – erster Österreicher im Pazifik. In: Novara. Mitteilungen der österreichisch-südpazifischen Gesellschaft, Bd. 1: Österreicher im Pazifik. Wien 1998, S. 9–20

MARTINA LEHNER, Georg Christoph Fernbergers Fahrt auf den Sinai, ins Heilige Land, nach Babylon, Persien und Indien (1588–1593). Eine Kulturgeschichte des Reisens in der Frühen Neuzeit. Herausgegeben gemeinsam mit dem OK Offenes Kulturhaus Oberösterreich. Band I. Wien-Bozen 2008

CHRISTOPH CARL FERNBERGER, In sieben Jahren um die Welt. Die Abenteuer des ersten österreichischen Weltreisenden (1621–1628). Neu erzählt von Martina Lehner. Herausgegeben gemeinsam mit dem OK Offenes Kulturhaus Oberösterreich. Band II. Wien-Bozen 2008

Friedrichsthal

ULLA FISCHER-WESTHAUSER, Emanuel von Friedrichsthal. The First Daguerreotypist in Yucatán. In: Photoresearcher, Nummer 10, 2007, S. 9–16

Fritz

G. EDMUNDSON (HRSG.), Journal of the Travels and Labours of Father Samuel Fritz in the River of the Amazonas between 1686 and 1723. London 1922

JOSEF UND RENÉE GICKLHORN, Im Kampf um den Amazonenstrom. Prag 1943

Grueber

C. WESSELS, Early Jesuit Travellers in Central Asia 1603–1721. Den Haag 1924

FRANZ BRAUMANN (HRSG.), Johannes Grueber. Als Kundschafter des Papstes nach China 1656–1664. Die erste Durchquerung Tibets. Stuttgart 1985

GERHARD F. STRASSER, Tibet im 17. Jahrhundert. Johannes Grueber SJ, seine Reisebeschreibungen und die Frage ihrer Veröffentlichung. In: Daphnis. Zeitschrift für mittlere deutsche Literatur, Jg. 24, Heft 2/3, S. 475–501

DR. BRUNO ZIMMEL, Johann Grueber in Lhasa. Erweiterter Sonderdruck aus BIBLOS, Österreichische Zeitschrift für Buch- und Bibliothekswesen, Dokumentation, Bibliographie und Bibliophilie. Wien 1953

Gasteiger

Zur Erinnerung an Anton von Gasteiger zu Rabenstein und Kobach, Dr. der Rechte, k. k. jub. Gubernialrath und Kreishauptmann. Eine biographische Skizze. Innsbruck 1860

REINHARD POHANKA UND INGRID THURNER, Der Khan aus Tirol. Wien 1988

Glaser

HEINRICH MÜLLER UND N. RHODOKANAKIS (HRSG.), Eduard Glasers Reise nach Marib. Mit 5 gefalt. Kartenskizzen. Wien 1913

Haenke

RENÉE GICKLHORN, Thaddäus Haenke und seine historische Wertung. In: Forschung und Fortschritte. Berlin 1938

JOSEF KÜHNEL, Thaddaeus Haenke. Leben und Wirken eines Forschers. München–Prag 1960 (= Veröffentlichungen des Collegium Carolinum, Bd. 9)

HANNO BECK, Große Reisende der Welt. Entdecker und Erforscher unserer Welt. München 1971 (Beitrag über Haenke)

Hein

AXEL STEINMANN, »Ethnographie treiben, heißt scheitern lernen«, Wilhelm und Marie Hein. In: Die Entdeckung der Welt – Die Welt der Entdeckungen, herausgegeben von Karl Seipel, KHM Wien, 2002 S. 415

Herberstein

WALTER LEITSCH, Nachwort zu: Sigmund von Herberstein, Das alte Rußland. In Anlehnung an die älteste deutsche Ausgabe aus dem Lateinischen übertragen von Wolfram von Steinen. Zürich 1984, S. 345–383

GABRIELE SCHEIDEGGER, Das Eigene im Bild vom Anderen. Quellenkritische Überlegungen zur russisch-abendländischen Begegnung im 16. und 17. Jahrhundert. In: Jahrbücher für Geschichte Osteuropas, Neue Folge 35 (1987), S. 339–355

G. PFERSCHY (HRSG.), Sigmund von Herberstein, kaiserlicher Gesandter. 1989

Hocheder

KURT SCHMUTZER, »… jene Begierde zu reisen und zu sammeln …« In: Die Entdeckung der Welt – Die Welt der Entdeckungen, herausgegeben von Karl Seipel, KHM Wien 2002, S. 209

Höhnel

LUDWIG RITTER VON HÖHNEL, Mein Leben zur See, auf Forschungsreisen und bei Hofe. Erinnerungen eines österreichischen Seeoffiziers (1857–1909). Berlin 1926

Holub

KAREL F. RUZICKA, Dr. Emil Holub, the Great Czech Traveller. In: African Notes and News, Vol. X, Nr. 2. Johannesburg 1953

Kamel

JOSEF GICKLHORN, Georg Joseph Kamel S. J. Apotheker, Botaniker, Arzt und Naturforscher d. Philippineninseln. In: Internationale Gesellschaft für Geschichte der Pharmazie, Eutin (Holstein) 1954, S. 23 f

RAQUEL A. G. REYES, Botany and zoology in the late seventeenth-century Philippines: the work of Georg Josef Camel SJ (1661–1706). In: Arch Nat Hist (England) 36 (2): 262–276

Kühn (Kino)

NIKOLAUS BAUMHAUER, Die Apachen. Bd. 2: Kampf an der neuspanischen Nordgrenze. Wyk auf Foehr 1993

ERNEST BURRUS, Kino and the Cartography of Northwestern New Spain. 1965

HUBERT GUNDOLF, Der reitende Padre. Auf den Spuren des Welschtiroler Jesuitenmissionars Eusebio Kino in Amerika. Schwaz 1995

BERND HAUSBERGER, Bergbau und Kolonisation an der Nordwestgrenze Neu Spaniens. Aspekte zur Wirtschafts- und Sozialgeschichte von Sonora. Phil. Diss. 1990.

CHARLES POLZER, Kino Guide II: A Life of Eusebio Francisco Kino, S.J., Arizona's First Pioneer and a Guide to His Missions and Monuments. Tucson 1982

Lenz

KARL A. SEDLMEYER, Oskar Lenz. Afrikaforscher und Prager Universitätsprofessor. In: Bohemia. Jahrbuch des Collegium Carolinum, Bd. 6. München 1965

Martini

GÜNTHER HAMANN, Geistliche Forscher- und Gelehrtenarbeit im China des 17. und 18. Jahrhunderts. In: Festschrift für Hugo Hantsch. Wien–Graz 1964

GÜNTHER HAMANN, Pater Martin Martini, ein Tiroler Jesuit als Begründer der Geographie Chinas. In: Tiroler Heimat. Innsbruck 1966

Musil

ERICH FEIGL, Musil von Arabien. Vorkämpfer der islamischen Welt. Wien-München 1985

KARL JOACHIM BAUER, Alois Musil. Wahrheitssucher in der Wüste. Wien 1989

JOHANNES BAUER: Alois Musil – Nomade zwischen Nationen, Religionen, Kulturen und Wissenschaften. In: Charlotte Trümpler (Hrsg.), Das Große Spiel. Archäologie und Politik zur Zeit des Kolonialismus (1860–1940), Begleitbuch zur Ausstellung im Ruhr Museum Essen. Köln 2008, S. 125–135

PELZELN, AUGUST VON, Brasilianische Säugethier. Resultate von Johann Natterer's Reisen in den Jahren 1817–1835, Wien 1883; darin enthalten: Bruchstücke aus Natterers Reisetagebuch

BRIGITTE HOPPE, Natterer, Johann. In: Neue Deutsche Biographie (NDB). Band 18, Berlin 1997, S. 754 f.

CHRISTA RIEDL-DORN, Johann Natterer und die österreichische Brasilienexpedition. Petrópolis 2000

PETER KANN UND CHRISTA RIEDL-DORN, »(…) und den Resultaten ihrer Betriebsamkeit«. Die österreichische Brasilien-Expedition 1817–1836. In: Die Entdeckung der Welt – Die Welt der Entdeckungen, herausgegeben von Karl Seipel, KHM Wien 2002, S. 217–228

Pallme

ARMAND DUCHÂTEAU, Palme, Ignaz, in: Neue Deutsche Biographie (NDB) Band 20, Berlin 2001, S. 22

Payer–Weyprecht

HEINRICH V. LITTROW, Carl Weyprecht, der österreichische Nordpolfahrer. Wien–Pest–Leipzig 1881

KARL LINKE, Die österreichische Nordpolfahrt von Payer und Weyprecht in den Jahren 1872 bis 1874. Wien 1922

GÜNTHER HAMANN, Die Geschichte der Entdeckung des Franz-Josef-Landes. Ein Kapitel altösterreichischer Naturforschung. In: A. Machalek (Hrsg.), 100 Jahre Polarforschung. Wien 1983, S. 21–30

HEINZ STRAUB, Die Entdeckung des Franz-Joseph-Landes. Graz–Wien–Köln 1990

Ida Pfeiffer

Ferdinand Franz Lebzelter, Die österreichische Weltreisende Ida Pfeiffer, 1797–1858, mit besonderer Berücksichtigung der naturwissenschaftlichen Ergebnisse ihrer Reisen. Wien 1910

Gertrude Habinger, Eine Wiener Biedermeierdame erobert die Welt. Wien: Promedia 1997

Pohl

Christa Riedl-Dorn, Johann Natterer und die österreichische Brasilienexpedition. Petrópolis 2000

Peter Kann und Christa Riedl-Dorn, »(…) und den Resultaten ihrer Betriebsamkeit«. Die österreichische Brasilien-Expedition 1817–1836. In: Die Entdeckung der Welt – Die Welt der Entdeckungen, herausgegeben von Karl Seipel, KHM Wien 2002, S. 217–228

Reischek

Kiwis und Vulkane. Zum 150. Geburtstag des Neuseelandforschers Andreas Reischek. Linz 1995

Andreas Reischek jun., Ihaka Reiheke, der Maorihäuptling aus Österreich. Wien 1949

Schebesta

Paul Schebesta, Festschrift zum 75. Geburtstag. Gewidmet v. Mitbrüdern, Freunden u. Schülern. Wien 1963

Scherzer

Hanno Beck, Große Reisende der Welt. Entdecker und Erforscher unserer Welt. München 1971

Dr. Karl Ritter von Scherzer. Eine biographische Skizze, herausgegeben vom Komitee zur Errichtung eines Dr. Karl Ritter von Scherzer-Denkmals in Wien. 1907

Karl von Scherzer. Die Weltumseglung der »Novara« 1857–1859, herausgegeben, bearbeitet und kommentiert von Günter Treffer. Wien–München–Zürich 1973

Friedrich Wallisch, Sein Schiff hieß »Novara«. Wien 1966

Slatin Pascha

Elisabeth Flandorfer, Rudolf Slatin, Pascha und Baron. Phil. Diss. Wien 1971

Richard Hill, Slatin Pasha. London 1965

Rudolph Slatin Pascha, Feuer und Schwert im Sudan. Stuttgart–Wien–Bern 1997

Gordon-Bennett Shepherd, Slatin Pascha. Wien–München 1972

Hartwig A. Vogelsberger, Slatin Pascha. Zwischen Wüstensand und Königskronen. Graz–Wien–Köln 1992

Stoliczka

Josef Kolmas, Ferdinand Stoliczka. Wiener Studien zur Tibetologie und Buddhismuskunde, Heft 9. Wien 1982

Tieffenthaler

Severin Noti, Joseph Tieffenthaler S.J. Missionar und Geograph im Großmogulischen Reiche in Indien 1710–1789. Aachen 1920

S.N. Sen, Joseph Tieffenthaler and his Geography of Hindustan. In: Mughal India according to European Travel Accounts. Texts and Studies. Selected and Reprinted. Ed. F. Sezgin. Vol. II. 1997 (The Islamic World in Foreign Travel Accounts 76)

Welwitsch

Helmut Dolezal, Friedrich Welwitsch. Leben und Werk. Phil. Diss. Wien 1953, publiziert in: Portugaliae Acta Biologica (B), Vol. VI (1959), S. 257–323, u. Vol. VII (1960/61), S. 49/324–276/551

Marianne Klemun, Briefe von Friedrich Welwitsch (1806–1872) an Ernst Gottlieb von Steudel, Heinrich Gottlieb Ludwig Reichenbach, Ludwig August von Frankl-Hochwart und Franz Unger. In: Carinthia II, 180./100. Jg., S. 31–54

Marianne Klemun, Friedrich Welwitsch (1806–1872). In: Carinthia II, 180./100. Jg., S. 11–30

Wickenburg

Waldbott, M., Es steht ein Berg in Afrika. Wien 1988

Abenteuer Ostafrika. Der Anteil Österreich-Ungarns an der Erforschung Ostafrikas. Katalog der Burgenländischen Landesausstellung im Schloss Halbturn vom 11. Mai bis 28. Oktober 1988. – Eisenstadt: Amt der Burgenländischen Landesregierung, Kulturangelegenheiten 1988. 286. 8°. Objekt-Nr.: S. 285.

Bild- und Quellennachweis

Akg-images, Berlin: Umschlagbild, 49 (oben), 57, 73, 83 (unten), 137, 174, 238

IMAGNO/Austrian Archives: 106, 107, 109, 112, 122

Heeresgeschichtliches Museum Wien: 2, 239, 246

Kunsthistorisches Museum und Museum für Völkerkunde: 59, 61, 196, 197

Naturhistorisches Museum, Wien: 99

Sammlung Walther Moreira Salles, Rio de Janeiro: 4

Thusnelda Palme, Klagenfurt: 145

Stiftung Preußische Schlösser und Gärten, Potsdam-Sanssouci: 115

Foto Andreas Dobslaw: 8/9 (alle doppelseitigen Karten aus: A. Ortelius, Theatrum orbis terrarum. Antwerpen 1545), 10, 11 (rechts), 12, 13, 14, 15, 21, 22, 23, 25, 27 (rechts), 31, 38, 39, 51 (rechts), 68//69, 77, 79, 81, 82, 83 (oben), 84, 85, 88, 89, 90, 93, 94, 95, 96 , 104 (großes Bild), 130/131, 135, 151 (unten), 184, 188/189, 206/207, 220 (großes Bild), 225, 234/235

Bibliothek der Geolog. Bundesanstalt, Wien (Fotos: Andreas Dobslaw): 49 (unten, aus: Theodor Kotschy, Der westliche Elbrus bei Teheran in Nordpersien. Wien 1861), 155, 156 (links), 157, 142, 144 (links)

Archiv der Geolog. Bundesanstalt, Wien (Fotos: Andreas Dobslaw): 54, 55 (rechts), 143

Sammlung Dr. Schedl, Wien (Fotos: Andreas Dobslaw): 7, 191, 195, 203, 204, 205

Österreichisches Staatsarchiv (Kriegsarchiv): 241 (oben)

Archiv Reinhard Pohanka, Mödling: 52, 53

Bildarchiv der Österreichischen Nationalbibliothek: 46, 51 (links), 66 (oben), 67, 132, 144 (links), 151 (oben), 162, 171, 208 (großes Bild), 213, 220 (links), 236, 237

Archiv des Missionshauses St. Gabriel, Mödling (Fotos: Andreas Dobslaw): 128 (großes Bild)

Landesmuseum für Kärnten, Klagenfurt: 149

Bezirksmuseum Hietzing, Wien: 178, 180, 181, 182

Library of Congress, Washington: 80

Natural History Museum, London: 201, 202

Schloss Herberstein: 24

Weinstadtmuseum Krems: 26

Archiv des ÖGCF, Wien: 27 (links)

Kartensammlung der Universität Princeton: 32

Archiv Pichler Verlag: 47 (rechts oben), 110, 133, 134, 152, 187

David Heinrich Müller und N. Rhodokanakis (Hrsg.), Eduard Glasers Reise nach Mârib (Wien 1913): 56

Josef Wastl, Neu-Guinea, Land und Leute (Wien 1940): 64

Alfons Gabriel, Durch Persiens Wüsten (Stuttgart 1935): 65, 66 (unten)

Josef und Renée Gicklhorn, Im Kampf um den Amazonenstrom (Prag 1943): 70, 71

Franz Keller-Leuzinger, Vom Amazonas und Madeira. Skizzen und Beschreibungen aus dem Tagebuche einer Explorationsreise (Stuttgart 1874): 73 (oben), 74

Josef Kühnel, Thaddaeus Haenke. Leben und Wirken eines Forschers (München-Prag 1960): 102, 103 (oben), 104 (links)

Martin Gusinde, Die Halakwulup (Mödling 1974): 128 (kleines Bild), 129

Oskar Lenz, Karawanenzug durch Nordafrika. Hrsg. v. Hans Stadler (Wien 1925): 159, 160 (links)

Ludwig Ritter v. Höhnel, Zum Rudolph-See und Stephanie-See (Wien 1892): 163, 167, 151, 155

Oscar Baumann, Durch Massailand zur Nilquelle (Berlin 1894): 172, 173

Alois Musil, Arabia Petraea III (Wien 1908): 40, 43, 45

Alois Musil, Im nördlichen Hegaz (Wien 1911): 42

Andreas Reischek. Sterbende Welt. Zwölf Jahre Forscherleben auf Neuseeland. Hrsg. von seinem Sohn (Leipzig 1924): 190, 199

Georg Braun und Franz Hogenberg, Civitates orbis terrarum, Bd. 1–6 (Colonia Agrippinae 1575–1618): 210

Theodor de Bry, India Orientalis, Bd. VII (1598): 209

Ferdinand Lebzelter, Die österreichische Weltreisende Ida Pfeiffer 1797–1858 (Wien 1910): 211

Ida Pfeiffer, Putowánj do Swaté země (Hradec Králove 1846): 215

Ida Pfeiffer, Meine Zweite Weltreise (Wien 1856): 205 (links)

Ferdinand von Hochstetter, Neu-Seeland (Stuttgart 1863): 191

Dr. Karl Ritter von Scherzer. Eine biographische Skizze, hrsg. vom Komitee zur Errichtung eines Dr. Karl Ritter von Scherzer-Denkmals in Wien (Wien 1907): 223, 226

Karl von Scherzer, Reise der österreichischen Fregatte Novara um die Erde, in den Jahren 1857, 1858, 1859 (Wien 1878): 229, 231, 232, 233

Dem Ausstellungskatalog »Abenteuer Ostafrika. Der Anteil Österreich-Ungarns an der Erforschung Ostafrikas« (Eisenstadt 1988) wurden folgende Abbildungen entnommen: 175, 179

José María López Piñero, El arte de navegar en la España del Renacimiento (Barcelona 1986): 1, kleines Umschlagbild hinten

Museo Naval, Madrid: 103, 105 (unten, aus: José Bustamante y Guerra, La Expedicion Malaspina 1789–1794, Bd. IX)

Commons.wikimedia: 19 (Foto: Antoine Taveneaux), 6, 28, 29, 30, 33, 35, 41, 62, 91, 97, 119, 120, 123, 125, 127, 147, 150, 161

www. de. Brazilian-coast.com: 121

Abdruck des Textes auf S. 208 mit freundlicher Genehmigung des Verlags Time-Life, München, aus John R. Hale, Zeitalter der Entdeckungen (© Time-Life-Inc.

1967), der Holzschnitt »Karacke im Hafen von Mothoni« stammt aus dem Werk »Die Kreuzzüge nach Jerusalem« von Bernhard von Breydenbach (Kunstbibliothek der Staatlichen Museen Berlin)

Der Abdruck der Karten auf S. 63 und S. 153 erfolgt mit freundlicher Genehmigung des Verlags Klett Perthes, Gotha, © Klett Perthes.

Autorin und Verlag bedanken sich für die freundlichen Abdruckgenehmigungen. Die Rechtslage bezüglich der reproduzierten Bildvorlagen wurde – soweit möglich – sorgfältig geprüft; eventuell berechtigte Ansprüche werden bei Nachweis vom Verlag in angemessener Weise abgegolten.

Das vorliegende Buch ist eine bearbeitete und erweiterte Neuauflage des im Jahr 2000 erschienenen Bandes.

Danksagung

Für die tatkräftige Unterstützung bei den Recherchen zu diesem Buch sowie für die freundliche Zurverfügungstellung von Materialien bedanken sich Autorin und Verlag sehr herzlich bei Herrn Dr. Harald Lobitzer, Herrn Dr. Albert Schedl und Herrn Mag. Thomas Hofmann von der Geologischen Bundesanstalt Wien, bei Herrn Prof. Erich Feigl (†), Herrn Erwin Friesenbichler, Frau Astrid Eichwalder, Frau Dr. Marianne Klemun, Frau Dr. Charlotte Ziegler (Stift Zwettl), Herrn Pater Thomas Neulinger (Provinzialat SJ), Herrn Felix Steinwandtner (Bezirksmuseum Hietzing) und Herrn Andreas Dobslaw (Fotografie).

Die Habsburgermonarchie hatte Jahrhunderte lang nur einen begrenzten Zugang zum Meer. Dennoch blieben viele Erinnerungen an die maritime Vergangenheit Österreichs und an eine Flotte, die niemals eine Seeschlacht verloren hat. Angehörige der Kriegsmarine haben auch als Forscher und Entdecker Großes geleistet und die Habsburgermonarchie konnte auf allen Weltmeeren stolz ihre Flagge zeigen.

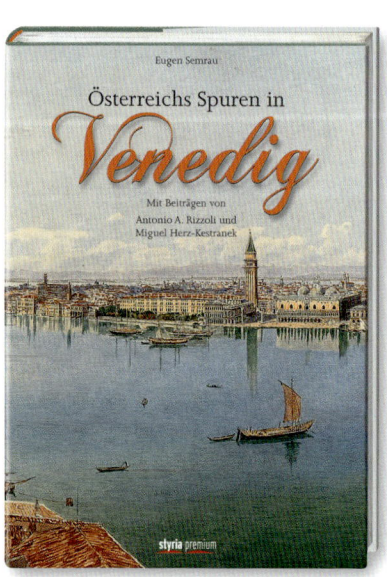

Helmut Neuhold
ÖSTERREICHS HELDEN ZUR SEE
Kapitäne · Forscher · Entdecker

240 Seiten, 17 x 24 cm
Hardcover mit SU, durchg. Farbe
€ 24,95 · ISBN: 978-3-222-13306-0

styria premium

Die Spuren der österreichischen Vergangenheit finden sich in Venedig an vielen Orten. Sie aufzusuchen und den geheimen, untergründigen Verbindungen zwischen der *Serenissima* und dem Wien der Habsburger nachzuspüren, ist Inhalt dieses fesselnden Buchs.

Eugen Semrau
ÖSTERREICHS SPUREN IN VENEDIG

160 Seiten, 17 x 24 cm
Hardcover mit SU, durchg. Farbe
€ 24,95 · ISBN: 978-3-222-13309-1

styria premium

„Wer sind wir Österreicher? Welche Gedenkfeiern und Denkmäler, welche Mythen und Rituale, welche materiellen und ideellen Erinnerungsorte bilden zusammen das Netz des kollektiven Gedächtnisses der österreichischen Nation? Johannes Sachslehner lässt in „Schicksalsorte Österreichs" Geschichte und Erinnerung lebendig werden.

Johannes Sachslehner
SCHICKSALSORTE ÖSTERREICHS
Band 1

320 Seiten, 17 x 24 cm
Hardcover mit SU, durchg. Farbe
€ 29,95 · ISBN: 978-3-222-13278-0

Österreich ist reich an Erinnerungen, reich an Plätzen, die eng mit den Menschen und dem Schicksal des Landes verknüpft sind. Unvergessliche Ereignisse bestimmten den Lauf der Geschichte und prägen bis heute das Gedächtnis der Nation wie der Generationen.

Johannes Sachslehner
SCHICKSALSORTE ÖSTERREICHS
Band 2

288 Seiten, 17 x 24 cm
Hardcover mit SU, durchg. Farbe
€ 29,95 · ISBN: 978-3-222-13298-8

styria premium

ISBN 978-3-222-13329-9

© 2011 by *Styria premium* in der
Verlagsgruppe Styria GmbH & Co KG
Wien · Graz · Klagenfurt

Bücher aus der Verlagsgruppe Styria gibt es
in jeder Buchhandlung und im Online-Shop

Umschlaggestaltung: Bruno Wegscheider
Produktion und Gestaltung: Franz Hanns

Reproduktion: Pixelstorm, Wien
Druck und Bindung: Gorenjski tisk d.d., Slowenien